Zusammenarbeit mit

Thomas Mayer

Zusammenarbeit *mit* Elementarwesen

13 Gespräche mit Praktikern

Neue Erde

5. Auflage 2023

Thomas Mayer
Zusammenarbeit mit Elementarwesen

Titelseite:
Acrylgemälde: Anselm Lentz
Gestaltung: Dragon Design, GB

Satz und Gestaltung:
Dragon Design, GB
Gesetzt aus der Galliard

Gesamtherstellung: Appel & Klinger, Schneckenlohe
Printed in Germany

ISBN 978-3-89060-560-9

Neue Erde GmbH
Cecilienstr. 29 · 66111 Saarbrücken
Deutschland · Planet Erde
www.neue-erde.de

FSC
www.fsc.org
MIX
Papier aus verantwortungsvollen Quellen
FSC® C100257

Inhalt

Werden die Hoffnungen der Elementarwesen erfüllt?

Diese drängende Frage beschäftigt mich seit meiner Abreise von Valun auf der Insel Cres im August 2007. In Valun schrieb ich das Buch »Rettet die Elementarwesen!« Darin stelle ich einzelne Freunde vor: Lara, Christi, Angar, den Zimtigen, den Zwerg von Beley, Naturwesen, Körperelementarwesen, persönliche Helfer, Karmawesen, Sozialwesen und Maschinenwesen. Und ich berichte, wie man diese wahrnehmen kann und schildere viele Zusammenhänge und spannende Erlebnisse. Nichts auf der Erde und in unserer Seele geschieht ohne die Mitwirkung dieser elementaren Freunde.

Doch sie sind in Sorge. Die Naturwesen erwarten, daß wir Menschen ihnen gegenüber an die Stelle der Engelwelt treten – doch wir Menschen wissen davon noch gar nichts! Stattdessen produzieren wir durch unsere Gedanken, Gefühle und Taten egoistisch-luziferische und materialistisch-ahrimanische Wesen,* die sich der Naturwesen bemächtigen wollen. Ohne uns klar darüber zu sein, produzieren wir sie am laufenden Band! Weite Seelenräume und Landstriche sind voll davon. Der Riese von Cres zeigte mir, daß die Naturwesen in Zukunft unter die Knechtschaft der luziferisch-ahrimanischen Wesen fallen und zerrissen werden, wenn wir Menschen nicht eine unterstützende, alltägliche Beziehung zu ihnen auf-

* Ahriman und Luzifer sind zwei konträre Gruppen von gefallenen Engeln, die im Menschen so wirken können, daß er ahrimanisch oder luziferisch durchdrungene Gedanken- und Gefühls-Elementale ausstrahlt, die die Elementarwesen der Natur belasten. Ahriman und Luzifer wirken positiv, wenn der Mensch sie mit dem Licht seines Ichs leitet und durchchristet. Ahriman ist der Geist, der von sich selbst behauptet, daß er keiner sei. Von ihm gehen einerseits die Bewußtseinsdunkelheit, die Erstarrung und die Angst aus, andererseits gibt es nur durch die Formkraft Ahrimans die materielle Welt und das wissenschaftliche Denken. Luzifer ist der Geist der Egoität und Selbstbezogenheit, andererseits verdanken wir ihm das Empfinden unserer Persönlichkeit und die Künste und den Unternehmerelan. In der Anthroposophie wurden die Eigenschaften dieser beiden Wesensgruppen ausführlich erforscht.

bauen. Nur die liebevolle Aufmerksamkeitskraft der Menschen ist für die Elementarwesen ein sicheres Fundament.

Der Niedergang der Naturwesen wäre natürlich auch unser Niedergang. Die luziferischen und ahrimanischen Wesen wollen eigentlich eine Befreiung und Durchlichtung, deswegen sind sie so aufdringlich. Doch wenn wir Menschen das nicht tun, sondern sie einfach in uns wirken lassen, fallen auch wir in Zukunft völlig unter ihre Knechtschaft. Die Liebe und Freiheit würde von der Erde verschwinden, und wir würden uns in dieser schwarzen Schlacke gar nicht mehr inkarnieren wollen.

Die Hoffnung des Riesen von Cres und der anderen leitenden Elementarwesen ist, daß wir Menschen unsere Richtung ändern und mit der Zusammenarbeit beginnen. Das habe ich in »Rettet die Elementarwesen!« ausführlich beschrieben. Seither ist einiges geschehen, doch ist es genug, damit die Waage des Weltenkarmas schon in die andere Richtung ausschlägt? Ich war nicht mehr auf Cres und konnte aus der Ferne zu dem Riesen irgendwann keine klare Verbindung mehr herstellen, um eine Antwort von ihm zu erhalten.

Im November 2009, beim Schreiben dieses Buches, hielt ich einen Vortrag über Elementarwesen im »Forum Drei« in Stuttgart. Ich stellte den Zuhörern einige Freunde im Saal vor: das freudig empfangende Raumwesen gleich hinter der Türe, die inspirierende Muse vor der Wandtafel und eine lustige Zwergengruppe, die vom oberen Stockwerk heruntergekommen war und auf einer Fensterbank grinsend Platz genommen hatte.

Es kam noch ein weiterer Besucher; durch die Mauer drückte sich ein sehr großes, geheimnisvolles Wesen in den Saal und nahm mehrere Meter ein. Als ich mich ihm zuwandte, erzitterte ich sofort unter seinem Blick. Es war ein durchdringender Blick, der ins Allerinnerste des Herzens ging, in eine Tiefe, in die ich alleine nicht gelange. Dieses geheimnisvolle Wesen interessierte sich nur für diese tiefste verborgene Seelenregion. Gleichzeitig erlebte ich eine große Mächtigkeit und fühlte mich wie eine Ameise vor einem Elefanten. Dann erlebte ich mich webend in den Wiesen, Wäldern und Städten Württembergs, und mir wurde klar: Das Wesen von Württemberg selbst ist zum Vortrag gekommen, um zu beobachten, wie wir Menschen mit dem Thema Elementarwesen umgehen.

Dieser tiefe, ergreifende Blick ist bei mir geblieben. Es ist ein ewiger Blick; ein Blick, in dem alle Erwartungen der Elementarwesen an uns Menschen, all unsere Verantwortung für die kosmische Geburt der Freiheit und für die Schaffung eines geistigen Fundamentes der Erde liegt; ein Blick, der in große Weiten führt, so als ob die Sterne uns Menschen ansehen. In diesem Blick erscheint das meiste unwesentlich, was mir im täglichen Leben wichtig ist. Der Ernst und die Tiefe dieses Blickes ist die Antwort auf die Frage. Der Riese von Cres hat seinen württembergischen Kollegen geschickt. Das Weltenkarma ist noch offen. Ein ausreichender Richtungswechsel hat noch nicht stattgefunden, wird aber nach wie vor erhofft!

In dem Buch »Rettet die Elementarwesen!« schildere ich die Sicht der Elementarwesenkönige: »Vor einigen Jahren hätten die Elementarwesen noch zuversichtlich auf das beginnende bewußte Zusammenleben mit den Menschen geblickt. Doch es sei kaum etwas geschehen. Zwar ist das Thema Elementarwesen bekannter geworden, doch es gäbe kaum Willensimpulse. Die Menschen würden das Thema konsumieren.« Auch jetzt geht es darum, die Zusammenarbeit mit den Elementarwesen tatsächlich mit dem Willen und dem Herzen zu ergreifen. Denke ich jeden Tag einmal an sie? Liebe ich sie? Freue ich mich mit ihnen? Sind sie mir wirklich wichtig?

Das Buch »Rettet die Elementarwesen!« endet mit einem Ausblick: »Ich habe die Zukunftsvision, daß das Leben mit Elementarwesen wieder kulturelles Allgemeingut unserer Zivilisation wird. Ich stelle mir das so vor: In der Schule gibt es neben Mathematik und Biologie ein Fach ›Elementarwesenkunde‹. In den Gemeindeverwaltungen gibt es eine Abteilung ›Elementarwesenpflege‹, um blockierten Elementarwesen zu helfen und die Bedürfnisse der Elementarwesen gegenüber anderen kommunalen Abteilungen und der Öffentlichkeit zu vertreten. Es wird üblich, vor wichtigen Entscheidungen eine Rücksprache mit entsprechenden Elementarwesen zu halten, genauso wie man den Rat menschlicher Fachleute einholt. Kleine Elementarwesen werden beliebte Geburtstagsgeschenke, die man auf einem Stein oder anderen Gegenstand fokussiert übergibt. An den Universitäten gibt es eigene Lehrstühle, die sich mit Elementarwesenforschung befassen. Jährlich erscheinen hunderte von Doktor-, Diplom- und Seminararbeiten. In verschiedenen Berufen wird das Mitwirken der Elementarwesen berücksichtigt. Ärzte und Heilpraktiker kommunizieren bei der Diagnose und Therapie mit den jeweiligen Körperelementarwesen der Patienten. Seelsorger und Psychologen kümmern sich um die Auflösung von negativ wirkenden Elementarwesen, die der Patient durch problematische Glaubensmuster und Angewohnheiten selbst erzeugt hat. Von Reinigungsfirmen wird erwartet, daß diese zusammen mit den örtlichen Elementarwesen die Gebäude putzen. Von Bauern wird erwartet, daß kräftige und glänzende Elementarwesen die Felder und Äcker bevölkern. Von Arbeitern wird erwartet, daß diese sich mit den Elementarwesen ihrer Maschinen gut stellen. Die elektronische Steuerung von Maschinen wird nach und nach durch die direkte meditative Kommunikation mit den Maschinenelementarwesen ersetzt. Von Managern wird erwartet, die Elementarwesen und Engel, die im seelisch-geistigen Raum der Unternehmensgemeinschaft leben, im Auge zu haben. So wie es heute Biogütesiegel gibt, wird es in Zukunft Elementarwesengütesiegel geben…«

Seither beschäftige ich mich damit, diese Vision auf die Erde zu bringen. Ich weiß, das erscheint heute vielen Menschen als »unrealistisch«, denn es ist noch weit vom allgemeinen, öffentlichen Bewußtsein entfernt. Hier bin ich gelassener, denn mein Beruf ist, »Unrealistisches« zu realisieren.

Als ich 1982 anfing, mich mit der Direkten Demokratie durch Volksabstimmung zu beschäftigen, waren diese Worte noch ziemlich unbekannt. Es war im allgemeinen Denken völlig unvorstellbar, daß die Bürgerinnen und Bürger selbst über Sachfragen entscheiden könnten. Nach bald dreißig Jahren Arbeit, nach sehr, sehr vielen Aktionen, dem Aufbau von »Mehr Demokratie e.V.«, dem »Omnibus für Direkte Demokratie« und weiteren Organisationen, gibt es das Recht auf Volksabstimmung in allen Gemeindeordnungen und Landesverfassungen der BRD, und jährlich finden etwa 300 kommunale und landesweite Entscheide statt. Das vor dreißig Jahren »Unvorstellbare« hat sich gesellschaftlich etabliert, und es ist nur noch eine Frage der Zeit, bis die Durchführungsbestimmungen überall so gangbar werden, daß Volksabstimmungen öfter stattfinden und wir auch auf Bundesebene die Direkte Demokratie erhalten. 1997 fing ich dann mit einem weiteren »unvorstellbaren« Thema an, das Kopfschütteln erzeugte: Regiogeld. Durch regionale Währungen sollen Einseitigkeiten des globalen Geldsystems ausgeglichen werden. Nach einigen Jahren entstand der Chiemgauer und inzwischen gibt es in ganz Deutschland Regiogeld-Initiativen. Die erste Saat ist ausgebracht, und wir können den Keimlingen beim Wachsen zusehen. Die Markteinführung von neuen gesellschaftlichen und kulturellen Impulsen braucht vor allem Geduld und Zutrauen.

Mit Geduld und Zutrauen ist auch eine alltägliche Zusammenarbeit mit Elementarwesen erreichbar. Ich halte diese Vision sogar für extrem realistisch, da sie nach meiner Wahrnehmung von vielen unterstützt wird:

- die Naturwesen wollen es,
- die Engelwelt will es,
- die Verstorbenen, die im nachtodlichen Leben in höhere, lichte Regionen aufgestiegen sind, wollen es,
- die hohen Götter und Christus wollen es,
- und die Wahrnehmungsfähigkeiten der inkarnierten Menschen nehmen seit Jahren rasant zu. Heute kann jeder, der es will, anfängliche Erlebnisse mit Elementarwesen machen. Und es gibt eine große Sehnsucht danach, das kann man schon am Kinoprogramm

erkennen. Unzählige geistige Hände arbeiten an dieser Vision, aber lassen uns Menschen frei und nehmen uns die Entscheidung nicht ab.

Gegen diese Vision spricht, daß in unserer Gesellschaft die Elementarwesen diffamiert, tabuisiert oder in die Märchenecke gedrängt werden. Wer im normalen Berufsleben Karriere machen will, erzählt zum Beispiel besser nicht, daß unter seinem Schreibtisch ein Gnom wohnt, der den Streß verspeist, und er die Ideen für das letzte Projekt von den Feuerwesen am Waldrand bekam. Eine weitere Schwierigkeit ist, daß sich viele Menschen in ihrem eigenen Erleben unsicher und allein fühlen, da eine öffentliche Kultur der Elementarwesenwahrnehmung mit Austausch und Schulungsmöglichkeiten noch fehlt. Doch das alles kann sich schnell ändern.

Um zu helfen, diese Vision auf die Erde zu bringen, will ich sie halten, konkretisieren und zugänglich machen. Deshalb besuchte ich, zusammen mit meiner Partnerin Agnes, in den letzten zwei Jahren viele Menschen, die mit Elementarwesen zusammenarbeiten. Ich wollte wissen: Wo stehen wir damit wirklich? Und ich wurde immer begeisterter! Ich hätte mich vor diesen Besuchen nicht einmal zu ahnen getraut, daß es schon eine so gediegene Vielfalt gibt! Die Vision ist näher und greifbarer, als man es sich vorstellen kann!

In diesem Buch möchte ich die Leserin und den Leser zu unseren Besuchen bei Naturwissenschaftlern, Landschaftsgärtnern, Medizinern, Geomanten, einer Zwergenmutter und einem Unternehmensberater mitnehmen. Je nach beruflichem Lebenshintergrund ergeben sich andere Blickwinkel und Methoden. Ich habe die Besuche thematisch gruppiert, denn es vertieft das Verständnis, wenn man mehrere Stimmen aus einem Lebensgebiet hört.

Dieses Buch möge dazu dienen,

- daß die Vision der alltäglichen Zusammenarbeit mit Elementarwesen vorstellbarer wird,
- daß klarer wird, wie man mit Elementarwesen kommunizieren kann,

- daß die Lebenswelt der Elementarwesen verständlicher wird,
- daß man erlebt, der Umgang mit Elementarwesen macht Spaß, ist spannend und bringt einen selbst in der Entwickelung weiter,
- daß die Leserinnen und der Leser zu einem eigenen Umgang mit Elementarwesen angeregt werden.

Es gibt keine bessere Ausbildung der eigenen Wahrnehmungsfähigkeiten als mitzuerleben, wie es andere machen. Und so möchte ich dazu einladen, sich in die Menschen, die wir besuchen, einzufühlen und deren unterschiedliche Ausgangspunkte einzunehmen.

Während des Schreibens wurde mir Folgendes klar: In jedem Gespräch weben all die Elementarwesen mit, die mit dem jeweiligen Menschen verbunden sind. Wenn ich mit meinen inneren Augen in das Buch blicke, dann blicken Hunderte, Tausend Augen zurück. Darunter ist auch der alles überschattende, durchdringende Blick des ehrwürdigen Meisters von Württemberg, ein Blick aus Sternesweiten, der mich daran erinnert, was ich hier auf der Erde eigentlich tun wollte.

Frank Burdich

Von der Naturwissenschaft zu den Elementarwesen

Unser erster Besuch findet bei Frank Burdich statt. Ich erinnere mich noch genau daran, wie wir uns auf einer Geburtstagsfeier kennenlernten. Wir tasteten den ganzen Abend die Ätherausstrahlung verschiedener Getränke und Gerichte ab und vergaßen vor Begeisterung den Rest der Party. Seither treffen wir uns immer wieder zu gemeinsamer Wahrnehmung. Ich komme mir bei seinen Schilderungen oft wie ein Blinder vor, zu meinem Trost geht es Frank umgekehrt genauso. Wir finden dieses Spannungsfeld interessant, bleiben dran und nach einer Weile passen die Erlebnisse von unterschiedlichen Seiten kommend doch zusammen. Ich schätze an Frank sehr, daß er seine naturwissenschaftliche Gründlichkeit in die Geistesforschung mit hineinnimmt und doch gleichzeitig alles mit Leichtigkeit und Humor umspült.

Frank studierte Chemie und Biologie, arbeitet als naturwissenschaftlicher Oberstufenlehrer an der Waldorfschule in Krefeld, ist Mitglied der Anthroposophischen Gesellschaft, interessiert sich besonders für Substanzforschung und die Methodik der übersinnlichen Wahrnehmung und bietet dazu Seminare an.

(Kontakt: F.Burdich@web.de)

Frank, seit wann erlebst du Elementarwesen?

Ach, das ist eine gute Frage, weil es ein langer Weg war. Es hat sich schrittweise entwickelt. Vor zwölf Jahren war ich in der Geomantiegruppe Köln, die nach den Anregungen von Marco Pogačnik arbeitet. Ich sah in der Natur bestimmte ätherische Strukturen, die ich mir nicht erklären konnte. Der damalige Leiter dieser Stadtheilungsgruppe hat genau an diesen Stellen Elementarwesen wahrgenommen. Und er hat mir erklärt, ja, du siehst den Ätherkern dieser Wesen. Er nähme die Astralhülle wahr.

Äther- und Astralstrukturen sehen

Was heißt, du »siehst Ätherstrukturen«? Normalerweise sieht man das ja nicht.

Ja, da gibt es ein ganz großes Mißverständnis. Man sollte jetzt nicht denken, daß ich die Ätherstrukturen – wie auch die Astral- oder Devachanstrukturen,* was sich bei mir erst später entwickelt hat –, mit den Augen sehe. Das Übersinnliche ist für die Augen unsichtbar. Rudolf Steiner hat einmal geschrieben, es ist »wie Sehen«. Ich nehme es – vereinfacht gesagt – mit den Chakren, den Energiezentren wahr. Die öffne ich, wenn ich die Elementarwesen sehen möchte. Wenn ich das möchte, schalte ich das Herz-Chakra ein für das Astrale, das Kehlkopf-Chakra für das Ätherische. Ja, dann »sehe« ich diese Wesen vor mir.

Was siehst du dann zum Beispiel bei einem Baum?

Der Baum hat seinen Faun, der die ganzen Elementarprozesse des Baumes leitet. Dieser Faun hat sowohl eine Astral- als auch eine Ätherform. Die Ätherform ist wie eine Säule, etwa armbreit, von der in bestimmten Abständen kegelförmige Strukturen abwärts weisen. Ein wenig wie ein Tannenbaum!

* Die Ätherwelt sind die Lebensbildekräfte. Die Astral- oder Seelenwelt ist das Bewußtsein der kraftenden Ätherwelt und besteht aus Erlebnissen und Elementarwesen. Das Devachan ist die geistige Welt, die von den Engelshierarchien erfüllt ist.

Im Laufe des Schulungsweges lernt man, durch die Meditation sein »Bewußtseinstableau« zu leeren. Dann können Wesenheiten wie auf eine Bühne da auftreten. Es muß eine Aktivität von meiner Seite dazukommen: Ich sende »Energie« des jeweiligen Chakras auf das Bewußtseinsplateau. Durch diese Begegnung kommt es dann zur Imagination.

Man kann sich die Wirkung vorstellen wie bei einem Overheadprojektor, auf dem eine Folie aufliegt – und dann legt man eine weitere Folie dazu, die Äther-Folie oder die Astral-Folie. Ich weiß natürlich, daß es nicht meine Augen sind, die das wahrnehmen, sondern mein Bewußtsein, aber ich sehe das wie mit Augen – nur mit einer Intensität von höchstens ein Prozent der Farb- und Strukturintensität des Physischen. Das macht es auch anstrengend. Ich nehme diese Strukturen schnell wahr, aber um mich nicht zu irren, muß ich noch einmal genau und konzentriert hinschauen. Man kann sich auch eine Struktur aktiv imaginieren, die in Wirklichkeit gar nicht existiert. Das muß man prüfen.

Wie prüfst du?

Wenn ich eine astrale und ätherische Struktur sehe, dann projiziere ich mir dieselbe Struktur an einen anderen Ort und schaue, ob sie da Bestand hat. Diese Technik hat sich bei mir sehr bewährt. Ich kann mir eine Energielinie – zum Beispiel durch meine Wohnung – auch selbst imaginieren. Die ist dann vorhanden, ist auch spürbar und »sehbar«. Wenn ich sie aber mit meinem Bewußtsein wieder loslasse, dann verschwindet sie innerhalb von ungefähr zehn Sekunden. Und genau das tut die echte Energielinie nicht. So verhält sich das imaginierte Elementarwesen auch, das Echte bleibt und das nur Vorgestellte verschwindet, wenn ich es wieder loslasse. Das ist für mich ein gutes Unterscheidungskriterium.

Wie hast du gelernt, diese Ätherstrukturen zu sehen?

Ich glaube, zentral war der Schulungsweg, den ich seit ungefähr 16 Jahren gehe, daß ich meditiere und Meditationsübungen nach Steiner mache. Und das Interessante war, daß man natürlich erst mit der Zeit merkt, was sich da eigentlich entwickelt. Wie gesagt, die Intensität dieser Wahrnehmungen ist im Vergleich zur physischen Wahrnehmung sehr schwach. Ich habe das Ätherische, das Astrale, die Engel-Ebene, die Devachan-Ebene schrittweise entdeckt. Plötzlich habe ich bemerkt, »oh, das kann ich auch!«. Deshalb ist es so wichtig, mit anderen Menschen in einen Austausch zu kommen, die einen auf bestimmte Sachverhalte aufmerksam machen. Schau doch mal dort hin, wie fühlt sich das an, was siehst du hier, was für einen Unterschied spürst du dort und an einer anderen Stelle? So kann man seine Wahrnehmungsfähigkeit immer mehr verfeinern.

Was mußt du konkret tun? Kannst du dich einfach hinstellen und sagen, jetzt schaue ich einmal ätherisch?

Ja genau, es klingt ein bißchen verrückt, aber genau so ist es.

Du kannst den Schalter einfach umstellen? Klick, dann kommt die ätherische Wahrnehmung und, klick, kommt das astrale Wahrnehmen?

Ja genau.

Und du kannst das so ganz leicht hin- und herschalten?

Ja, das ist doch tröstlich, daß es gar nicht so schwierig ist, wenn man es kann.

Das ist ja wie beim Fernsehen, wo man die Programme zappen kann?

Nur, daß es sich wie durchsichtig über das andere legt. Das Physische ist nicht weg, sondern es kommt etwas dazu. Das Physische ist aber in diesem Zusammenhang nicht wichtig und man muß es sich wie wegdenken und das, was übrigbleibt, das ist das Wichtige.

Zusammenstoß mit einem Hüter

Kannst du einige besondere Erlebnisse mit Elementarwesen erzählen? Wie sehen die für dich aus? Was machen sie?

Ich bin immer noch dabei, mich in dieser immens großen Welt zu orientieren, so, als würde ich durch den Zoo gehen und mit großem Interesse und liebevoll diese Wesen betrachten. Ich hatte wirklich interessante Begegnungen. Im Halterner Staatsforst kam ich an eine Stelle, wo kosmische Energie einstrahlte. Die war bewacht von einem großen Erdelementarwesen, ungeheuer mächtig, »Schulterbreite« drei Meter. Man kann es sich fast vorstellen wie die Trolle aus dem Film »Der Herr der Ringe«. Und er lief immer um diesen Punkt herum – wie ein Wächter. Mit mir war eine Freundin, die manchmal etwas keck ist. Sie sagte: »Frank, stell dich ihm doch einfach mal in den Weg.« Das machte ich. Wenn ich nicht an ihn dachte, lief er einfach durch mich hindurch und dann nach zehn bis zwölf Sekunden wieder. Aber dann stellte ich mich ihm »geistig« in den Weg, wie David dem Goliath. Da blieb er vor mir stehen und schaute mich mit einer unheimlichen, gewaltigen Fratze an und kam mit seinem Kopf immer näher. Das war das einzige Mal, daß ich in einer Elementarwesenbegegnung Angst hatte. Ich ging ihm schnell aus dem Weg, und er lief wieder weiter. Doch das hatte noch Folgen! Er war wie in meine Aura hineingeschlüpft. Ich brauchte einige Zeit, um ihn zu »überzeugen«, jetzt doch bitte wieder zu gehen, sein Platz wäre doch woanders. Er verschwand, doch seitdem habe ich in der rechten Seite meiner Aura, ein paar Meter entfernt, so etwas wie einen »Blechschaden«. Wenn das jetzt zu gruselig war, dann habe ich noch ein paar schöne Geschichten!

Landschaftsfee lehrt farbiges Sehen

Ein Erlebnis war für meine Entwicklung wichtig. Das war zu einer Zeit, als ich zwar Elementarwesen wahrnehmen konnte, aber noch keine Farben sah. Ich wanderte in England durch einen alten Wald im Süden an der Küste. Auf einmal war alles in eine besondere Stimmung getaucht, harmonisch und anziehend. Ich ging weiter über die Pfade und kam auf eine Lichtung. Es war herrlicher Sonnenschein und windstill. Plötzlich sah ich am Rande der Lichtung, wie sich ein Farnkrautblatt bewegte, so als ob es winkt. Da dachte ich, es geht kein Wind, wenn das Blatt winkt, dann hat das etwas zu bedeuten, geh einmal hin! Dort stand ich dann vor einem sehr alten großen, hohlen Baum, der weit auseinanderklaffte und von dem diese besondere Waldstimmung ausging. Dann sah ich, daß ein sehr großes Elementarwesen, eine Art Landschaftsfee dort drinnen wohnte, die zuständig war für diesen Wald! Ich fühlte mich eingeladen, und so stellte ich mich in den Baum hinein, in das Wesen. In diesem Moment stürzten ungeheure Energien auf mich ein, und ich fühlte mich beschenkt, energetisch wie »komplettiert«. Und zwei Wochen später konnte ich auch das Astrale »in Farbe« sehen.

Vorher nur in schwarz-weiß?

Ja, vorher nur in schwarz-weiß, in Hell-dunkel-Strukturen.

Häufige Elementarwesen

Kannst du noch einige andere Elementarwesen beschreiben?

Man muß immer sehen, auf welchen Bereich man sich fokussiert. Ich könnte auf jedem Quadratmeter hunderte Wesen wahrnehmen, zum Beispiel ganz kleine Zwerge, kleine Feen, die für einzelne Blüten oder Grashalme zuständig sind.

Was einem aber als erstes ins Auge springt, sind größere Elementarwesenstrukturen. Zum Beispiel solche, die ich als Feen bezeichne. Diese sehen astral aus wie kleine »Primaballerinen«, nur chaotisch. Man kann gar nicht genau sagen, wo ist der Kopf, wo sind die Ärmchen, sondern es fliegen immer so etwas wie Ärmchen und Beinchen herum. Die Feen sind in ständiger Bewegung. Manchmal findet man große Feenkreise, in denen Hunderte um eine große Fee in der Mitte herumtanzen.

Häufig finde ich auch Gnome, Erdwesen, die fast aussehen wie eine Mischung aus Frosch und Krokodil, aber freundlich sympathisch, verschmitzt.

Mein Körperelementarwesen befindet sich eine gute Armlänge links vor mir und ist ein diensteifriger Geist, freundlich, mein ständiger Begleiter. Es ist ein zotteliger Kerl mit einer langen Nase. Augen sieht man nicht, da hängen die Haare davor. Fast wie eine

Figur aus der Muppet-Show! Es klingt eigentlich zu blöd, aber genauso nehme ich es wahr, und diese Struktur hält den Überprüfungsmechanismen stand. Körperelementarwesen von anderen Menschen schauen oft ganz anders aus.

Die verschenkte Elfe

Ich suchte einmal ein besonderes Geburtstagsgeschenk für eine Freundin und dachte mir, ein Elementarwesen wäre doch nett, anstatt Blumen. Sie ist Eurythmistin, am besten wäre eine Elfe. Nur, wo kriege ich jetzt eine Elfe her? Ich war gerade im Chemiesaal und schaute auf die Steinsammlung meines Vor-Vor-Vorgängers. Da war ein Bimsstein, und auf dem saß eine Elfe! Also eingepackt, ein schönes Kästchen und Schleifchen drum herum und fertig war das Geschenk! Jetzt kann man sich ja fragen, was hält denn so eine Elfe davon, einfach verschenkt zu werden? Ich dachte mir, was macht dieses Wesen offensichtlichtlich seit Jahrzehnten auf meiner Chemievorbereitungsraum-Fensterbank, im Übezimmer einer Eurythmistin ist sie viel besser aufgehoben. Ein bißchen keck war das schon, heute würde ich das Wesen direkt um Erlaubnis fragen. Aber es war schon richtig, die Elfe gedeiht dort prächtig.

Tips für die Wahrnehmung von Elementarwesen

Was würdest du Menschen empfehlen, die selber Elementarwesen wahrnehmen wollen?

Ich glaube, es sind drei Dinge: erstens, seinen Wahrnehmungen vertrauen. Ich bin überzeugt davon, daß alle Menschen viel Übersinnliches – wie die Elementarwesen – wahrnehmen können, es nur noch nicht wissen. Für Begegnungen in der Natur also offen sein!

Dann, daß man in Austausch mit anderen kommt und sich schult, Meditationsübungen macht und an die Nebenübungen denkt, die Konzentration im Denken, die Ausgeglichenheit der Gefühle, die Aktivität des Willens, die Seelenhaltung der Positivität und

Unvoreingenommenheit. Das ist wichtig, um sein Bewußtsein zu klären, sich selber emotional zu reinigen, um ein möglichst reines Wahrnehmungsinstrument zu sein.

Das Dritte ist ganz wichtig, daß man nie den Boden unter den Füßen verliert! Ich bin froh, jeden Morgen vor den Schülern zu stehen! Außerdem habe ich als Chemie- und Biologielehrer den großen Vorteil, daß ich in diesen bodenständigen, naturwissenschaftlichen Strukturen tief verwurzelt bin und deswegen nicht so leicht abhebe. Man muß unbedingt die Eigenschaften der Klarheit und der Nüchternheit pflegen! Wirklich aber auch physisch am Boden bleiben! Also sozusagen nach der Meditation den Garten umgraben! Um ein Gegengewicht zu schaffen, so daß alles, was man tut, in Harmonie bleibt.

Wir sind von den Elementarwesen ständig umgeben. Das mußte ich selbst erst lernen. Ich dachte zuerst, sie stünden vereinzelt herum und ich müßte sie suchen. Nein, sie sind überall, und die Wahrnehmungsmöglichkeiten sind vielfältig, wenn nicht sogar unendlich. Man hat nie einen Punkt erreicht, auf dem man sich ausruhen kann. Man kann immer weitermachen.

Der von Teufel besetzte Kirchturm

(Zwei Jahre später treffen wir uns wieder, um das Gespräch fortzuführen.)

Frank, wie ging es bei dir in den letzten zwei Jahren weiter? Hast du neue Elementarwesen getroffen?

Ach viele! Immer, wenn ich mir Zeit dafür nehme, begegne ich welchen.

Erzähl doch mal ein bißchen!

Letzten Sommer war ich zum Beispiel in Ecuador. In der Hauptstadt Quito gibt es eine schöne Geschichte über die Kirche La Merced in der Innenstadt: Der Kirchturm sei vom Teufel besetzt! Lediglich Ceferino, der Glöckner, konnte es mit dem Teufel aufnehmen und die Glocken läuten. Dummerweise ist der 1810 gestorben.

Seitdem hat niemand mehr die Glocken geläutet, die Turmuhr steht. Allerdings hat die Administration der Kirche anscheinend irgendeinen Teufelskerl aufgetrieben, der den Turm seitdem doch betreten hat. Wohl einen Elektriker – denn im Kirchturm brennt abends ein Scheinwerfer, der die gekalkte Kirche schön pfirsichblütenfarben beleuchtet.

Ich stellte fest, daß der »vom Teufel besetzte« Turm der Kirche tatsächlich von einem großen, grotesk aussehenden ahrimanischen Elementarwesen bewohnt wird mit etwa acht Meter Durchmesser. Es ist wie ein entartetes Erd-Elementarwesen, wie ein ehemaliger »Alter Weiser« in der Terminologie von Marko Pogačnik. Es fühlte sich – aus der Entfernung natürlich – sehr drückend und unangenehm an. Ich fühlte mich nicht berechtigt, dort heilend einzugreifen, zumal eine so nette Tradition – die schweigenden Glocken, die stehende Kirchenuhr – darauf begründet war. Der Ort insgesamt war ein kosmischer Ausgleichspunkt, es bestand eine starke, lineare Ätherverbindung zwischen Erde und Kosmos. Genau dort haben die Menschen damals natürlich ihre Kirche gebaut! Umgeben war dieser Ätherstrahl von einem Astralring und flankiert wurde das ganze von vier großen Elementarwesen der jeweils verschiedenen Elemente. Das ganze schien mir in Ordnung, so daß ich die Anwesenheit einer Gegenenergie für unschädlich hielt.

Geheimnis der Galapagosinseln

Meine Reise ging dann weiter auf die Galapagosinseln. Die waren großartig! Selten hat mich ein Naturerlebnis so tief berührt. Die Tiere dort haben keine Angst vor den Menschen und lassen eine Nähe zu, die sonst nirgendwo möglich ist. Ich konnte mich quasi neben die Seelöwen an den Strand legen. Schwarze Meeresleguane waren zum Greifen nahe. Man darf die Tiere natürlich nicht anfassen. Beim Schnorcheln schwammen die Seelöwen zwischen uns, unter uns ein Schwarm Haie. Ein kleines, gelbes Vögelchen trippelte am Strand im Abstand von 15 cm um mich herum und schaute mich dabei mit schräggelegtem Kopf unentwegt an. Denk nicht, es wollte etwas zu fressen von mir, das lag dort genug herum! Es war fast so, als würden diese Wesen Zuneigung zu uns Menschen empfinden und auf Freundlichkeit und Offenheit von unserer Seite entsprechend reagieren.

Immer, wenn man eine Merkwürdigkeit im Physischen findet, gibt es eine spirituelle Ursache. So auch auf den Galapagosinseln. Sofort fiel mir auf, daß die Inseln mit einer sehr starken, roten Astralhülle umgeben sind. Viel stärker, als man eine solche Schicht sonst als Bestandteil der Erdenaura findet. So etwas wird immer von Wesen getragen, und beim genaueren Hinschauen war dies eine dichte Schicht etwa handgroßer Elementarwesen. Interessant ist, daß diese rote Farbe immer auf ein »Liebesgefühl« hindeutet, sei es persönlich oder universell.

Die Wirkung dieser »liebetragenden Elementarwesen« zeigte sich auch bei den Tieren. Diese waren ebenfalls mit einem außerordentlich voluminösen Astralleib ausgestattet und hatten überwiegend – nämlich die den Menschen zugewandten Tiere; nicht zum Beispiel Krebse, die vor dem Menschen flüchten – einen roten Astralbereich um ihr Herz. Offensichtlich empfinden sie etwas von der universellen Liebe, die diese Inseln durchflutet, was sich in Freundlichkeit und Zugewandtheit äußert.

Diese roten Elementarwesen waren aber natürlich auch nicht ohne Grund da. Auf der Insel San Cristobal habe ich das untersucht, doch nehme ich an, daß es sich bei den anderen Inseln ebenfalls so verhält. Dort zeigte sich eine die gesamte Insel weit überragende Engelpräsenz der zweiten Hierarchie, genaugenommen ein Engel der Kyriotetes in einer Imposanz, die ich noch nirgendwo anders so erlebt habe.

Entdeckung des übersinnlichen Gesprächs (Inspiration)

Das ist ja spannend! Haben sich deine Wahrnehmungsfähigkeiten in den letzten zwei Jahren auch weiterentwickelt?

Ja, außerordentlich wichtig war, auch über den Bereich der Inspiration zu verfügen, plötzlich also auch mit den Wesen kommunizieren zu können. Man denkt ja zunächst, man spinnt! Oder bildet sich das zumindest ein! Aber dann habe ich gemerkt, daß es wirklich funktioniert.

Wie hast du das denn gemerkt? Dir ist doch die Überprüfung deiner Wahrnehmungen so wichtig, wie machst du es auf diesem Gebiet?

Es ist immer sehr wohltuend, wenn man zu Evidenzerlebnissen kommt, also Informationen erhält, die man vorher nicht hatte und die sich im Nachhinein als wahr herausstellen. Das ist mir bei einer Seminarvorbereitung in Bochum passiert. Dort habe ich ein Luftelementarwesen wahrgenommen. Ich dachte mir, nun frag doch einfach mal! Gesagt, getan. Ich fragte: »Was für ein Wesen bist du?« Es antwortete: »Eine Sylphe!« Ich stutzte, weil ich mich zu diesem Zeitpunkt falsch erinnert habe und der Meinung war, Sylphen seien Feuerwesen, und habe entgegnet: »Aber du bist doch ein Luftwesen!« Die Antwort: »Ja, ich bin ein Luftwesen« – »Aber du bist doch eine Sylphe!« – »Ja, ich bin eine Sylphe!« Irritiert fuhr ich nach Hause und schlug in den Büchern nach. Da stellte ich fest, daß Sylphen tatsächlich Luftwesen und nicht etwa Feuerwesen sind! Ich glaube, so etwas habe ich mir nicht selbst konstruiert!

Wie kommunizierst du denn mit den Elementarwesen?

Elementarwesen sind ja keine geistigen Wesen, sie besitzen einen Astral- und einen Ätheranteil. So kann man sie über die Gedankenebene nicht erreichen, wie man das in der Kommunikation zum Beispiel mit Engeln kann. Man stellt eine Astralverbindung zwischen sich und den Wesen her. Diese ist mir auch sichtbar – wie ein farbiger Strahl zwischen meinem Herzchakra und den Wesen sieht sie aus. Die Frage sende ich sozusagen als Gefühl: Mein Bewußtsein übersetzt meine Frage in Astralsubstanz, mein Herzchakra sendet sie. Wenn das Elementarwesen antwortet, ist es umgekehrt. Mein Bewußtsein ist der Mittler. Das ist insofern auch klar, denn, wenn ich zum Beispiel in Frankreich mit Elementarwesen rede, sprechen die ja schließlich kein Französisch!

Mit Engeln kommunizierst du also über die Gedankenebene?

Ja. Das ist für mich sehr wichtig, wenn ich an einem mir unbekannten Ort ein Seminar halte. Dann »spreche« ich vorher mit dem Landschaftsengel, der alle Elementarprozesse einer Gegend im Bewußtsein hat und somit alle Elementarwesen und Zusammenhänge kennt. Der kann mir dann alles Wichtige zeigen, zum Beispiel den Fokuspunkt eines großen Erd-Elementarwesens oder Ähnliches.

Ich frage ihn zunächst in Gedanken, ob ich mit ihm in Kontakt treten darf. Anschließend »denke« ich meine Fragen und Bitten sozusagen in seine Richtung. Seine Antwort ist wie ein »Denken in mir«, nur bin ich es nicht, der denkt. Ich könnte diese Gedanken auf der devachanischen Ebene auch imaginativ sehen. Es gibt auch eine interessante Mischung aus Imagination und Inspiration bei mir. Wenn ich den Landschaftsengel frage, wo denn eine bestimmte Wesenheit sei, erhalte ich als Antwort eine ätherische Verdichtung in meinem Bewußtseinsplateau, die mir die Richtung anzeigt!

Ich kenne viele Menschen, die sprechen mit ihrem Engel, meinen aber, keine direkte Antwort zu erhalten.

Man muß es zunächst einmal für möglich halten, daß man Antwort erhält! In der Wahrnehmung kenne ich den schmalen Bereich zwischen Zweifel und Offenheit gut. Ich finde es wichtig, da umschalten zu können. Der Zweifel ist zunächst gesund, denn er fordert uns zum Überprüfen der Wahrnehmungen auf. Er hat aber auch den negativen Aspekt, übersinnliche Wahrnehmungen verhindern zu können. Pflegt man in sich Antipathiekräfte, wie Steiner es ausdrückt, – und Zweifel hat viel davon – verhindern die, daß die wahrzunehmenden Wesen in den eigenen Bewußtseinsraum eindringen können. Das verhindert jegliche Wahrnehmung! Die Nebenübungen helfen, diesen Bewußtseinsraum zu pflegen. Das gilt für die Imagination genauso wie für die Inspiration!

Was ist dir im Umgang mit der übersinnlichen Wahrnehmung besonders wichtig?

Die Methodik der Wahrnehmung! Und das ist mir auch in meinen Seminaren wichtig. Einerseits möchte ich den Teilnehmern vermitteln, daß diese Fähigkeiten nicht vom Himmel fallen, daß man sie üben und weiterentwickeln kann. Andererseits zeige ich ihnen, wie nahe sie bereits an der Wahrnehmung sind, ohne daß sie es bisher wußten. Ich gebe ihnen Wahrnehmungsmöglichkeiten, indem ich ihnen Orte zeige, an dem man etwas wahrnehmen kann, an dem zum Beispiel ein Engel oder Gnom seinen Fokus hat. Die Teilnehmer können dann feststellen, was sie an diesem Ort wahrnehmen. Stellt sich ein bestimmtes Gefühl ein? Gibt es eine Begrenzung, ab der man etwas merkt? Kann man verschiedene Qualitäten unterscheiden? »Sieht« man gar etwas? Und alle diese Phänomene lassen sich klar methodisch begreifen! Das finde ich auch die Stärke der Anthroposophie – sie versteht sich als Wissenschaft! Wir haben klare Begriffe und Methoden und müssen nicht im Trüben fischen!

Ottilie und Wolfgang Körner

ALLTÄGLICHES ZUSAMMENLEBEN

Bevor wir zu weiteren Naturwissenschaftlern fahren, machen wir uns auf den Weg zu Ottilie und Wolfgang Körner nach Nürnberg. Wir vermuten, daß sie uns viel davon erzählen können, wie das alltägliche Zusammenleben mit Elementarwesen aussieht.

Wolfgang kenne ich von Treffen des Lebensnetzes Geomantie, und ich besuchte eines seiner Seminare. Dabei konnte ich sehr viel lernen, indem ich schaute, wie er schaut, wenn er Elementarwesen oder einen höheren Engel erlebt. Durch Abgucken kann man blitzschnell lernen. Als ich Ottilie zum ersten mal sah, dachte ich, die ist ja bunt angezogen und hat ein lustiges Gesicht!

Agnes und ich kommen spät abends an, es geht bis viel zu spät in die Nacht und am Morgen weiter. Ein Feuerwerk von Geschichten, Witzen, Lachen, Mimik und Gesten. Wir amüsieren uns sehr. Es geht um das praktische Zusammenleben mit Elementarwesen, wie man anderen Menschen den Zugang ermöglichen kann und um die Zusammenarbeit mit Baumfaunen und Pflanzenwesen. Wolfgang ist von Beruf Landschaftsarchitekt und Geomant, Ottilie arbeitet als geistige Heilerin. (Kontakt: http://naturraum.norisgeo.de und http://ottilies-raum.norisgeo.de)

Stillstand der Bilderflut als Basis

Wolfgang, konntest du die Elementarwesen schon immer erleben?

Wolfgang: Nein, vor 20 Jahren war das alles nur Theorie im Kopf. Ich war von den übersinnlichen Welten überzeugt, aber es war nicht konkret und ohne eigene Erfahrung. Ich machte damals Zen-Meditation, und da ist eine Übung, daß man nichts denkt, nur sitzt und ganz ruhig ist. Wenn man seine Arbeit gut getan hat, dann hat man Zeiten, wo man nichts wahrnimmt, wo nichts ist, vollkommenes Nichts. Ich denke, das ist eine super Vorübung, denn in der übersinnlichen Welt nimmt man zuerst auch nichts wahr, auch wenn man will. In der Zen-Meditation führt man das, was man nicht kann, bewußt herbei. Und dann merkt man, wie schwierig das eigentlich ist, nichts wahrzunehmen und die Bilderflut zum Stillstand zu bringen. Auf diesem Hintergrund der Bewußtseinsleere kann man zwischen echten und falschen Bildern richtig gut unterscheiden. Dann weiß man, welche Bilder man nicht weiter berücksichtigen muß. Es kommen auch Bilder, die eine deutlich andere Qualität haben. Daran erkennt man, daß dies echte Wahrnehmungen sind.

Erste ätherische Wahrnehmung in der Pyramide von Gizeh

Wie bist du dann in das übersinnliche Erleben hineingekommen?

Wolfgang: Mit den Elementarwesen hat es ein bißchen gebraucht, zuerst waren ätherische Wahrnehmungen da, zum ersten Mal 1992 in der Pyramide von Gizeh. Da war ein Ritual Toröffnung 11 zu 11, und ich hatte keine Ahnung, was das ist. Das Gelände war frei von Touristen; es war drei Tage für die Rituale gemietet. Weiß gekleidete Gestalten machten Kreistänze in einem bestimmten Rhythmus, und wir waren zu dieser Zeit in der Königskammer. Um 11 Uhr sollte sich ein bestimmter kosmischer Impuls manifestieren, und Gizeh sei einer der Hauptpunkte, hieß es. »Zufällig« machten wir dort Urlaub, über Bekannte erfuhren wir davon. Ich habe das für eine sehr blumige Geschichte gehalten. Und dann saßen wir in der Königskammer, und ich sah, zu meiner Überraschung, das erste Mal eine ätherische Säule in den Farben blau und weiß!

Prominenter Ort für die erste ätherische Wahrnehmung!

Wolfgang: Das ist aber wieder abgeklungen. Ich war dann bei Marko Pogačnik in einem Seminar. Wir waren in Nordirland in einem Steinkreis, und jeder sollte für sich das ganze auf sich wirken lassen. Als die Gruppe wieder zusammenkam, dachte ich, was ist denn hier los! Jeder hatte Lichter über dem Kopf! Das war die zweite optische ätherische Wahrnehmung.

Hat das Optische für dich eine große Bedeutung?

Wolfgang: Nein, das war nur am Anfang. Das waren wohl Signale, um mir mitzuteilen, was da kommt. Meine Hauptwahrnehmung ist über das Hellempfinden oder Hellfühlen verbunden mit Imagination. Die optische Ätherwahrnehmung ist bei mir inzwischen wieder zurückgegangen und spielt keine große Rolle mehr. Da muß ich mich richtig anstrengen und länger hinschauen. Wenn ich bei einem Vortrag den Referenten eine Viertelstunde lang ansehe, dann sehe ich die Kräfte auch optisch, aber das mache ich normalerweise nicht.

Gottesdienst der Elementarwesen

Was war dein erstes bewußt erlebtes Elementarwesen?

Wolfgang: Das traf ich während eines Workshops mit dem Edelsteinspezialisten Michael Gienger. Der führte uns im Welzheimer Wald in Schwaben in eine Klinge mit Felsen und Wasserfall, und wir sollten in den Felsen hineinempfinden. Das machte ich und sah innen eine Figur ähnlich wie den Buchstaben V. Ich fragte mich, was ist denn das? Es kam die Antwort: »Ich bin ein Vermittler, ein Dolmetscher, der zwischen Elementarwesen und Menschen Kontakt herstellt.« Und dann kam ich mit diesem Vermittler in einen Raum in der Klinge, wo so etwas wie ein Elementarwesen-Gottesdienst gehalten wurde. Der Raum sah wie ein gotischer Dom aus, und auf der linken und rechten Seite saßen Elementarwesen. Sie hatten aber keine Gestalt, sondern waren nur als Bewußtseinsfokusse da. Sie saßen auf beiden Seiten und schauten auf einen Punkt nach vorne. Diese Konzentration auf einen Punkt, das war ihr Gottesdienst. Der Punkt, auf den sie schauten, war ein roter Edelstein. Das war der Einstieg, es gab dann viele weitere Erlebnisse.

Und damit war seelisch für dich ein Tor geöffnet?

Wolfgang: Ja, es war ein Einstieg in eine neue Welt.

Ätherkräfte um Gegenstände, Pflanzen, Tiere und Menschen

Ottilie willst du auch erzählen, wie du deine ätherische Erlebnisfähigkeit entdeckt hast?

Ottilie: Wir waren im Kloster Baumburg auf einem Geomantie-Seminar von Hans Jörg Müller. Das war faszinierend, dieser Mensch konnte stundenlang spannend erzählen. Ich habe aber nichts verstanden, sondern immer nur mitgeschrieben. Am Abend standen wir draußen und genossen den Sternenhimmel und die schöne Nacht. Ich sagte zu Wolfgang: »Du, da oben am Rand des Klosterdachs, da sieht es doch schön aus, da ist es hell, gelb und flackert, vielleicht weil die Luft noch warm ist.« Wie eine Fata Morgana war das. »Siehst du das auch?« »Freilich«, sagte er, »das ist doch das, warum wir hier sind. Das ist Äther, feuriger Äther.«

»Wie?« – In diesem Moment hat es mir einen Vorhang vor den Augen heruntergezogen, und ich erkannte, was der Äther um physische Gegenstände und Pflanzen ist. Und ich verstand plötzlich, wovon Hans Jörg Müller den ganzen Tag gesprochen hatte. Dann bemerkte ich auch, daß ich diesen Äther schon mein Leben lang sehe.

Was hast du vorher gedacht, was das ist?

Ottilie: Vorher habe ich es gesehen, aber es war mir nicht bewußt, denn es war mir selbstverständlich. Es war mir so selbstverständlich, daß ich dachte, jeder Mensch sieht das.

Wolfgang: Es ist nie thematisiert worden. Ohne es benennen zu können, rauscht es am Bewußtsein vorbei!

Ottilie: Am deutlichsten sieht man es hier an dieser Kerze. Was außen herum ist, das ist feuriger Äther. Ich meine nicht den Lichtschein.

Das sieht man ja wirklich richtig physisch!

Ottilie: Ja, aber ich sehe das auch bei Gegenständen, Tieren und Menschen. Aber bei der Kerze ist es für jeden sichtbar.

Wolfgang: Der Äther sind die Strukturen, die das Physische halten. Aus den Ätherkräften kommt das Physische.

Der Feueräther war also am Kirchendach. Ist das immer so?

Wolfgang: Nicht immer, aber bei den meisten steilen Dächern steigt feuriger Äther nach oben.

Sie gleichen sich den Menschen an, um in Kontakt zu kommen

Ottilie, was war dein erstes Elementarwesenerlebnis, das du bewußt mitbekommen hast?

Ottilie: Ganz bewußt? Wir waren einmal mit der Geomantiegruppe im Wald, setzten uns hin und lauschten. Ich saß etwas weiter hinten und sah neben den Menschen so etwas wie Energiepunkte. Da hatte mancher zwei Elementarwesen neben sich sitzen oder zwei hinter sich und eines vorne. Richtig artig und brav, wie Kinder, lauschten und guckten sie, was macht der Mensch? Über diese erste Begegnung mit Elementarwesen tauschte ich mich dann mit Wolfgang aus, da ich wissen wollte, stimmt es bei mir überhaupt noch oder war das Einbildung?

Ich habe an diesem Erlebnis etwas Grundsätzliches erkannt. Die Elementarwesen versuchen, sich den Menschen anzugleichen. Sie gehen in dessen Energie und Befindlichkeit rein, das Gefühl, das der Mensch bei sich trägt und verstärken es, damit der Mensch das Elementarwesen spürt und sich wieder spürt. Ich sehe das als Spiegelung. Ich habe zum Beispiel ganz ernste Menschen erlebt, die plötzlich zu kichern anfingen. Sie haben es erst unterdrückt, und dann konnten sie nicht mehr anders und sagten: »Ich weiß gar nicht, was das ist.« Sie nahmen die Energie von Elementarwesen auf.

Das war meine erste Begegnung. Das hat sich dann in unterschiedlicher Art wiederholt, zum Beispiel in Hohlwegen. Hohlwege liebe ich heiß und innig, da wuselt es da drinnen, da ist eine Geschäftigkeit, ein Geruch, eine Atmosphäre, das ist einfach schön. Manchmal sehe ich die Naturwesen im Augenwinkel als rollende Bewegung, doch meistens sehe ich sie nicht körperlich, sondern empfinde sie als Gefühl. Wenn ich sie dann fokussiere, dann sehe ich einen Schleier oder verschwommene Bilder.

Putzen trotz Elementarwesen?

Wie ist euer alltäglicher Umgang mit den Elementarwesen im Haus?

Ottilie: Ach, ganz normal. Wir haben hier viele in der Wohnung. In der Küche ist eines neben dem Katzenfutternapf, manchmal reitet ihn der Schalk und es zwickt die Katzen am Po. Die Katzen springen dann aus dem Stand vom Futternapf hoch und sausen weg. Irgendwann dachte ich, ich kann nicht mehr putzen.

Meintest du, du störst die Elementarwesen, wenn du putzt?

Ja, in meinem kindlichen Glauben und Respekt dachte ich das. Doch ich war verzweifelt, auch wenn alles voll ist, ich kann doch nicht immer nur drum herum putzen? Irgendwann sagte ich: »Ich putze jetzt übermorgen! Schaut wie ihr damit zurechtkommt!« Die Antwort war: »Kein Thema, das hättest du schon lange machen können!« Seither putze ich, wann ich will. Ich kündige es aber vorher in Gedanken an, dann wird in den Ecken schon etwas vorgeräumt. Wir gehen also ganz normal mit den Elementarwesen um.

Du hast täglich Gedankengespräche?

Ja täglich: »Wie geht es euch denn? Ah ja!«

Das ist ja so, wie wenn du ein Pläuschchen mit einem Nachbarn hältst.

Anzüglicher Gnom aus der Oberpfalz

Ottilie: Oder: »Wo hast du dich jetzt wieder versteckt?« Als wir einmal in der Oberpfalz in einem Wald saßen, kam ein Gnom und wollte mit. Ich sagte: »Du möchtest mit? Ich wohne aber weit weg in Nürnberg. Soll ich dir zeigen, wo ich wohne?« Ich stellte mir alles vor. Dem Gnom gefiel es gut, besonders der Garten. Ich fragte: »Also gut, aber wie transportiere ich dich?« Der Gnom: »Kein Problem, mach die Tasche auf!« Die Elementarwesen geben uns gerne bildhafte Vorstellungen, wie bei Kindern, die oft spielen, wir tun so als ob.

Du meinst, die Elementarwesen reden in einer Bildersprache, die für dich verständlich ist. Er sagte, mach die Tasche auf, obwohl die Tasche egal ist?

Ja, die Tasche ist unwichtig. Ich denke, die wissen, was der jeweilige Mensch begreift. Damals war ich noch ziemlich am Anfang, deshalb das Bild mit der Tasche. Wir transportierten den Gnom nach Hause und zeigten ihm den Steingarten. Dort blieb er. Zwei Tage später guckte ich in den Steingarten, doch der Gnom war weg! Wolfgang mutete mit der Hand und fand ihn auch nicht mehr. Wir haben auch einen Gemüsegarten. Bei der Ernte zog ich eine gelbe Rübe heraus, und da war er! Er hatte sich ins Beet hinübergemacht und sich so dargestellt! Ich habe die Rübe noch hier, die ist bestimmt zehn Jahre alt.

(Ottilie geht in die Küche)

Wolfgang: Er ist in die Wurzelbildung der gelben Rüben hineingegangen. Die ganze Reihe war normal, aber an einer Stelle sind die Rüben so dick geworden, daß sie sich gegenseitig hochschoben, als wenn sie explodieren wollten.

(Ottilie kommt mit einer zusammengeschrumpelten Rübe zurück.)

Ottilie: Ich ziehe also die Rübe heraus, die war damals riesengroß, und sie hatte diese Figur!

(Sie zeigt die Rübe. Sie hat die Form eines Menschen mit zwei Beinen und einem erigierten Penis.)

Oh nein, das sind ja zwei Beine mit einem Penis!

Ottilie: Ja, das hat der Gnom gebildet. Einen Körper oben, zwei Beine und...

Das ist ja richtig anzüglich!

Ottilie: Ja freilich! Der spielte den männlichen Part. Ich habe die gelbe Rübe aufgehoben, seit zehn Jahren ist sie nicht schimmlig geworden.

Wo ist der Gnom jetzt?

Wolfgang: Immer noch in dieser Ecke. Die Arbeit der Gnome ist ja in den Wurzeln. Einige Jahre später wuchs da eine besondere Nachtkerze. Sie war sehr breit und hatte viele Seitenzweige und war größer als die anderen. Von der Aura her hatte sie einen Radius von vier Metern, ein Riesenteil. Da wirkte der Gnom auch mit.

Elementarwesenkörbchen

Ottilie, du hast in der Küche ein Körbchen mit einem kleinen Garten und Figuren. Was machst du damit?

Ottilie: Ich habe mir die Elementarwelt sichtbar gemacht, wie ein Kind mit der Puppenstube. Das ist so ein Spaß! Für mich ist es lebend. Ich sage immer zu meiner Elfe: »Na, du Hübsche, hast die Nase heute wieder einmal dunkel, weil der Küchendunst so stark ist.« Den Vogel setze ich dann woanders hin, damit er nicht immer nur in die eine Richtung schaut. In dem Körbchen ist eine kleine Landschaft drinnen, Pflanzen, eine getrocknete Rose, Holz, Echsen und Salamander, Steine, auch Edelsteine, um dem Aufmerksamkeit zu geben, Vogelfedern, ein kleiner Wichtelmann, als Polarität zur Elfe, männlich, weiblich. Ein kleiner Kosmos. Es sind also Symbole für die ganze Elementarwelt in dem Korb. Ich spiele dann damit, versetze es, mal kommt was raus und was Neues dazu. Dann gucke ich immer wieder hinein und frage. »Wie geht es euch? Willst schon wieder über den Rand gucken, du kleine Echse? Der Rand ist zu hoch für dich, du mußt schon drinnen bleiben.« Und dann gebe ich etwas aus dem Menschenreich hinein, zum Beispiel die Perlenkette.

So hast du an einem Ort die Elementarwelt als Mikrokosmos konzentriert.

Hausgeist läßt Hammer und Flasche verschwinden

Ottilie: Eine Geschichte möchte ich dir noch erzählen, wo ein Elementarwesen Aufmerksamkeit einforderte. Mein Sohn hatte ein Haus gekauft und baute es um. Da war ein Hausgeist, und ich erzählte meinem Sohn davon. Er meinte nur: »Ist schon recht, Mutter.« Er hat es nicht geglaubt, sondern nur gedacht, die Mutter wird älter. Der typische Satz von ihm ist: »Mutter, mach dir keine Sorgen. Wenn es schlimmer wird, ich habe noch einen Platz in der Psychiatrie frei.«

Arbeitet dein Sohn in der Psychiatrie?

Ja. Aber irgendwann wurde er unsicher und rief mich an: »Du Mutter, irgendwas ist komisch. Jedesmal ist mein Werkzeug weg, obwohl ich genau weiß, wo ich es hingelegt habe.« Mein Sohn arbeitet akribisch, er legt den Hammer immer an eine bestimmte Stelle, wie im OP. Ich sagte ihm: »Du, sei nicht bös, aber du ignorierst immer deinen Hausgeist. Ich habe dir von ihm erzählt, er weiß, daß du von ihm weißt, aber du glaubst es nicht. Also machst du jetzt entsprechende Erfahrungen, daß es ihn gibt.« Mein Sohn sagte aber nur: »Ist gut, Mutter, ist schon recht.«

Doch eines Tages erzählte er mir, daß er die Wut bekommen und geschrien habe: »Zwerg, wenn du mir das nächste mal mein Werkzeug versteckst, dann setzt es aber was. Dann hab ich überhaupt keine Lust mehr, dann schmeiße ich dich hinaus!« Ich fragte ihn, ob er jetzt doch an den Hausgeist glaube, da er ihn hinausschmeißen wolle? Mein Sohn antwortete: »Eigentlich nicht, aber ich wußte mir nicht mehr anders zu helfen. Jetzt werden wir einmal sehen wie es klappt.« Ab da verschwand kein Werkzeug mehr, und mit dem Hausausbau ist es gut vorangegangen.

Wir haben dem Hausgeist dann eine sichtbare Stelle gegeben, wo er seitdem wohnt. Und wenn die Kinder den Stein von der Stelle herausnehmen, sagt mein Sohn: »Der Stein bleibt da drinnen, der ist für den Hausgeist.« Für die Kinder ist es normal, für meine Schwiegertochter noch nicht ganz, aber sie akzeptiert es und hat erzählt, sie habe selber einmal den Stein herausgenommen und dann irgendwie das Gefühl gehabt, sie müßte ihn wieder hineinlegen. Das Zusammenleben mit dem Hausgeist ist also gewachsen.

Später stellten wir auf der Baustelle eine Trinkflasche auf den Treppenabsatz. Aber dann war sie weg, und wir suchten sie. Irgendwann dachte ich mir: »Hausgeist, treibst du mit uns Schabernack? Wo hast du die Flasche hin?« Da kam als Antwort: »Ha, ha, ha!« Am nächsten Tag ging ich in eine andere Wahrnehmung, etwas höher in die geistige Energie, und da sehe ich die Flasche stehen! Die Elementarwesen können also mit der Zeit spielen, sie verschieben einfach die Zeit, und dann ist die Flasche momentan nicht da!

Bist du in der geistigen Wahrnehmung in eine andere Zeitebene gekommen?

Ich war in einer anderen Ebene, und die Flasche war wieder sichtbar. Der Hausgeist hat dann sein Spielchen beendet und wieder eine Zeitverschiebung in die Gegenwart gemacht. Wir haben sie dann auch als materielle Flasche wiedergefunden.

Ist das wirklich so einfach für die Elementarwesen, so etwas umzubauen?

So kleine Dinge in der Zeit, das können die schon.

Es könnte doch auch sein, daß der Hausgeist die Flasche dematerialisiert hat?

Das läuft auf das gleiche wie eine Zeitverschiebung hinaus.

Oder hat er die Flasche in eurer Wahrnehmung einfach ausradiert?

Kann auch sein, ich habe es aber mehr als Zeitverschiebung empfunden, daß er die Flasche zu dem Zeitpunkt verschob, wo sie noch nicht dort gestanden hat.

Elementarwesen leben in der Zeit ausgedehnt

Wolfgang: Das mit der Zeit, das ist so ein Thema. Ich wollte mir einmal an einem Baum Rat holen und dachte, da hinten ist eine große Linde. Ich ging zu ihr und dachte mir währenddessen, da setzt du dich jetzt hin und meditierst über die Frage, gleichzeitig war in meinem Kopf »Weißdorn«. Das bemerkte ich aber kaum, weil ich ja damit beschäftigt war, die Frage zu formulieren. Als ich unter der Linde meditierte, kam keine Antwort. Ich fragte mich, was ist los? Plötzlich wieder »Weißdorn«. Das war die Antwort. Die bekam ich, bevor ich die Frage stellte.

Was war die Frage?

Ich suchte ein Mittel, um die Energie an diesem Ort zu verbessern.

Du bist doch aufgestanden mit einem gewissen Impuls, das heißt, du hattest die Frage in deinem Geiste schon gestellt.

Nicht explizit. Es gab nur den kleinen Willensimpuls, da gehst du jetzt hin.

Aber du bist mit der Absicht hingegangen. Ich frage mich, ob das wirklich etwas mit Zeitverschiebung zu tun hat. Denn die Elementarwesen brauchen nicht die ausformulierten Sätze, sondern sie brauchen die innere Absicht, das können sie in der Aura lesen, die Worte selbst verstehen sie vermutlich gar nicht. Sie geben dann sofort die Antwort, während du noch am ausformulieren bist.

Ich beobachte so etwas aber auch in einem Zeitraum bis zu drei Tagen, wo ich noch gar nicht weiß, was ich vorhabe. Bei den Elementarwesen ist ein anderes Zeitempfinden da, die Gegenwart ist nicht auf einen Punkt beschränkt wie bei uns Menschen, sondern ist ein Raum, ein Kontinuum. Zumindest eine ganze Woche erleben sie gleichzeitig.

Konzert für Naturwesen

Wolfgang: Wir haben dieses Jahr noch eine neue Art der Zusammenarbeit begonnen und zu Ehren der Elementarwesen ein Konzert veranstaltet an einem Platz mit sieben Quellen, wo hauptsächlich Wasserwesen sind. Wir hatten Lieder mit Texten, die sich um die Elementarwesen drehen, zwei Gitarren und zwei Flöten und verteilten die Texte zum Mitsingen. Der Platz ist sehr speziell, da die Elementarwesen dort offensichtlich eine Weiterbildungsstelle haben. Zum Beispiel lernen die Nixen dort, wie man Wasser, das in Leitungen in eine zu gerade Bewegung kommt, wieder verdrehen und in Bewegung bringen kann.

Wie kam das Konzert an?

Richtig gut! Die Elementarwesen haben es gut aufgenommen. Wir spielten in einem Engelsfokus und dann auch an einem Platz mit viel Wasseräther. Da klingt es besonders. Wenn man mit der Gitarre herumläuft und in den Raum hineinspielt, dann merkt man das.

Wir machen manchmal in unseren Meditationskursen ähnliche Aktionen mit Klangplättchen. Unsere Erfahrung ist, daß der Klang mit Labsal gerade von Wasserwesen aufgesogen wird und oft am nächsten Tag im Ätherischen noch hörbar ist. Mir wurde dabei klar, daß der Klang sehr nahe am Äther und deshalb für die Elementarwesen eine sehr bekömmliche Nahrung ist. Klingen ist auch eine gute Wahrnehmungsmethode, wie klingt was wo?

Ottilie: Das mache ich mit der Glocke bei Menschen. Ich klinge den Körper ab und höre und sehe an der Schwingung, wo es klemmt.

Wolfgang: Ich kenne eine Kirchturmglocke, wo eine Ätherlinie durchläuft, die sich zwischen Gabriel und den Elementarwesen ausspannt. Wenn diese Glocke läutet, dann geht der Impuls in die ganze Stadt hinein. Es ist ein ganz speziell getränkter Klang, die ganze ätherische Qualität, die in der Linie drinnen steckt, fließt da mit hinaus.

Elementarwesen werden eigenständiger, Karma wirkt sofort

Wie haben sich die Elementarwesen in den letzten Jahren verändert?

Wolfgang: Ich habe bemerkt, daß sich die Elementarwesen in den letzten zwanzig Jahren einen Weg zu den Menschen gebahnt haben und die Menschen zu den Elementarwesen. Da ist ein Tor aufgegangen, das inzwischen weit offen ist. Gleichzeitig fingen die

Elementarwesen an, eigenständiger zu werden. Anstatt daß sie wie vorher nur in ihrer Aufgabe leben, entwickeln jetzt einige eine Art von Ich-Bewußtsein.

Mir fiel auch auf, daß die Beschränkung gegenüber dem Menschen, daß man ihn nicht gleich für alle seine Taten verantwortlich macht, immer mehr aufgehoben wird. Wir Menschen hatten eine Schonfrist, nicht alles, was getan wurde, kam gleich als Rückmeldung zurück. Heute werden die Folgen unseres Tuns relativ schnell sichtbar, wir müssen mehr Verantwortung übernehmen.

Meinst du, früher in der Schonzeit kamen die karmischen Wirkungen erst viel, viel später zurück, doch jetzt wirkt sofortiges Instant-Karma?

Ja, das geht schneller, da die Elementarwesen den Menschen nicht mehr schonen müssen. Sie geben gleich das Feedback, auch wenn es unangenehm ist, zum Beispiel in Naturkatastrophen.

Wer hat das erlaubt, daß es gleich zurückkommt?

Ich denke, das kommt aus der Engelwelt.

Anderen Menschen beim Wahrnehmen helfen

Wir sind immer noch bei Ottilie und Wolfgang zu Besuch. Ich frage, wie sie anderen Menschen helfen, mit Elementarwesen in Kontakt zu kommen?

»Ich sehe nichts, ich spüre nichts!«

Ottilie: Bei einer Wahrnehmungsübung zu Elementarwesen war eine Frau in der Gruppe die sagte immer: »Ich spüre nichts, ich spüre nichts, ich sehe nichts, ich sehe nichts!« Sie war neugierig und hatte den Kopf voll mit diesem Willen, ich will doch etwas sehen, wie die anderen auch. Ich beobachtete die Frau die ganze Zeit, denn sie hatte an einem Bein etliche Elementarwesen sitzen.

Die ließen sich beim Laufen von der Frau tragen und hatten Spaß dabei. Die Frau schaute ganz intensiv herum, und aurisch* wuchs ihr durch diesen neugierigen Blick aus ihrem Kopf so etwas wie ein Einhorn. Und dann äffte ein größeres Wesen die Frau nach: »Oh, ich sehe nichts!« und zog einen ganz langen Hals und Kopf. Und dann lief die Frau weiter, und die Elementarwesen saßen an ihren Beinen und kicherten.

Ich ging hin und fragte: »Darf ich dir ein bißchen helfen? Du darfst nicht vom Kopf aus mit den Augen dahin gucken, sondern steh einfach einmal da, spüre hinein, guck gar nicht oder mach die Augen zu oder guck einmal nach hinten oder guck in deinen Körper mit dem Kopf nach unten. Man guckt immer nur nach vorne, weil die Augen vorne sitzen, was glaubst du, wie du schauen würdest, wenn die Augen hinten wären? Da in deinen Hosenstulpen sitzen ein paar Elementarwesen und vergnügen sich schon köstlich, daß du sie nicht wahrnimmst. Und da sitzt ein Größeres, um dir Erdung zu verschaffen, damit du mit deinem Bewußtsein vom Kopf nach unten gehst. Guck einfach einmal und spüre hinein.«

Die Frau wurde ruhiger, und ich sah auch, wie die ganze Energie sich zurückzog und das Einhorn einklappte, und sie stand da und spürte. Sie schaute dann immer hinunter und fragte: »Sind sie immer noch da?«

»Ja, ja«, sagte ich, »lauf einmal ein bißchen herum, die amüsieren sich köstlich.«

»Haben die Zipfelmützen auf?«

»Nein, die haben sie jetzt nicht auf.«

Sie sagte dann: »Irgendwie spüre ich was, aber das ist jetzt Einbildung, weil du mir das gesagt hast.«

* Die Aura des Menschen besteht aus dem Ätherleib, dem emotionalen Astralleib, dem mentalen Astralleib, dem Ich und den spirituellen Wesensgliedern. Die Aura ist sehr beweglich und um ein Vielfaches größer als der physische Leib, je nach individueller Entwicklung. Die Elementarwesen sehen beim Menschen immer nur dessen Aura und nicht den physischen Leib.

»Nein, das ist nicht Einbildung, du spürst das wirklich, das sehe ich dir an, daß du das spürst.«

Das war dann ihre Erfahrung mit Elementarwesen. Sie dachte immer, man müsse unter dem Laub oder an besonderen Orten suchen, derweil waren sie an ihren Beinen.

Wahrnehmungen können ganz einfach sein

Wolfgang: Ich arbeite ja viel für Kunden, die wissen möchten, welche Elementarwesen sind bei mir und was kann ich für sie tun? Und dann gucke ich, wo haben sie ihre Fokusse und was kann man für sie tun. Ich habe ein bestimmtes Repertoire, was ich so mache. Die Wesen sehen, was kann der Mensch, was können wir davon gebrauchen? Bei mir sind das dann oft Steinsetzungen.

Einmal war ich bei einer Frau, die etwas für die Elementarwesen tun wollte, aber keine Wahrnehmung davon hatte. Für den Zwergenplatz hatten wir einen ein Meter großen Stein, der aussah wie ein Salamander. Der wurde mit einem Autokran gesetzt. Der Stein schwebte über dem Platz, und ich justierte ihn ein. Die Frau hatte immer gesagt, sie spüre nichts. In dem Moment, als der Stein den Boden berührte, fing sie an zu lachen. Ich fragte: »Warum lachst du denn?« »Ja, mir ist so zu Mut.« Ich sagte: »Du nimmst gerade die Emotionen der Zwerge an dem Platz wahr, deshalb lachst du.« Die Wahrnehmung von Elementarwesen ist oft so unkompliziert, daß man sie gar nicht bemerkt.

Oder anders herum gesprochen, man stellt sich so etwas Schwieriges vor, daß man dann enttäuscht sagt, ich nehme nichts wahr.

Auch der Elfenplatz bekam einen Stein. Den setzten wir auch mit dem Kran und in dem Moment, als er den Boden berührte – es war Luftstille – spürte man über dem Kopf plötzlich einen Wind. Dann schauten wir herum, die Blätter in der Nähe rührten sich, doch zwei bis drei Meter weiter weg war kein Windhauch. Das war eben die Antwort der Elfen: »Schön, jetzt haben wir einen tollen Stein!« Und dann wirbeln sie ein wenig und setzen die Luft in Bewegung.

Das ist eine Elementarwesenwahrnehmung. So einfach ist es, man muß bloß wissen, was es ist. Man braucht als Nichtwissender jemanden, der einen an die Hand nimmt und sagt: »Schau, das ist es doch!« Denn es ist so unterschwellig, daß es meistens am Bewußtsein vorbeigeht. So einfach zu sein, fällt vielen Menschen eben schwer.

Ottilie: Weil alles über den Kopf geht und weil sie denken, ich muß doch etwas sehen. Es geht aber über den Körper und das Gefühl. Wenn ich in der Natur wandere, bemerke ich oft, hoppla, da ist etwas. Und dann spüre ich hinein und stelle fest, daß die Wesen mich schon vorher erlebt haben. Diese nehmen meinen Emotionalkörper wahr und sehen ihn in Farben, in Schwingungen, in Wabern. Die Aura beim Menschen bewegt sich ja immer und so erleben uns die Elementarwesen auch. Und dann gibt es ein gewisses Wohlwollen, sie nehmen die Schwingungen auf, verstärken diese, und man erkennt sie. Man hat ein Miteinander, eine Spiegelung. Und wenn ich zornig bin, kann es mir schon passieren, daß ich stolpere, weil sie sagen: »Wenn du zornig bist in meinem Gebiet, lasse ich dich stolpern, denn diese Emotion kann ich nicht gebrauchen.«

Die Wesen müssen also Lust haben, mit dir zu kommunizieren, und dann gehen sie ein Stück auf dich zu. Erst dadurch wird es für dich griffig erlebbar. Wenn die nicht wollen, läufst du vorbei, ohne daß du etwas bemerkst.

Elementarwesen sehen, ob man ihr Freund ist

Wolfgang: Mir fiel es nach den ersten Begegnungen von Mal zu Mal leichter, und es ging immer schneller. Wenn man einmal Kontakt mit den Elementarwesen gehabt hat, hat man sozusagen einen Sticker am Astralleib auf dem steht »Elementarwesenfreund«. Und das sehen dann alle und kommen stärker heraus.

Ottilie: Ich denke, daß die Elementarwesen erleben, wenn der Mensch eine gewisse geistige Struktur hat. Ohne Bewertung: Ein Mensch, der sich überhaupt nicht mit den Dingen befaßt, der nur seinen Gedanken nachgeht – Arbeiten, Geld, Zuhause, Familie, Fernsehen, Sport –, zu so einem Menschen haben die Elementarwesen keinen guten Zugang. Sie sehen ihn als grob, nicht ganz so bunt, komprimierter und sind entsprechend distanziert. Wer mit den geistigen, kosmischen Gesetzen Kontakt aufgenommen hat und mit diesen lebt, hat eine andere Aura, und das spüren sie.

Ich glaube, man kann das mit der Kommunikation zwischen Menschen vergleichen. Bei fremden Menschen merkt man sofort, ob es eine Resonanz gibt oder nicht, da man aurisch die Kommunikationsmöglichkeiten erlebt. Es gibt Menschen, die haben schnell Kontakt, und dann gibt es Menschen, die nie angesprochen werden. Warum eigentlich? Das liegt an ihrer Ausstrahlung. Und mit der Elementarwelt ist es ähnlich.

Wolfgang: Ich vermittle den Kontakt zu Elementarwesen oft über praktische Tätigkeiten und sage immer, das erste, was man macht, sollte eine gebende Geste sein: ein Geschenk machen oder Licht hinfließen lassen oder Herzkräfte reinfließen lassen; eine Geste, mit der ich in die Natur etwas hinausschicke und den Kommunikationskanal putze. Dann kommt Resonanz. Menschen, die das distanzierende Objektivitätsdogma im Kopf haben, tun sich unheimlich schwer. Wenn sie aber zuerst eine Geste in die Natur hinein machen, ergibt sich die Kommunikation. Es geht nicht um Objektivität, ist da etwas oder nicht, sondern es geht um Kommunikation. Wir Menschen haben Anwärmrituale wie »Grüß Gott!«, »Wie geht´s dir?«. Da werden Schallwellen ausgetauscht, der Inhalt ist völlig egal. So wird die Verbindung aufgenommen.

Ja, damit beginnt das Gespräch. Wenn ich aber zu jemandem hingehe und ihn kritisch anschaue, »gibt es dich überhaupt?«, dann ist das Gespräch schon beendet. Auch auf die Elementarwesen muß man erst einmal freundlich zugehen, wenn man in Kontakt kommen will. Wenn man kritisch verschlossen ist, denken sie sich nur, was ist denn das für einer?

Elementarwesen als Mitarbeiter spart Kraft und Schweiß

Deutlich erlebbar war die Kommunikation und Kooperation dieses Jahr am Quellhof. Da pflanzten wir große Linden in einem Geomantieseminar und gruben Löcher, Baumgruben, 80 cm x 80 cm x 80 cm. Das ist viel Erde, die da raus muß. Die Teilnehmer waren keine Leute, die gewohnt waren, Erde auszuheben und kraftmäßig zu arbeiten. Wir waren vorher bei den Erdwesen und signalisierten in den Raum hinein, wir pflanzen jetzt für die Lebenskraft des Ortes diesen Baumkreis, könnt ihr uns bitte helfen? Es war phänomenal, wie leicht diese Baumgruben auszuschaufeln waren, von Leuten die es wirklich nicht gewohnt sind. Man hatte den Eindruck, das ist einfach herausgehüpft, und keiner wurde müde.

Ottilie: Es war schwerer Lehmboden. Zwei ältere Damen haben viel geschafft, aber es ging locker, und sie hatten Energie. Ich sah, daß Elementarwesen auf den Spaten saßen und energetisch immer lupften.

Das ist doch das gleiche Prinzip, daß in einer Werkstatt, wo gut gearbeitet wird, die Arbeit besser geht, weil entsprechende helfende Elementarwesen sich einstellen. Wenn der Ort nicht eingearbeitet ist, ist es schwerer, und man muß sich mehr anstrengen. In diesem Fall ist die Zusammenarbeit nicht durch die Routine entstanden, sondern durch die bewußte Einladung.

Wolfgang: Die freuen sich auch, wenn sie beim Menschen mittun können und wenn sie akzeptiert werden. Sie bringen Farbe herein.

Das heißt, die Elementarwesen als Mitarbeiter sparen Kraft und Schweiß.

Während der Arbeit kurz innehalten

Wenn man diesen Gedanken weiterspinnt, dann sollte es in Zukunft in jeder handwerklichen Ausbildung dazugehören, daß man die Elementarwesen mit hineinnimmt. Genauso, wie man viel Energie für Arbeitsorganisation, Verfahrensabläufe und Qualitätsmanagement aufwendet, um die Ressourcen und Kräfte effektiv einzusetzen, könnte man das bewußt auch mit den Elementarwesen machen.

Wolfgang: An den Schulen sollte es ein Fach »Umgebungswahrnehmung« geben. Da gehören ethische Fragen rein, Wahrnehmungstechniken und Workshops mit den Elementarwesen. Im Moment werden durch die Ausbildung die Fähigkeiten eher zugemacht. Da wäre ein Wende wichtig.

Ich machte einmal einen Workshop für Gärtner zur Wahrnehmungsschulung während der Arbeit. Wir arbeiteten mit Kranladern, Rüttelmaschinen und anderem schwerem Gerät im Garten, und ich sagte vorher: »Paßt auf, ihr müßt den ersten Eindruck wahrnehmen. Was passiert gerade? Hört in den Raum hinein, was habt ihr für ein Gefühl?« Und dann ließen wir die Maschinen an und arbeiteten. »Stop, was passiert im Moment? Hört einmal hinein, hat sich etwas verändert?«

Etwas sensibel zu sein, kostet nicht viel Zeit. Wenn man das regelmäßig macht, dann reichen zehn Sekunden. Ich gehe innerlich zurück, was ist im Moment? Ist irgendetwas? Stimmt etwas nicht, schimpft irgendwo jemand? Oder ist ein besonders freudiger Impuls im Raum? Kann ich dort hingehen? Wenn irgendwo Ärger sitzt, kann ich mich davon unbeeinflußt halten und diesem einen guten Impuls senden? Kurz darüber nachdenken, schon vorbei, schon kann ich weiter arbeiten. Dieser Input ist zeitlich gering, aber von der Effizienz total groß. Man muß dazu die Maschinen nicht ausmachen, sondern nur kurz in die innerliche Wahrnehmung gehen.

Apropos: So eine schwere Baumaschine ist für Zwerge kein Thema. Sie sitzen beim Kranlader oft auf der Schaufel und haben Spaß daran. Das hängt nicht davon ab, welches Gerät eingesetzt wird, sondern, wie der Mensch ist, der es bedient.

Baumfaune und Pflanzenwesen

Die Nacht ist noch nicht zu Ende, und ich frage nach den Erfahrungen mit Bäumen und Pflanzen.

Faun ahmt Menschen nach

Ottilie: Soll ich dir mein erstes Erlebnis mit einem Faun erzählen? Das war bei einer riesengroßen Blutbuche während einer geomantischen Begehung. Ich schaute zu dem Baum hoch, war richtig begeistert und dachte, dem geht es ja gut, die Krone ist wie ein Schirm. Dann fühlte ich mich beobachtet und schaute die Leute an. Doch die waren alle mit Wahrnehmungsübungen beschäftigt, ab welcher Distanz kann man die aurische Energie eines Baumes erleben, wo ist die Ankündigungszone, wo wird es stärker? Ich schaute wieder zum Baum hinauf und sah ein Gebilde wie eine Wolke. Ich rieb mir die Augen und putzte die Brille, ich habe starke Brillengläser. Dann hieß es: »Ja, ja, du siehst schon richtig.« Ich schaute mich um, keiner redete, jeder war mit sich selbst beschäftigt. Ich spürte hinein und dachte, so groß und so kräftig, das kann bloß ein Faun sein. Dann bildete er sich in eine menschliche Form, ein Körper mit zwei Hörnern, der Oberkörper bepelzt und mit Bocksfüßen. Da dachte ich mir, das ist ja wie im Märchen, und sagte: »Das muß jetzt nicht sein, ich glaube dir auch so, daß du ein Faun bist!«

Der Faun: »Nein, nein, die Menschen brauchen Gebilde, die sie kennen. Ihr könnt nur so damit umgehen.«

Ich erwiderte: »Aber ich habe dich ja anderweitig gesehen.«

Der Faun: »Ja, aber mir gefällt das jetzt. Dir gefällt das auch, das ist deine Vorstellung von einem Faun. Ich bleibe jetzt so.«

Ich redete mit ihm etwas weiter und dachte, eigentlich bist du ja ein hübscher Kerl. Dann machte er Figuren, Bewegungen, und ich fragte mich, was soll das? Er sagte: »Guck einmal, wie das auf mich wirkt, wenn Menschen zu mir kommen und sich da unten so bewegen.« Ich schaute und erkannte eine Frau aus der Gruppe. Er machte eine nächste Bewegung und stellte mir weitere Menschen dar, und ich erkannte diese. Er zeigte mir, wie der eine in die Baumaura hineingeht und der andere rausgeht und hat sich köstlich amüsiert über diese »linkischen Gebärden, sich mir zu nähern« – in einer alten Sprache drückte er sich aus. Das war so köstlich.

Dann meinte er: »Dieser Park ist mein Reich! Dafür bin ich verantwortlich. Und guck dir das an, das da hinten, das stört mich überhaupt nicht!« – Da war ein Hochspannungsmast. – »Ab und zu einmal eine nicht kosmische Energie ist auch ganz schön.« Er hatte sich mit der Hochspannungsleitung arrangiert. Er maulte nur, weil die Leute durchmarschieren und ihn einfach nicht bemerken, obwohl er die Landschaft so auffällig gestaltet hat, so daß man eigentlich sagen muß, da ist es schön, da setze ich mich nieder. »Diese Leute, diese Menschen, irgendwie muß ich mir da noch etwas einfallen lassen!«

Faun wird transportiert

Ottilie: Ich treffe seither immer wieder Faune. Einmal erlebte ich in einiger Entfernung einen Faun in einem Schrebergarten, der sagte: »Ich möchte weg von dem Baum. Der Baum ist krank, ich kann dem nicht mehr helfen, da wird gegiftelt.« Da kam gerade ein älteres Ehepaar vorbei, und ich sagte zu dem Faun: »Du, horch einmal, die kommen genau an dir vorbei, laß dich langsam herunter auf die Schulter des Mannes, der transportiert dich zu den anderen Bäumen hinüber.« Ich schaute zu, die Energie kam herunter, und der Mann trug diese auf der Schulter. Ich dachte mir, lieber guter Mann, wenn du wüßtest, was du da zu den anderen Bäumen transportierst?

Warum brauchte der Faun Hilfe? Können sich Faune nicht frei bewegen?

Wolfgang: Pflanzenwesen und Baumfaune haben eine starke Bindung zu ihrer Pflanze oder Baum und sind deshalb ortsgebunden. Es gibt auch frei bewegliche Elementarwesen, zum Beispiel Elfen, das sind Luftwesen. Es gibt das überlieferte Bild, daß sie Flügel hätten, einen Bogen und einen Köcher hinten mit Pfeilen drin. Das ist die Raumkonzentration. Wenn ich Bogen schieße, dann ziehe ich den Bogen auf, habe eine gewisse Spannung, habe ein Ziel, dann lasse ich den Bogen los, und der Pfeil geht dahin. Das ist auch der Bewußtseinsimpuls von Elfen. Die stehen da, sind voll konzentriert, sehen da hinten stimmt etwas nicht, da muß ich etwas tun, und dann ziehen sie ihr Bewußtsein auf, es macht Wupp, und dann sind sie dort. Da der Raum durchdrungen ist vom wachen Elfenbewußtsein, wird er zusammengehalten, wird zum Holon.

Hüterbäume

Wolfgang, was waren für dich wichtige Erlebnisse mit Bäumen?

Wolfgang: Jeder Baum hat einen Faun. Es gibt auch Hüterbäume, diese haben ein zusätzliches Ohr für alles, was um sie herum vorgeht.

Sozusagen der Schafhirte eines Waldstückes, der die anderen Bäume mit im Bewußtsein hat, diese trägt und reguliert?

Ja, jedes Waldstück braucht einen Hüterbaum. In der Nähe von Stuttgart wurde ein Wald neu aufgeforstet, also mußten auch neue Hüterbäume entstehen. Wir wollten dabei helfen und bewußt Hüterintelligenzen anziehen. Da ist der Ort wichtig, die Baumart und die einzelnen Pflanzen, die wir in einem rituellen Akt pflanzten. Es zeigte sich zwei Jahre später, daß diese Bäume tatsächlich von Hütern angenommen wurden.

Ein anderes Beispiel: Ich hatte einen Baum, der füllt im Nürnberger Umweltamt ein ganzes Aktenregal. Ein Bekannter rief mich an, da solle eine Eiche gefällt werden, das sei eine Katastrophe. Die Eiche hatte einen Stammumfang von über drei Metern, über 20 Meter hoch, ein Riesending. Der Baum war bewohnt von einem Hüterfaun des früheren Eichenwaldes, etwa 80 Prozent der Eichen wurden gefällt, etwa 20 Prozent sind in der Siedlung stehen geblieben und standen unter Schutz. Er war von diesen der Chef und sollte gefällt werden. Das Umweltschutzamt sagte, der steht unter Schutz. Dann wurde ein Gutachten gemacht, da ist ein Hausschaden, der eindeutig von der Eiche kommt, also muß diese weg. Dann hat das Umweltschutzamt die Fällung erlaubt. Dann haben sich die Anwohner beschwert. Dann hat das Umweltschutzamt die Erlaubnis wieder zurückgenommen. Dann gab es noch einmal ein Gutachten. Schließlich sagte die Stadt, wenn die vor Gericht gehen, dann müssen wir als Stadt für eventuelle zukünftige Schäden aufkommen, dieses Risiko gehen wir nicht ein, also lassen wir den Baum fällen. Ich bin dann zum Umweltschutzamt hinein und sagte denen, das ist ein Hüterfaun, ein ganz spezielles Elementarwesen, das in der Eiche sitzt.

Gab es deswegen so einen Kampf um den Baum, da die Menschen gespürt haben, daß es nicht irgendein Baum ist, sondern ein ganz wichtiger?

Ja, natürlich. Ich sagte dem Umweltamt, wenn der Baum einfach gefällt wird, dann steht da ein Elementarwesen herum, das traumatisiert ist. Das hat soziale Auswirkungen, denn im emotionalen Raum sind Störungen, die Leute werden streitsüchtig und es gibt Nachbarschaftskonflikte. So wird es sich entwickeln. Das Amt sagte, wir können leider nichts mehr tun. Ich erklärte, es gibt schon noch die Möglichkeit, daß man den Faun behandelt, ihn wieder regeneriert und dann umsetzt.

Oder vorher schon umsetzt?

Wir haben den Baum erst einmal fällen lassen. Wir wollten dann hin und haben das Umweltschutzamt dazu eingeladen. Die Antwort war: »Vielen Dank, aber in diesem Fall haben wir uns mit so vielen Beteiligten verstritten, da tauchen wir lieber nicht auf.« Wir waren dann zu viert dort, über dem Baumstamm stand der Faun und war wie versteinert, wie eingefroren. Ein Gefühl wie in der Narkose vor der Operation, Grauschleiher. Wir arbeiteten mit visualisiertem grünen Licht und päppelten ihn auf. Er ging dann zu einer anderen großen Eiche, war sozusagen in Untermiete mit dem anderen Faun und ist von dort aus aufgestiegen in eine nächste Evolutionsstufe. Im Endeffekt war es für diesen Faun ein Fortschritt.

Was heißt nächste Evolutionsstufe?

Eine größere Aufgabe. Anstatt daß er sich in der Siedlung um die Eichen kümmert, ist er vielleicht jetzt für einen größeren Raum oder mehrere Aufgaben gleichzeitig zuständig. Er ist dann von dem Baum weg und ich habe ihn aus den Augen verloren. Solche Geschichten muß man den Ämtern erzählen, das müssen sie wissen.

Welche Erfahrungen hast du mit Ämtern gemacht?

Die Mitarbeiter sind oft offen und machen solche Sachen gerne mal mit. Das Problem sind hauptsächlich die Beamten in Leitungsfunktionen. Diese sind extrem angstbesetzt, daß ihnen irgendetwas zum Verhängnis werden könnte, und riskieren überhaupt nichts. Je höher das hinaufgeht, um so schlimmer wird es. Die normalen Mitarbeiter sind offen, so wie das im normalen Leben auch ist. 15 bis 25 Prozent der Menschen sind für spirituelle Sachen zugänglich. Es ist ein Problem der Hierarchiestruktur.

Zusammenarbeit in der Baumpflege

Wolfgang: Ich arbeite auch mit Baumpflegern zusammen und führe die ätherischen, elementaren und geistigen Zusammenhänge vor und mit welchen Methoden man auf diesen Ebenen heilerisch tätig sein kann, zusätzlich zur klassischen Baumpflege.

Was kann man da zusätzlich machen?

Man kann über das Herz Licht in einen Baum hineinschicken, zum Beispiel rosa oder grün. Dabei nimmt das eigene Bewußtsein Inspirationen auf, leitet diese weiter und der Baum kann das wie Nahrung verwerten. Es gibt Nahrung aus dem Lebendigen, dem Ätherischen und Nahrung aus dem Geistigen. Das Geistige kann man durch Bitten in die Geistige Welt, durch Gespräche mit Erzengeln anregen. Auf der lebendigen Ebene muß man sehen, wie ist die Versorgung mit Ätherströmen, was tun die Elementarwesen? Haben die Schwierigkeiten, die man ihnen abnehmen kann? Diese Maßnahmen sind sehr wirksam.

Wir haben damit in Nürnberg über ein Jahr lang mit Bäumen gearbeitet, die vom Gartenbauamt zur Fällung vorgesehen waren.

Erst schauten wir, was fehlt dem Baum, was ist aus der Umgebung für ihn nicht zuträglich? Dementsprechend unterstützten wir den Baum mit Steinen, Gedankenkraft und Fernvisualisierungen. Wir bauten menschliche Kontakte auf und besuchten die Bäume hin und wieder. Und nach einem Jahr gab es einen belegten, sichtbaren Erfolg. Wir hatten sie vorher und nachher fotografiert. Einige Bäume wurden dann nicht gefällt.

Wichtig war dabei, daß wir den Zustand am Anfang und jeden Verfahrensschritt aufschrieben: Ich habe den Baum in rosa Licht visualisiert oder ich habe einen Bergkristall an der Stelle hinterm Stamm visualisiert. Im Abschlußbericht beschrieben wir genau jeden Schritt. Man muß sich über die Methoden austauschen. Zum Beispiel, wenn ich ein Elementarwesen treffe, schicke ich dem zuerst grünes Licht, schaue, was sich rührt, und gehe dann ins Gespräch. Das sind klare beschreibbare Schritte.

Zusammenarbeit in der Landwirtschaft

Du hast doch auch mit Bauern, die biologisch dynamische Landwirtschaft machen, Kontakt. Was könnte diesen eine Zusammenarbeit mit Elementarwesen bringen? Sie haben ja unheimlich viel Arbeit von morgens bis abends. Und sich dann auch noch um die Elementarwesen kümmern?

Wolfgang: Das beansprucht nicht viel Zeit. Wichtig ist zum Beispiel, das Saatgut an Plätzen mit einem bestimmten Impuls zu lagern, damit dieser in das Saatgut hineingeht. Oder daß man bestimmte rituelle Handlungen, die man auf einem Hof sowieso macht, an bestimmten Orten macht. Das bedeutet nur eine Umorganisation.

Die Präparate sind eine Besonderheit der Demeterlandwirtschaft und so etwas wie eine ätherische Düngung. Ist das Rühren von Präparaten an bestimmten Plätzen oder mit bestimmten Gedanken wichtig?

Das glaube ich nicht. Das Rühren der Präparate ist selber so ein heftiger Akt, der geht weit in die Elementarwesenwelt hinein, das ist wie ein Leuchtfeuer. Es ist nicht die Frage, ob Hornkiesel die kosmischen Kräfte hereinbringt, das ist immer der Fall. Aber die Verbindung mit einem menschlichen Liebesimpuls, das ist nicht immer der Fall. Doch das ist wichtig.

Ottilie: Ich kenne einen Demeterbauern, der so viel Arbeit hat, daß er seine Präparate zunächst maschinell rührt. Aber vor dem Ende legt er selber Hand an. Er sagt: »Ohne das Rührgerät kann ich es nicht mehr machen, aber zum Schluß lege ich Hand an.« Dann ist er dabei mit seinen Gedanken, seinem Ich und seinen Wünschen und kann es mit gutem Gewissen ausbringen.

Was könnte sich für einen Bauern verändern, wenn er die Elementarwesen bewußter ins Hofgeschehen einbezieht?

Wolfgang: Wenn ein Sturm das Getreide umfegt, dann ist das ein Ernteschaden. Das Wetter ist ein sehr astrales Geschehen, und da sind Elementarwesen wirksam. Wenn man sich mit den Luftwesen vereinbart, dann ist ein gewisser Windschutz aus dem astralen Raum da. Oder auch der Wasserhaushalt: Durch die Zusammenarbeit mit den Nixen wird der Wasserhaushalt optimiert: Was an Tau kommt, was versickert und wie sich das Wasser in der Erde verhält. Es ist etwas anderes, wenn es vom Bewußtsein begleitet wird, als wenn es nur quantitativ betrachtet wird. Oder man kann mit den Feuerwesen die Reifung von Pflanzen begleiten. Hin und wieder geht man eine Viertelstunde über den Hof und schaut einfach herum. Es ist keine zusätzliche Zeit nötig, es ist nur eine Umpolung. Anstatt daß man schaut, welche Unkräuter wachsen, oder sich Gedanken macht, ob man die neue Software morgen installiert, kann man auch einfach empfindend in die Luft und die Landschaft gucken und emotional Kontakt aufnehmen und kommunizieren.

Ich glaube, daß damit die Arbeit im Endeffekt leichter wird, da man sich energetisch getragen fühlt. Man arbeitet nicht nur alleine, sondern hat elementare Mitarbeiter und ist mit diesen verbunden. Dieses ganze Depressive, die Last und die Geldsorgen, die die Bauern spüren, das kommt ja alles von den Menschen. Die Elementarwesen haben dieses Depressive nicht, die sind immer voller Energie, und das kann abstrahlen.

Sie sind höchstens zugemüllt vom Menschen und müssen mittragen, was sich an Angst in der Landschaft ausbreitet. Das beeinträchtigt sie, es kommt aber nicht von ihnen.

Der Einstieg in eine solche Betrachtungsweise ist schon mit einem Aufwand verbunden. Man muß erst mit zusätzlicher Anstrengung das Bewußtsein, die Einstellungen und Verhaltensweisen ändern. Wenn man aber durch ist, ist der Aufwand der gleiche. Das erlebe ich auch bei Menschen, die ich berate, die ein Grundstück kaufen oder bebauen: Wenn diese die Elementarwesen auf ihrem Grundstück kennen, leben sie dort von vorneherein ganz anders. Sie haben einen tieferen geistigen Bezug zur Erde, zu ihrem werdenden Zuhause und haben ein ganz anderes Gefühl dazu, und es tut sich mehr. So ähnlich ist es auch, wenn ein Landwirt umstellt und die lebendigen Zusammenhänge bewußt mitpflegt. Er wird dann zu einer Keimzelle und zu einem Rückzugsort für Elementarwesen, da sie sich geachtet fühlen.

Es gibt einen Verein mit dem Motto »Hast du heute schon eine Schnecke geküßt?« Das ist der Verein »Kooperation mit der Natur« (www.naturkooperation.org). Die arbeiten viel über Vorstellungen und stellen sich den optimalen Zustand der Pflanzen vor, beim Säen, beim Versetzen, beim Pflegen, beim Gießen bis sie reif sind. Sie arbeiten ganz bewußt mit dem Prinzip Liebe und senden diesen Liebesimpuls auch zu den Schädlingen. Sie sagen: »Liebe Laus, liebe Schnecke, du mußt auch leben, ich will auch leben, schauen wir einmal, daß wir zusammen zu Rande kommen.« Es geht darum, kein Feindbild aufzubauen, sondern bewußt mit der Natur zu kooperieren. Es ist wichtig, solche Versuche wahrzunehmen und die Leute zu vernetzen. So funktioniert es auch bei den Elementarwesen. Diese haben auch Netzwerke gebildet und wissen mehr voneinander, seitdem Menschen mit ihnen wieder kommunizieren.

Sie tauschen sich nicht nur spartenweise, aufgabenbezogen aus, sondern auch darüber hinaus.

Wenn wir Menschen Energie in die Elementarwesenwelt hineinschicken, können sie ihre Aufgaben erfüllen und haben darüber hinaus noch ein bißchen mehr Energie, mit der sie etwas tun können. Das ist wie bei den Menschen. Wenn diese nur arbeiten müssen, um ihr Leben zu fristen, machen sie keine Philosophie. Wenn Menschen aber Freizeit haben, können sie diese für Sinnvolles nutzen und Kultur machen und sind nicht nur mit den Basics beschäftigt. Bei den Elementarwesen ist es genauso. Diese haben heute in manchen Landschaften richtig Streß, da sie belastet sind und nicht ernährt werden.

Hartmut Zipperlen

DER ELFENGÄRTNER

Agnes und ich besuchen Hartmut Zipperlen in seinem Haus im Stuttgarter Süden mit großer Werkstatt und Gerätelager. Vor der Türe steht ein Lastwagen mit der breiten Aufschrift »Elfengärtner«.

Wolfgang Körner hatte schon einiges über die Zusammenarbeit mit Elementarwesen in Gärten und auf Bauernhöfen erzählt, ich bin nun auf Hartmuts Erfahrungen gespannt. Hartmut ist von Beruf Landschaftsgärtner und übernahm 1980 den Betrieb seines Vaters, ein bodenständiger, schwäbischer Handwerker. (Kontakt: www.elfengaertner.de und www.naturgartenbau.com)

Hartmut, wie kam es zu deinem Schritt vom Ökogärtner zum Elfengärtner?

Das war eine langsame und für mich folgerichtige Entwicklung. In beidem geht es darum, der Natur ihr Recht zurückzugeben. Es fing schon vor mehr als 13 Jahren mit Seminaren an. In einer Geomantie-Ausbildung machte ich dann die Erfahrung, daß ich Kontakt mit Naturgeistern bekommen kann.

Was hast du erlebt?

Kleinod des Zwergs vom Odilienberg

Wir waren zum Beispiel auf dem Odilienberg im Elsaß, auf dem die heilige Odilia um das Jahr 700 ein Kloster gegründet hat. Wir hatten die Aufgabe, Kontakt mit einer Kapelle aufzunehmen. Dabei stiegen mir innerlich folgende Erlebnisse auf: Ich war vor langer, langer Zeit ein Bauer im Land. Bauern waren damals noch relativ dumpf im Bewußtsein. Ich sah die schöne Frau auf ihrem Berg, Odilie war in einem großen Lichtschein, es war phantastisch. Wenn sie einmal herunterkam, waren alle glücklich. Es gab in diesem Leben auch den Klerus, zu dem ist man nur hin, soweit man mußte. Und es gab die Soldaten, vor denen hatte man Angst. Und dann eines Tages, als die Odilie durch das Land ritt, kam ein Zwerg und drückte mir ein wunderschönes Kleinod, einen Edelstein, in die Hand und sagte: »Behalte es für dich, zeige es niemand, es ist deins.« Und dieses Kleinod hatte denselben Glanz wie ihn die Odilie hatte. Ich steckte ihn ein und war für den Rest meines Lebens glücklich.

Es war also die Schau einer früheren Inkarnation, die in der Übung auftrat?

Ja, aber es war so beglückend, als ob ich der Odilie ganz nahe wäre.

Vermittelt durch ein Elementarwesen.

Richtig, das war für mich das Entscheidende daran.

Innenleben des Felsens

Bei einer anderen Übung sollten wir auf einem Felsvorsprung in Kontakt mit dem Fels gehen. Ich nahm dann über die Jahrhunderte ganz viele Menschen wahr, die auf dem Fels schon gesessen sind, die dort ihre Freuden, ihre Leiden, ihre Liebe und ihre Trauer durchlebten. Und nachdem alles geschehen war und ich mich in den Felsen noch weiter hineinvertiefte, erlebte ich, daß der ganze Fels aus bewegten Naturwesen besteht, die sich eng aneinanderfügen.

Die Wirklichkeit des Felsens ist also eine Ansammlung von Naturwesen?

Richtig. Dann sammelten wir einmal während eines Kurzurlaubs an der türkischen Riviera viele phantastisch schöne Steine. Beim Kofferpacken sagte ich, den nehme ich mit und den auch. Meine Frau schlug vor, frag die doch erst einmal, ob sie auch wollen. Ich fragte, und siehe da, die haben mir Geschichten erzählt. Das war hoch spannend. Ich bemerkte, das kannst du ja!

Erster Auftrag als Elfengärtner

Dann kam die Umsetzung in die Arbeit mit Pflanzen. Ein Stammkunde fragte wegen eines kranken Baumes um Rat, und ich sagte, noch ohne wirklich zu wissen, wie man es macht: »Wenn Sie wollen, untersuche ich es auf meine Weise. Ich kann mit Naturgeistern reden.« Der Kunde vertraute mir, da wir schon Jahrzehnte in seinen Garten kamen.

Was hast du den Baum konkret gefragt?

Ich fragte, was fehlt dir und wie kann ich dir helfen? Das war ein Apfelbaum, der am südlichen Ende einer 60 Meter langen Baumreihe steht. Noch weiter südlich baut sich ein großer Bergahorn und eine große Blauzeder auf und riesige alte Kirschbäume, die nicht mehr geschnitten werden. Daneben sind drei Komposthaufen. Landläufig würde man sagen, der Baum hat zuwenig Licht, der muß kaputtgehen. Das habe ich als Gärtner auch gedacht, aber ich habe den Baum gefragt, und er sagte mir, daß die Wald- und Kompostenergie ihm zu schaffen macht, das sei stärker als er.

Das heißt, es ging nicht um das Licht, sondern um die Energie, die von den Bäumen und dem Kompost ausging?

Richtig. Wald- und Kompostenergie hat er das genannt. Und da war nichts, was ihn davon abgeschirmt hätte. Und er bat mich, nach Süden einen Bergkristall in die Krone zu hängen, um das Licht einzufangen und im Boden einen Labradorit einzugraben. Der hat eine sehr starke Erdenkraft und hilft gegen Übermacht. Wenn ich zum Beispiel zu einer Verhandlung muß, von der ich weiß, da geht es hart zur Sache, dann nehme ich einen Labradorit in meiner Hosentasche mit. Dann wollte der Baum nach Osten einen Aventurin eingegraben haben, die Kraft von Aufwachen, von Frühling. Im Westen wollte er einen Granat, das ist die Durchhaltekraft, die Feuerkraft, und nach Norden wollte er zum einen einen Malachit, die Erdenkraft in Verbindung mit dem Heilungsfokus vom Erzengel Raphael, und er wollte noch einen Aquamarin. Dieser sollte den Energiefluß zwischen ihm, dem vordersten, und der ganzen Reihe herstellen, so daß er nicht die ganze Wald- und Kompostenergie alleine auffangen muß, sondern daß die anderen das mitnehmen und andererseits ihm freie Energie übermitteln können. Und dann wollte er in der Krone einen Amazonit haben, den Stein schlechthin für Photosynthese.

Das Baumwesen war ja sehr anspruchsvoll!

Ja, das war ein schwerer Fall. Der war am Absterben, jetzt lebt er noch. Der Kunde war dafür offen, wollte es im einzelnen aber gar nicht so wissen und sagte nur: »Zipperlen, mach doch!« Und der Baum hat sich wirklich erholt. Er bildet wieder schöne Jahrestriebe und trägt.

In derselben Baumreihe war ein kleiner Apfelbusch, der seit Jahren keinen Jahrestrieb mehr machte, sondern immer nur einen Blattkranz an der Spitze des Triebes. Der sagte mir, daß er auf einem Energieloch stehe, und auf Nachfrage bat er mich, ringförmige Steine aus Aventurin in alle vier Himmelsrichtungen einzugraben, senkrecht mit Öffnung zum Zentrum hin, so daß er die Energie bündeln könne. Und dann wollte er noch direkt unter der Wurzel einen Amethyst zur Transformation.

Wie hast du den hineinbekommen?

Ich lochte mit einer Eisenstange vor, natürlich habe ich schon aufgepaßt, nicht eine Wurzel anzuschlagen, und ließ den Stein hineingleiten. Der Baum trieb dann wieder. Das waren die ersten Fälle, wo ich sah, die Elfengärtnerei bringt etwas.

Gespräch mit den Wesen

Wie führst du das Gespräch mit den Wesen?

Manchmal mache ich es vor Ort, wenn ich meine Ruhe habe und nicht schon müde bin, oder ich nehme ein Stück von der Pflanze mit und sag: »Du, ich will wissen, warum es dir so schlecht geht, komm mit!« Am nächsten Tag, wenn ich ausgeschlafen habe, setze ich mich in mein Büro oder auch hier am Kamin im Eßzimmer, das ist ein guter Platz, da wohnt der Hausgeist. Ich gehe in meine Zentrierung und nehme das Stück von der Pflanze zwischen beide Hände und lasse es fließen. Und dann sage ich: »Schau her, ich bin der Hartmut, ich bin der Elfengärtner, wer bist du? Erzähl mir einmal, was dir fehlt und wie man dir helfen kann?« Und dann stellen sie sich auch meistens mit einem Namen vor, manchmal zögernd, manchmal schnell. Und dann sagen sie, was Sache ist.

Das taucht dann als innere Bilder oder Gedankenimpulse auf, wo du deutlich weißt, das bin nicht ich, da drückt sich etwas anderes aus?

Ja, das kann man bewußtseinsmäßig sehr deutlich unterscheiden. Das habe ich lernen müssen, denn anfangs dachte ich schon, mein Gott, jetzt hast du vielleicht eigene Phantasien. Aber wenn man darauf achtet, ist es offensichtlich.

Einzelwesen oder Gruppenwesen

Manchmal gibt es ganz starke Begegnungen. Als ich mich zum ersten Mal mit dem Amazonit verband, bekam ich Schauer am ganzen Körper und ein Gefühl wie fremdgeatmet zu werden. Ich atmete nicht mehr selber, sondern ich wurde geatmet und zwar sehr intensiv. Und dann hat mir der Amazonit erzählt, wer er ist und was er für eine Aufgabe hat. Er ist der Stein für die Photosynthese.

Das hört sich mehr nach dem Engel des Minerals als nach dem Gnom an.

Das unterscheide ich nicht so genau. Ob es das Elementarwesen, eine Deva oder ein Engel ist, das scheint mir nicht so wesentlich zu sein. Es kann sein, daß der Stein, den ich in der Hand halte, eine

Schaltstelle ist für das, was von dem großen Amazonit-Wesen kommt. Wenn ich in die Zentrierung gehe, gehe ich auch in die Anbindung nach oben in die geistige Welt. Und dann kann ich offen dafür sein, wer sich meldet, denn durch die hohe Selbstanbindung ins Geistige hinein bin ich im lichten Fokus.

Damit ist quasi gewährleistet, daß keine Quacksalber auftauchen?

Genau, und dann ist es nicht so wichtig, ob es der Gnom oder die Deva oder der Engel ist. Als ich einmal mit einem Lapislazuli redete, hat der mir keinen Namen gesagt, sondern: »Du wirst nie einen Lapislazuli finden, der dir einen Namen sagt, denn wir sind ein Gruppenwesen. Alle Lapislazuli der Welt sind ein Lapislazuli. Wir sind Einheit und kein Individuum. Die Einheit ist unsere Aufgabe.« Deshalb habe ich einen Lapislazuli eingesetzt, als es um die Harmonisierung von Geschäftsräumen ging, wo etwas schiefgelaufen war. Es gibt kaum einen Stein, der so phantastisch blau ist wie der Lapislazuli.

Rätselhafter Wasserverlust des Teiches

Was war das für ein Fall?

Willst du das wissen? 1996 hatte ich für eine Familie, die eine Pflegefirma betreibt, in einem kleinen Garten einen ganz kleinen Teich angelegt. 2006 rief mich der Mann an und sagte, ich solle kommen, denn in dem Teich sei ein ganz dramatischer Wasserverlust von etwa 20 cm an einem Tag. Ich fuhr hin, konnte aber nichts feststellen und fragte ihn, ob es ihm recht sei, wenn ich es einmal energetisch untersuche. Er war einverstanden.

Du konntest kein Loch finden?

Nein, da war keines. Und dann nahm ich einen Kieselstein, hielt diesen ins Wasser und sagte zu dem Teichwesen: »Du, sei so gut, erzähle dem Kieselstein, was hier los ist!« Der Kieselstein berichtete mir am nächsten Tag, der Wasserverlust im Teich spiegele einen Energieverlust im Haus wider, der durch eine Rivalität zwischen männlichem und weiblichem Prinzip entstünde. Ich habe mir sehr genau überlegt, wie ich das meiner Kundschaft beibringen kann, schrieb ein Fax und schickte es ab.

Nur wenige Minuten später kam mein Fax zurück. Darauf war dick geschrieben: »Volltreffer, rufen Sie bitte an!« Das machte ich, und der Kunde erzählte, daß sie eine Pflegedienstleiterin hatten, die einen Keil zwischen ihn, den Chef, und seine Frau, die Chefin, trieb und damit ein ganzes Jahr lang das Betriebsklima vergiftete. Der Bericht eines herangezogenen Supervisors trug die Überschrift »Energieverlust durch Rivalität«. Genau das hat mir der Kieselstein auch erzählt. Am Tag nach der Kündigung der Pflegedienstleiterin war das Wasser plötzlich weg. Wir mußten rein gärtnerisch an dem Teich nichts verändern. Nachdem das Problem erkannt und angegangen war, blieb das Wasser.

Ich bekam dann auch den Auftrag, noch mit dem Hausgeist zu reden. Und der hat sehr massive Wünsche geäußert, das ganze war nicht billig. Wir haben auf dem Schreibtisch des Chefs eine Bergkristallkugel von etwa 10 cm deponiert, auf dem Schreibtisch der Chefin, am anderen Ende des Ganges, eine etwas größere Kugel aus Ozeanjaspis. Diesen Unterschied des klaren männlichen Bergkristalls und des vielfältigen, farbenspielenden Ozeanjaspis zu erleben, ist phantastisch! Dann haben wir im Zimmer der Pflegedienstleitung, in dem die Rivalitätsenergie noch drinnen war, einen Oloid aus Rosenquarz aufgehängt. Oloide bestehen aus zwei ineinanderlaufenden Ovalen, die nach allen Richtungen eine Strahlung aussenden, die Lemniskaten (liegende Achten) bildet. Von einem kleinen fünf Zentimeter großen Oloid geht eine ganz starke Energie aus, und Rosenquarz ist der Stein der Liebe. Dann legten wir auch noch eine Kugel aus Lapislazuli hinein, um die Kraft, sich der Einheit unterordnen und nicht sein eigenes Ego auszuleben, zu stärken. Im Besprechungsraum stellten wir Bergkristallstufen auf, lauter schöne Kristallspitzen, die von einem Punkt ausgehen und sich in alle Richtungen verteilen, um die gemeinsame Basis der Mitarbeiter zu stärken. Der Bergkristall ist auch ein Stein von Klarheit und

Wissen. Im Wohngeschoß der Familie – Vater, Mutter, drei Kinder – stellten wir an einem zentralen Platz eine Coelestindruse auf, mit der Wölbung nach unten, damit er die Strahlung vom Geschäftsbereich abschirmt und oben die vielen kleinen Kristalle, die das Individualleben der Familie kräftigen sollen.

Der Teich läuft nicht mehr aus und die Stimmung hat sich verbessert?

So ist es. Ich habe zwei Jahre später mit dem Kunden noch einmal gesprochen.

Wollen die Naturwesen immer Steinbehandlungen?

Nein, ein Mirabellenbaum, der in einem sehr, sehr schlechten Zustand war, hat sich Glöckchen gewünscht. Hundert an der Zahl, an jedem Zweig ein Glöckchen für die Elfen, die da im Geäst spielen. Wir reduzierten es auf drei Klangspiele.

Identitätskrise des überzüchteten Apfelbaumes

Oft reichen auch Gedanken und Einsichten. Zum Beispiel hatte eine Frau einen Säulenapfel, eine vollkommen unnatürliche Form. Versandbaumschulen haben das als Gag. Die Frau sagte, der Baum trage niemals Äpfel. Ich redete mit ihm und erfuhr, daß der gar nicht wußte, daß er ein Apfelbaum sei. Ich sagte der Frau: »Du mußt ihm sagen, daß er ein Apfelbaum ist und daß seine Aufgabe ist, Äpfel zu tragen!« Und sie machte es, und der Baum hing im Herbst gepratzelt voll. Er war so überzüchtet, daß er dabei seine Identität verlor.

Schillernde Wasserader

Arbeitest du auch in Wohnungen und Häusern?

Ja, dazu eine Geschichte: Ein Mann wurde krank, und sein Heilpraktiker und ein Rutengeher stellten fest, daß er auf einer Verwerfung und einer Wasserader schlafe. Dann haben sie mich kommen lassen. Ich nahm zu dem Hausgeist Kontakt auf, und der sagte mir: »Ja, da ist eine Verwerfung und eine Wasserader. Aber das ist phantastisch! Die Wasserader schillert in den schönsten Farben, mit denen kann ich spielen, und die Verwerfung bringt Energie aus dem Erdinnern herauf.« Der Hausgeist zeigte mir die schillernde Wasserader, und ich sah, wie schön sie ist. Dies solle man nicht unterbinden, man könne es aber mit Schörl, einem schwarzen Turmalin, ablenken. Aber, so sagte er weiter, der Mann müsse sich tatsächlich in acht nehmen. Und er zeigte mir das Bild, daß das in seinem Unterleib wirke wie ein Drahtseil, wenn es zerschlissen ist und die Fasern herausstehen. Der Mann dürfe dort nicht liegen bleiben. Aber ihm, dem Hausgeist, gefiel die Wasserader.

Ort des Hausgeistes

Haben die Hausgeister einen bestimmten Ort?

Sie sind ständig überall, sie sind ja Geistwesen, die sich ausdehnen und zusammenziehen, aber sie haben ihren Lieblingsplatz. Meistens ist das dort, wo auch die Familie sich gerne aufhält, wenn es eine harmonische Familie ist. Wenn das nicht der Fall ist, sind sie oft im Treppenhaus.

Die Hausgeister haben mir auch gezeigt, wie sie schon während der Bauzeit einziehen. Aus der gesamten Umgebung ziehen sich Energiefäden herein, die sich zum Schluß wie in einem Trichter verdichten. Und dann nimmt der Hausgeist Besitz von dem noch im Bau befindlichen Haus. Bei einem Einfamilienhaus ist er sehr stark mit den Bauherren verbunden. Der Hausgeist wird stark von der Umgebung und den Erbauern geprägt.

Wie ist das bei Mehrfamilienhäusern?

Da habe ich die Erfahrung gemacht, daß es für jede Familie ein Wohnungswesen gibt, das mit den jeweiligen Bewohnern zusammenlebt. Aber es gibt noch einen übergeordneten Hausgeist für das ganze Haus. Und der ist meist sehr verantwortungsbewußt und auch ein bißchen streng, weil er auf alles achtet. Er hält alles zusammen, auch die vielen verschiedenen Energien, die in so einem Haus zusammenkommen. Oft gibt es Differenzen und Streitigkeiten, die muß er aushalten und ausgleichen, wo es möglich ist.

Verbrannte Eibenhecke

Es müßte doch sehr wichtig sein, daß die beteiligten Menschen es mitvollziehen. Was hilft es, wenn du bestimmte Steine aufstellst und die Leute in ihrem täglichen Empfinden und Verhalten dagegenarbeiten?

Eine Offenheit muß da sein. Die Kunden sind offen, sonst würden sie gar nichts machen lassen und die Steine nicht bezahlen. Daß sie das ganze wirklich bewußt ergreifen und begleiten, das ist nicht immer der Fall. Trotzdem wirkt es. Je bewußter man es begleitet, um so stärker wirkt es natürlich.

Ich will dir einen Fall erzählen, wo die Steinbehandlung nicht wirkte. Es war ein Haus mit fünf vermieteten Partien. Der Vermieter war der Ansicht, daß der Mieter, der Hausmeister war, auch die Gartenpflege machen solle. Doch, wie so oft, der Mieter war der Ansicht, daß es ihn nichts angehe, und wenn, dann müßte er es bezahlt bekommen. Und so entstand ein Streit.

Im heißen, trockenen April 2006 sollte der Mieter das Gras mähen. Er zündete mit einem Flammenwerfer das Gras an. Und weil alles so trocken war, sind die Flammen sofort in die Eibenhecke hinein, und weil die auch viel trockenes Holz hatte...

Wie, rasenmähen mit dem Flammenwerfer? Ist das eine übliche Methode?

Nicht wirklich, aber der hat es gemacht. Und die Eibenhecke brannte sofort lichterloh. Er versuchte dann noch, mit dem Gartenschlauch etwas zu retten, während die Mitbewohner die Feuerwehr riefen, denn das Feuer loderte schon in Richtung Haus. Es war richtig dramatisch.

Mein Vater hatte den Garten vor ungefähr 30 Jahre angelegt, darum wandte der Vermieter sich an mich. Ich sollte ein Angebot machen, was es kosten würde, die Hecke zu erneuern. Das ganze war aber oben am Hang, für größere Maschinen unzugänglich. Die alte, dicht verwurzelte Eibenhecke von Hand auszuhauen, schien mir unmöglich, man brauchte einen Bagger und der hätte mit dem Autokran da hochgehievt werden müssen. Ich rechnete aus, daß das über 7.000,- Euro kosten würde, doch der Sachverständige der Versicherung war nur bereit, 5.000,- Euro zu bezahlen.

Ich hatte vorher bei den Pflanzen die Probe gemacht, wie es ein Gärtner immer macht, wenn er wissen will, ob die Pflanze noch lebt. Man nimmt ein Messer, schneidet in die Rinde und schaut, ob es grün ist oder ob es schon braun ist. Wenn es grün ist, lebt die Pflanze noch und kann wieder austreiben, wenn es braun ist, geht nichts mehr. Und da war alles braun. Die hatten zwar noch stellenweise grüne Nadeln, aber das waren alte Nadeln. Offensichtlich waren die Pflanzen tot. Nachdem die Versicherung nur 5.000,- Euro bezahlen wollte und ich damit nicht hinkam, aber den Auftrag doch gerne wollte, fragte ich die Eiben, was machen wir jetzt? Und die sagten mir: »Du brauchst uns nicht auszuhauen, wir leben noch.« Darauf verließ ich mich und machte ein Angebot für 1.500,- Euro: Die Pflanzen absägen, abtransportieren, düngen und für die Differenz sollte der Vermieter mit der Versicherung eine Entschädigung dafür aushandeln, daß die Eibenhecke momentan scheußlich aussieht. Da waren alle ganz glücklich, und die Eiben trieben wieder aus, bis auf zwei.

Bei einer weiteren Befragung kam die Geschichte mit dem Mieter und dem Vermieter heraus und daß aus dieser Spannung das Feuer entstanden sei. Um dies zu neutralisieren, grub ich Steine ein. Ein Jahr später machte ich Fotos von den neu ausgetriebenen Eiben, die so wunderschön wieder dastehen. Ich fragte auch nach den Spannungen, aber es hatte sich nicht gebessert, weil die eben nicht mittun. Der Mieter will nicht und der Vermieter will nicht. Ich wurde von diesen aber auch nicht beauftragt, die Spannungen zu lösen.

Die Zukunft gehört der Elfengärtnerei

Hast du den Eindruck, daß die Elfengärtnerei weiter ausbaubar ist?

Ja, die Bereitschaft ist in den letzten Jahren viel größer geworden. 1983 wurde ich mit dem ökologischem Gartenbau belächelt. Heute werde ich manchmal, gerade von Kollegen, mit meiner »Geistergeschichte« belächelt. Es kommt auch vor, daß ich einen Auftrag nicht erhalte, wenn die Kunden mitbekommen, daß ich Elfengärtner bin. Aber früher bekam ich Aufträge nicht, weil ich für die Grünen im Gemeinderat kandidierte. Damit muß man leben.

Deine Hoffnung ist also, daß das Elfengärtnern in Zukunft üblich wird?

Ich möchte das Wort Hoffnung noch etwas verstärken und sagen, das ist meine feste Absicht. Das muß einfach. Die Erde braucht das.

Ralf Otterpohl

Was hindert uns?

Wir fahren zu Ralf Otterpohl nahe der erhabenen, leuchtenden Hamburger Außenalster. Er ist Professor am Institut für Abwasserwirtschaft und Gewässerschutz an der Technischen Universität Hamburg und Vorstandsmitglied der Deutschen Gesellschaft für Energetische und Informationsmedizin e.V. (www.dgeim.de)

Für die meisten heutigen Menschen erscheint ein Erleben von Elementarwesen unvorstellbar, und die Anforderungen des Berufslebens und des Alltags stehen dagegen. Das ist auch Ralfs Ausgangspunkt, repräsentativ für viele. Er erzählt von seinem Weg, den Blockaden und deren Überwindung und wie Elementarwesen und Technik zusammenspielen können.

Erleben von Elementarwesen über das Gefühl

Wie erlebst du Elementarwesen?

Wenn ich darauf achte, sind Elementarwesen für mich präsent. Aber ich muß tatsächlich darauf achten. Ich bin nicht jemand, der sie natürlich wahrnimmt und immer spürt, sondern nur dann, wenn ich wirklich daran denke. Dann sind sie nah, und es ist etwas Natürliches, Warmes. Ich bin allerdings durch viel Kopfarbeit, durch die vielen Aufgaben im Beruf und mit den Kindern immer wieder herausgerissen und finde nicht die Ruhe dafür, mich da hineinzubegeben.

Wie schauen sie aus, welche Form haben sie?

Ich kann sehr differenziert im Gefühlsbereich wahrnehmen, habe aber selten visuelle Eindrücke. Elementarwesen erlebe ich als eine Gefühlsqualität, die ich lokalisieren kann über spüren mit der Hand und auch in der inneren Wahrnehmung. Die Differenzierung der Wesen erfolgt über Einordnen im eigenen Chakrasystem.

Was heißt das?

Das ist das, was ich von Wolfgang Schneider gelernt habe, daß man die Resonanz am eigenen Körper nutzen kann, um zu unterscheiden. Wenn eine Resonanz im Wurzelchakra ist, dann ist es für viele Menschen ein Erdwesen, bei einer Resonanz im Sakralchrakra ist es ein Wasserwesen, im Solarplexus ein Feuerwesen, um das Herz ein Luftwesen, im Hals ein neues Elementarwesen. Ich finde das ganz hilfreich, denn ansonsten habe ich keine so feine Wahrnehmung, sofort zu wissen, wer da ist.

Könnte man also sagen, daß du gefühlsverdichtete Räume erlebst?

Es ist mehr, es sind schon deutlich Wesenheiten, als wenn da jemand sitzt, den man nur nicht sehen kann. Das ist so, als wenn da ein Tier wäre. Es ist nicht nur Raumqualität, sondern tatsächlich ein Wesen.

Wie zeigt es sich, daß es ein Wesen ist?

Dadurch, daß es eine Gefühlswelt hat und ich das Gefühl dieses Wesens wahrnehmen kann. Es war für mich sehr überraschend zu lernen, daß es diese Wesen gibt und zu merken, daß ich diese erleben kann. Das war eine ganz neue Welt.

Kannst du mit diesen richtige Gespräche führen?

Nein, nicht wirklich. Ich hatte einmal in Brüssel mit einem Wesen in einem Schloßpark Kontakt, ein sehr altes, das sehr viel mitgenommen hat von der Geschichte. Es war für mich wahrnehmbar, daß da sehr viel Wissen ist, ich bekam aber keine detaillierten Aussagen und Texte. Bei mir ist der Kontakt nur auf der Gefühlsebene, und da ist die Differenziertheit natürlich begrenzt, geht aber weiter als einfaches Fühlen.

Vom Ingenieur zu den Elementarwesen

Wie hast du den Zugang zu den Elementarwesen gefunden?

Mein Ingenieurberuf bringt mich sehr in den Kopf. Es war für mich ein langer Weg, von einer weitgehenden Verkopfung in eine gesamte Wahrnehmung zu kommen und eine Verbindung zum Gefühl und zur Erde zu entwickeln. Das entgleitet aber leicht wieder, wenn viel Arbeit da ist.

Als ich dreißig war, habe ich die Bücher von Carlos Castaneda über seine Begegnung mit mexikanischen Schamanen gelesen und habe über diese Welt gestaunt und versucht selber etwas wahrzunehmen, was damals nicht gelang. Ich habe mich dann einige Jahre mit Schamanismus beschäftigt, das führte aber trotz teilweise spektakulären Aktionen – wie eine ganze Nacht im Erdloch oder ein Sprung aus einem sehr hohem Baum in ein Seil – nicht so schnell weiter. Es half mir für die Entwicklung, aber es fehlte immer ein sichtbarer Erfolg. Vor zwölf Jahren auf einer Baumesse in Lübeck drückte mir jemand, der dort einen Stand hatte, eine Wünschelrute in die Hand und sagte: »Probier mal!« Ich war dann völlig verblüfft, daß ich eine Wasserader wahrnehmen konnte. Das war für mich so klasse im Vergleich zu den vielen schamanistischen Aktionen, daß mit einer so einfachen Wünschelrute etwas wahrnehmbar war. Das hat mir ganz neue Dimensionen eröffnet.

Ich experimentierte zunächst viel mit Ruten und lernte dann bei Wolfgang Schneider und Marko Pogačnik. Das hat mir sehr viel gebracht, da beide unglaubliches Wissen haben und zugleich eine sehr feine Wahrnehmung und ganz praktisch daran gehen, ohne wilde Geschichten. Sie haben alles getan, um die Welt, die sie so selbstverständlich wahrnehmen, zu vermitteln. Es war für mich überwältigend zu merken, daß es die Elementarwesen auch mit meinen eigenen kritischen Nachprüfungen für mich wirklich gibt.

Was war das Überwältigende daran?

Eine neue Welt zu entdecken, die da ist, die ich bisher aber nie wahrgenommen hatte. Richtig greifbar wurde es aber erst nach der Quecksilberausleitung und Blockadenlösung, die Lösung von einigen traumatischen Erfahrungen aus der Kindheit. Da wurde die feine Wahrnehmung erst möglich. Vorher hatte ich sehr große Schwierigkeiten, die Wünschelrute ging gut, aber die Wahrnehmung von Elementarwesen ging nur in ganz engen Grenzen. Das war frustrierend und hielt lange an. Das Ausleiten von Quecksilber ist relativ einfach durch das Einnehmen von Chlorella-Algen und Koriander. Offensichtlich kann man mit viel Quecksilber- und Schwermetallbelastung nicht gut feinstofflich wahrnehmen.

Man muß das Quecksilber, das Amalgan doch aus den Zähnen herausmachen lassen?

Klar, das hatte ich auch schon gemacht, doch das alleine hilft nicht, da das Quecksilber im Körper verteilt sonst bleibt.

So betrachtet, sind die Amalganfüllungen, die millionenfach gemacht wurden…

... auch noch werden!..

…ein Anschlag auf die übersinnliche Wahrnehmungsfähigkeit der Menschheit.

Ja. Quecksilber ist einer der ganz großen Einflüsse, durch die wir von unseren Gefühlen abgeschnitten werden und Menschen einfach nicht sie selbst sind. Meine eigene Geschichte: Ich war früher als Jugendlicher unglaublich schüchtern. Das ist auch ein Zeichen von Quecksilberbelastung, exzessive Schüchternheit. Wenn die Belastung noch höher ist, geht es in Gewalttätigkeit über. Und auch das sexuelle Erleben wird durch Quecksilber massiv gestört, da es zum sehr schnellen Samenerguß führt, was für mich früher sehr, sehr frustrierend war. Es nahm mir einen wichtigen Teil der Jugend weg. Das ist brutal. Aber das ist jetzt eine Abschweifung.

Nein, das gehört schon dazu. Denn es geht ja um die Frage, was sind die Blockaden, die einen vom Erleben der Elementarwesen abhalten? Blockaden sind also das Zu-stark-im-Kopf-sein, die Gefühlswelt als Wahrnehmungsorgan nicht ernstzunehmen und die Quecksilberbelastung.

Das spielt alles sehr stark zusammen. Es gibt ein Gleichgewichtssystem im Menschen, wie Dr. med. Dietrich Klinghardt, Seattle, herausgefunden hat. Da sind toxische Schwermetallbelastungen, psychische Traumata und die Parasiten. Diese drei Bereiche beeinflussen sich gegenseitig und hängen voneinander ab. Wenn man psychische Blockaden auflöst, eine nach der anderen, aber nicht nach Schwermetallen guckt, dann hat man plötzlich eine Schwermetallvergiftung, da sie verstärkt freigesetzt werden. Sie werden offenbar mit den psychischen Blockaden auch festgehalten. Man bekommt zum Beispiel starke Kopfschmerzen und muß dann Chlorella-Algen einnehmen.

Wie ist der Zusammenhang mit Parasiten?

Wenn man psychische Blockaden abbaut, dann wird man automatisch mit Schwermetallen konfrontiert. Und wenn man in diesen beiden Bereichen Fortschritte macht, dann gibt es immer noch chronische Infektionen und Parasiten. Da diese durch die Schwermetalle nicht mehr im Griff gehalten werden, kommen dann plötzlich chronische Erkrankungen hoch. Eines ist die Borreliose, die latent in sehr vielen von uns vorhanden ist. Hier muß man auf ein Gleichgewicht achten, damit diese nicht zum Ausbruch kommt.

Für Borreliose braucht man doch Zecken?

Wer hatte noch nie eine Zecke? Das geht heute aber auch nicht nur über Zecken, es reichen Mücken aus. Es ist inzwischen weit verbreitet, aber in einer Form, die normalerweise keine Probleme macht, solange das eigene System im Gleichgewicht ist.

Warum beeinträchtigen seelische Traumata die seelisch-geistige Wahrnehmungsfähigkeit?

Das ist mir durch mein eigenes Erleben klar geworden. Das Auflösen einiger Kindheitstraumatas war wichtig. Das war nichts, was einem Erwachsenen brisant erscheinen würde, sondern wo man denkt, so schlimm ist das doch eigentlich gar nicht. Aber für das Kind ist das anders. Die Kindheitstraumata, die gravierend sind, zeichnen sich dadurch aus, daß man sie nicht erinnert. Sie sind verdrängt. Das macht es auch so schwierig, daranzukommen. Deshalb kommt man auch mit Gesprächstherapien schlecht weiter. Es gibt aber Methoden, wie man über Bio-Feedback darankommen kann. Unser Unterbewußtes weiß es, und im Dialog mit dem Unterbewußten kann man es herausbringen und klären. Ich hatte einen Onkel, der Psychokineseologie machte, und ich hatte längere Zeit nicht geglaubt, was er sagte. Doch dann dachte ich mir, du bist ja blöd, probiere es doch einfach mal aus. Und es funktionierte tatsächlich und war sehr eindrucksvoll. Es geht um die Kopplung von Gefühlen zu Organen.

Ein Beispiel: Zuerst stellten wir bei einem Organ eine Belastung fest. Dieses Organ hat mit Schuldgefühlen zu tun. Ich konnte es zuordnen, die Erinnerung kam hoch. Es war ein Ereignis im Alter von etwa sieben oder acht. Meine Mutter hatte immer Kleingeld auf der Fensterbank in der Küche liegen. Wir Kinder nahmen manchmal etwas davon, obwohl wir wußten, daß wir das eigentlich nicht durften. Meine Mutter nahm das nicht sonderlich ernst und sagte halb spaßhaft: »Laßt das sein.« Einmal erwischte mich mein Vater, als ich etwas genommen hatte und beschämte mich zutiefst mit einer gewaltigen verbalen Macht: »Mach das nie wieder!«. Für mich war ersichtlich, daß ich etwas ganz, ganz Schreckliches gemacht hatte. Und das saß dann richtig tief. Es war wohl das Ende eines sehr engen Verhältnisses zu meinem Vater. Ich fühlte mich sehr schuldig, obwohl es aus der Sicht eines Erwachsenen eigentlich banal ist.

Ich konnte dann dieses Trauma durch Augenbewegungen und Klopftechniken auflösen. Das sind die verschiedenen Methoden, mit denen man es körperlich entkoppeln kann, und Verbindungen, die sich damals gebildet haben, getrennt werden. Und dann wird man ein Stück freier und ist mehr man selbst und weniger von so einem Ereignis beeinflußt. Ich war damals vierzig, und sofort hörte es auf, daß ich immer unterschwellig nervös war. Die Nervosität war aus diesem Ereignis erwachsen. Ich hatte schon lange versucht, hier etwas zu machen, was aber nicht gelang. Erst mit der Auflösung dieses Ereignisses hörte die jahrzehntelange Nervosität auf! Diese Blockaden können offensichtlich auf einen selbst einwirken und das eigene Empfinden beeinflussen. Das Fatale dabei ist, daß diese Dinge weitergegeben werden. Als ich meinen Vater auf das Ereignis angesprochen habe, stellte ich fest, daß er genauso ein Ereignis mit seinem Vater hatte. Genau dieselbe Geschichte in einer etwas anderen Variante. Das ist das Vertrackte, es geht über Generation und Generation weiter.

Ich bin immer noch an der Frage, warum kann man nicht übersinnlich wahrnehmen, wenn man ein Schuldgefühl in sich trägt? Es gibt natürlich viele solcher Ereignisse, und man hat eine ganze Latte ungeklärter Gefühlsabschnürungen. Anscheinend kommt man dann durch diese nicht mehr durch und kann sein Gefühl nicht mehr als objektives Wahrnehmungsorgan frei benutzen. Man kommt sozusagen nicht mehr aus sich heraus und von sich weg, sondern bleibt an diesen Abschnürungen in sich drinnen hängen. Kann man das so erklären?

Ja. Wilhelm Reich hat das als Panzerung bezeichnet. In einer überwältigenden Situation im Kindesalter oder als Erwachsener legt man sich eine Rüstung zu und schottet sich ab. Das schneidet einen auch von der Umgebung ab, und deshalb ist es nachvollziehbar, daß dann die Wahrnehmung nach außen geringer wird. Man baut sich Schilde auf und will abwehren. Erst wenn man das bewußt macht und auflösen kann, wird man offener und freier.

Man denkt ja oft, daß man durch bestimmte Übungen zum Erleben von Elementarwesen kommen könnte. Doch eigentlich geht es gar nicht darum, sondern um eine gute Gesamtverfassung des Menschen.

Unbedingt. Deshalb funktionieren nach meiner Erfahrung auch die fernöstlichen Meditationsmethoden so schlecht. Die funktionieren sicherlich dann ganz gut, wenn man in einer Gesellschaft aufgewachsen ist, wo man nicht übermäßig traumatisiert wird. Wenn man aber erst einmal abgeschottet ist, dann kann man sich noch so lange hinsetzen und meditieren, und auch nach Jahrzehnten kommt man nicht weiter. Das war für mich immer frustrierend, daß es nicht weiterging. Es ging dann plötzlich ganz schnell ganz viel weiter, als ich diese neueren Methoden anwendete, um Blockaden abzubauen und immer offener und ich selbst zu werden. Besonders hilfreich war mir hier die eben in Ansätzen beschriebene Psychokineseologie nach Dietrich Klinghardt.

Unterscheidung zwischen Wahrnehmung und Projektion

Ich möchte noch ein anderes Thema ansprechen. Wie gehst du mit der Unterscheidung zwischen Projektion und echter Wahrnehmung um?

Ich akzeptiere zuerst einmal die Dinge immer sehr schnell. Aber dann hinterfrage ich es und überprüfe doch immer ziemlich genau, ob es paßt. Ist es stimmig? Läßt es sich wiederholen? Sehr hilfreich ist auch, wenn man etwas ganz unerwartet wahrnimmt. Ich denke, daß man durch Erwartungshaltungen vieles wahrnehmen kann, was gar nicht da ist. Man manipuliert sich selber sehr, sehr leicht. Die Wahrnehmungen von Elementarwesen sind so fein, daß durch kleine Manipulationen Wahrnehmungen entstehen, die gar nicht sind. Daher muß auch die geomantische Ausbildung sehr auf Personen beruhen, die integer sind und stimmig arbeiten. Auch heute noch stelle ich meine Wahrnehmungen immer wieder in Frage und denke, bilde ich mir nicht nur etwas ein? In einer Gruppe ist es einfacher, da man sich gegenseitig bestätigen kann, und bei Seminaren kann man jemanden fragen, der sehr gut ist. Wenn ich alleine bin oder selber anderen etwas beibringe, dann kommen manchmal doch Zweifel hoch. Damit weiß ich noch nicht richtig umzugehen.

Bestätigt sich der Zweifel, führt er wohin, oder ist er nur eine Selbstblockade?

Der Zweifel macht die Wahrnehmung schwierig. In Zeiten, wo ich viel Geomantie mache, ist es einfacher. Wenn ich eine Weile nichts mehr mache, dann kommen Zweifel auf und das macht es schwieriger. Dann ist es gut, mit einer Gruppe etwas zu machen und äußere Bestätigung zu bekommen, die Phänomene verstärken sich scheinbar bei einem größeren Umfeld.

Gibt es etwas, womit du dich in eine gute, reine Verfassung bringst?

Die Verbindung zur Erde, Verbindung zu mir selbst und eine innere Ruhe ist hilfreich, aber nicht unbedingt nötig, ich kann auch in Hektik schnell ein Wesen suchen. Das funktioniert. Mit Zeit und Ruhe sich darauf einzulassen, ist aber einfacher und angemessener. Das »Durchklopfen« mit den jetzt immer beliebteren Techniken wie EFT oder MFT verbindet alle Schichten der feinstofflichen Körper.

Rettung eines Teichs durch Geomantie

Ich habe viele tolle Dinge gelesen, doch das ist immer zweite Hand und man weiß nicht, was wirklich los war. In der Geomantie zählt für mich das eigene Erleben. In dem für mich einschneidensten Ereignis wurde etwas physisch präsent, ganz handgreiflich und überzeugend.

Ich wohnte früher bei einem größeren Teich. Plötzlich waren Tausende Möwen da, in den Jahren davor waren es vielleicht einmal eine oder zwei. Von morgens bis abends schwirrten sie über dem Teich. Ich sah mir den Teich an und bemerkte, daß Sauerstoffmangel herrschte. Die jungen Fischchen bekamen keine Luft mehr und schwammen an der Oberfläche. Deshalb kamen die vielen Möwen, um sich die Fische herauszufangen. Das ging zwei Wochen lang von morgens bis abends. Wenn es dunkel wurde, zogen die Möwen ab, morgens waren sie gleich wieder da. Ich habe mir natürlich überlegt, was kann man machen? Die ganzen konventionellen

Maßnahmen, die mir als jemand, der mit Wasser arbeitet, natürlich einfielen, wären alle zu langfristig und aufwendig gewesen. Wir hatten dann eine Geomantiegruppe, und zwei Leute brachten mich gegen Mitternacht nach Hause. Ich sagte, laßt uns doch noch eine kleine Aktion machen, und so gingen wir an den Teich. Zu dritt kann man ja geomantisch arbeiten. Und so halfen wir an einem Akupunkturpunkt dem See mit geomantischen Mitteln.

Was heißt das?

Wir tönten und sangen aus der Wahrnehmung des Sees, stellten uns einen türkisen Lichtbogen vor, der in den See geht und Sauerstoff einbringt und baten die Engelwelt, das ganze zu unterstützen. Das machten wir mitternachts. Am nächsten Morgen waren die Möwen weg! Diese sind zwei Wochen lang jeden Tag gekommen, doch am Morgen nach unserer geomantischen Arbeit waren sie weg! Das hatte ich natürlich nicht erwartet. Das war für mich ein ganz tiefes, überwältigendes und bestätigendes Erlebnis, zu sehen, daß eine geistige Arbeit physisch manifest wird. Die Möwen blieben weg.

Tolle Geschichte! Meistens bleibt man ja in den Vorstufen der physischen Manifestation stehen und bekommt kein so klares Feedback.

Manchmal geht das auch über Wetterereignisse. Ich habe schon so oft erlebt, man ist mit Tönen fertig, und es beginnt zu regnen. Eine solche Bestätigung auf physischer Ebene ist für den Glauben und das Vertrauen für mich wichtig.

Gedächtnis des Wassers und Elementarwesen in der Technik

Kann diese spirituelle Seite von dir in irgendeiner Weise in deine Arbeit als Wasseringenieur einfließen?

Das fängt an. Ich arbeite mit Leuten zusammen, die Wirbelgeräte entwickeln, die eigentlich auf Victor Schauberger zurückgehen. Sie erzeugen durch starke Wirbel im Wasser ein Vakuum, das offenbar die vorhandenen Informationen löscht, ohne etwas hineinzumanipulieren. Das ist ein ganz natürlicher, nachvollziehbarer Prozeß und gefällt mir sehr gut. Die Flow-Forms, in denen auch Wirbel erzeugt werden, gehen auch in diese Richtung.

Dinge, die bisher im Labor nicht greifbar waren, lassen sich heute plötzlich messen, zum Beispiel das Gedächtnis des Wassers, daß also bestimmte Schwingungen von Substanzen im Wasser enthalten sind. Auf dieser Grundlage arbeitet ja die Homöopathie. Ich habe von einem der weltweit besten Labors für Wasseruntersuchungen eine sehr eindrucksvolle Bestätigung dafür bekommen, daß Wasser durch Stoffe und Pharmarückstände belastet ist, auch dann, wenn diese Stoffe weg sind.

Das Labor behandelte Wasser, das eine Gentoxizität hatte, also genverändert wirkte, mit Umkehrosmose. Das ist die weitestgehende Behandlung, wo eigentlich nur noch Wassermoleküle durchkommen sollten. Die Gentoxizität war aber dennoch noch da, auch nach dieser allerfeinsten Filtration. Durch eine Vitalisierung des Wassers mit einem der vielen Geräte, die auf dem Markt sind, verschwand dann diese Gentoxizität. Das ist großartig, denn es gibt nicht oft eine direkte labortechnische Überprüfung und Bestätigung für feinstoffliche Effekte. Das hat eine weitreichende Konsequenz und widerspricht den normalen wissenschaftlichen Vorstellungen. Ich kenne die Person direkt, die diese Untersuchungen leitete. In diesem Fall war es sogar so, daß sie in drei verschiedenen Labors mit Topleuten unabhängig voneinander – das heißt die wußten nichts davon – die gleichen Ergebnisse hatten. Das verwendete Vitalisierungsgerät war eines, das mit Elementarwesen arbeitet. Leider werden diese mißbraucht, weil es durch Zwang geschieht und nicht durch Kooperation. Aber es scheint zu wirken. Hier können also Wirkungen der Elementarwelt auf das Wasser biochemisch gemessen werden.

Benutzten diese Labors unabhängig von einander dasselbe Vitalisierungsgerät?

Nein, diese Labors haben Proben bekommen, es wurde ihnen aber nicht gesagt, daß es vitalisiertes Wasser ist.

Wird das nun publiziert?

Nein, das ist nicht möglich.

Warum? Es scheint doch alles gut bewiesen zu sein.

Ja, aber das Beispiel von Jacques Benveniste zeigt, daß Dinge, die nicht sein dürfen, gnadenlos niedergemacht werden, egal, wie gut sie bewiesen sind. Ich hatte neulich eine Studentin aus Kanada zu Besuch, deren Vater hatte die Benveniste-Experimente nachvollzogen. Das haben sechs Labors gemacht.

Wer ist Benveniste?

Er hat das Gedächtnis des Wassers eigentlich als erster wissenschaftlich bewiesen. Er war damals einer der renommiertesten Wissenschaftler der Welt, Abteilungsleiter des staatlichen französischen Gesundheits- und Forschungsinstitut INSERM, der viel zitiert wurde. Er hat seine Ergebnisse 1988 in *Nature* publiziert. Diese Fachzeitschrift schickte dann eine Kommission, die es als Scharlatanerie hinstellte. Er verlor seine Anstellung, machte jahrzehntelang nur noch in einem kleinen Wohnwagen Experimente und starb 2004.

Er hat naturwissenschaftlich bewiesen, daß Wasser ein Gedächtnis hat?

Ja, er hat nachgewiesen, daß Wasser die Schwingung von verschiedenen Substanzen aufnehmen kann. Das ist im Grunde ein Beweis der Homöopathie. Die Experimente wurden von sechs Labors nachvollzogen, und fünf konnten es bestätigen. Die Tochter eines dieser Institutsleiter aus Kanada war bei mir und hat davon erzählt. Aber das ist in der Fachöffentlichkeit nicht angekommen. Es ist da und bekannt, aber in renommierten Zeitschriften nicht unterzubringen.

Mich beschäftigt der Mißbrauch der Elementarwesen in diesem Gerät noch.

Ja, in diesem sehr bekannten Gerät sind offenbar Elementarwesen eingeschweißt, um das Wasser zu vitalisieren. Sie tun das auch. Ich habe dafür die Bestätigung unabhängig voneinander von zwei

Geomanten. Sie tun dies hier aber nicht freiwillig, sondern unter Zwang.

Wissen die Erzeuger des Gerätes davon?

Das scheint bewußt gemacht zu sein. Es ist mir nicht nachvollziehbar, warum sie das nicht auf eine freie Art machen, was der schönere Weg wäre. Ich denke, daß auch in dieser Szene Menschen sind, die ihre Traumata haben und nicht frei handeln, sondern unbewußt dunkle Dinge aus der Vergangenheit mit hineinbringen. Das sind natürlich Vermutungen.

Ich meine aber auch, Ähnliches passiert in schwächerer Form schon durch unseren normalen Umgang mit der Technik. Wir gehen mit der Technik nicht in Dankbarkeit für die Leistung um, sondern nehmen alles als selbstverständlich hin und lösen es damit völlig von der Natur. In der Geomantie zeigt sich, daß technische Geräte von Elementarwesen begleitet sind, die durch unseren Umgang oder Nichtwahrnehmung negativiert werden. Auf einem Handy sitzt zum Beispiel ein stacheliges Wesen drauf. Das kann man harmonisieren, wenn man es wahrnimmt und darum bittet, daß wir mit ihm gut arbeiten können.

Was passiert dann mit dem stachligen Wesen?

Das wird runder und beeinflußt nicht mehr so negativ, sondern ist positiver. Auch wenn ich der Meinung bin, daß die elementarische Ebene wichtig ist, trotzdem sollte man auch die physikalisch wirksame Strahlung abschirmen. Beides wirkt zusammen. Das wird oft nicht gesehen. Die einen machen nur die offizielle Physik, die anderen machen nur die feinstofflichen Dinge. Beides hat seine Berechtigung und gehört zusammen.

Markus Buchmann
Bildekräfteforschung

Markus Buchmann und seine Kollegen vom Verein für Bildekräfteforschung sind richtige Pioniere. Sie arbeiten an der übersinnlichen Erforschung der Ätherwelt mit wissenschaftlichem Anspruch. Sie wollen dieses Fachgebiet in der Wissenschaftswelt etablieren und gleichzeitig die sich daraus ergebenden Möglichkeiten für konkrete Lebensgebiete wie zum Beispiel die Nahrungsmittelerzeugung nutzbar machen.

Agnes und ich besuchen Markus in Winterthur in der Schweiz. Er ist von Beruf Laborant, arbeitet seit über zehn Jahren in der Getreidezüchtung und betreut Forschungsprojekte zur Nahrungsmittelqualität. Wir müssen etwas warten, da er seine beiden süßen Zwillingskinder noch ins Bett bringen muß. Er ist auch ehrenamtlicher Vorstandspräsident der Winterthurer Steinerschule.
(Kontakt: markus.buchmann@swissonline.ch)

Ätherische Strukturen von Nahrungsmitteln im eigenen Ätherleib erleben

Was heißt Bildekräfteforschung?

Wir beobachten und beschreiben im Bereich der Natur diejenigen Kräfte, die verantwortlich dafür sind, daß das Leben fließt, und die Erscheinungsformen gestaltet. Eine unserer Methoden ist, Nahrungsmittel zu verkosten und deren Einfluß auf den eigenen Ätherleib zu beobachten. Alle Nahrungsmittel haben spezifische ätherische Strukturen, die sie dem Ätherleib übermitteln.

Kannst du das an Beispielen erklären?

Ätherstruktur von Möhren

Bei den meisten Möhrensorten tritt folgende Grundstruktur deutlich zutage: Eine bestimmte Form von ätherischem Licht wird aus dem Umkreis wie angesaugt, zusammengeführt und dann im Bereich des Körperlichen wieder ausgestrahlt. Wenn man eine Möhre zu sich nimmt, findet das im menschlichen Ätherleib statt, bei der Möhre im Feld findet man dieselbe Struktur, daß über die Blätter aus dem Umkreis Lichtkräfte gesammelt, in der Möhre zusammengeführt und über die Möhre hinaus in das Mineralreich wieder entlassen werden.

Wie erlebst du diese Lichtaufnahme und Lichtabgabe konkret?

Wenn man eine Möhre kaut und sich auf die eigene Leiblichkeit, also auf den physischen, ätherischen und astralen Leib konzentriert, dann nimmt man auf der physischen Ebene eine Aufrechtbewegung wahr. Die ätherischen Strukturen wirken bis ins Physische hinein. Als zweites kann man eine Gemütserhellung erleben. Wenn man diese Erhellung innerlich weiter verfolgt, kann man diese bildhaft bis ins Bewußtsein heben und Lichtstrukturen wahrnehmen. Diese nimmt man zwar innerlich wahr, aber doch so, daß man sie räumlich verorten kann. Bei den typischen Möhren zieht sich das Licht über dem Kopf zusammen, wird durch den Kopf in den Leib hineingeführt und endet in der Peripherie, geht also durch die Arme bis in die Finger, durch die Beine bis in die Füße. Dabei kann man auch eine Erwärmung der Glieder beobachten und wie dieses Licht in die verschiedenen Organe hineinstrahlt. Verschiedene Möhrensorten wirken jeweils auf bestimmte Organe besonders stark.

Tun das Rettich oder andere Wurzelpflanzen auch?

Ja, aber jeweils anders. Bei Sellerie geht es auch um Lichtkräfte, aber diese arbeiten hauptsächlich im Kopfbereich und fördern explizit

Skizze, wie Lichtäther an der Möhre konfiguriert wird. In der Bildekräfteforschung wird diese Geste »Lichtatmung« oder »Jupiterlicht« genannt.

die Konzentrationsfähigkeit. Bei guten Selleriesorten bilden sich die gleichen Ätherformationen wie bei einer Konzentrationsanstrengung. Die Möhre hellt zwar auch den Kopfbereich auf, geht dann aber bis in die Gliedmaßen hinein und wirkt inkarnierend. Wenn man erlebt, wie sie in den Leib hineinführt, dann versteht man, warum die Möhre so ein beliebtes Kindernahrungsmittel ist.

Ergebnisse sind überprüfbar

Werden diese Erlebnisse von mehreren Forschern parallel festgestellt?

Ja, wenn man sich darüber unterhält oder die Lichtstrukturen skizziert, dann zeigt sich, daß die verschiedensten Leute die gleichen Besonderheiten wahrnehmen. Wie der einzelne dann auf die Strukturen reagiert, ob man es bekömmlich findet oder nicht, das ist individuell.

Von der Methodik erinnert mich das an die Weinverkoster. Diese schmecken den Wein und sagen dann die Rebenart, den Jahrgang, Südhang oder Nordhang. Das ist für einen normalen Menschen unvorstellbar, doch es ist ein allgemein anerkannter Beruf mit mehrjährigen Ausbildungen.

Ja, das ist ein sehr guter Vergleich. Es gibt geprüfte Untersuchungsmethoden der Sensorik. Methodisch haben wir davon vieles übernommen, nur daß der Blick nicht auf das Sinnliche, die Geschmacksempfindung, sondern auf das Ätherische gerichtet ist.

Die Methodik ist hier also die Verkostung, um dann darauf zu achten, welche Resonanz es im Ätherleib gibt, zum Beispiel Verdichtungen, Stockungen, Auflösungen. Und dann weitergehend, welche inneren Bilder werden erzeugt. Es gibt Dutzende von Variationen, wie zum Beispiel eine Verdichtung stattfinden kann. Es kann ein Zusammenziehen, ein Zusammendrücken oder ein Gepreßtwerden sein, bei Auflösungen ist es natürlich dasselbe. Wir gehen immer von einem konkreten Objekt aus und können die übersinnliche Wahrnehmung von Kräften oder Wesen auf diesen Ausgangspunkt zurückführen. Der Gegensatz dazu wären beispielsweise »mystische« Methoden, wo man aus einer inneren Versenkung her zu Wahrnehmungen kommt, aber zunächst gar nicht ordnen kann, was mit was zu tun hat, da diese Objektgebundenheit fehlt.

Praktische Anwendung der Bildekräfteforschung

Mit welchen praktischen Untersuchungsfragen beschäftigt ihr euch?

Die Methode wurde vor allem in Zusammenarbeit mit verschiedenen Gemüse- und Getreidezüchtern auf der Suche nach optimalen Sorten entwickelt. Weitere Fragestellungen waren: Wie wirken Verpackungsmaterialien? Was bewirken verschiedene Wasseraufbereitungsgeräte? Welche Unterschiede zwischen Demeter-Nahrungsmitteln und normal biologischen sind zu erkennen? Aber auch: Wie wirken die Präparate der Demeter-Landwirtschaft? Wie sollen sie hergestellt werden und was bewirken sie tatsächlich im Boden und in den Pflanzen? Was geschieht mit Dünger und Mist, die durch eine Biogasanlage gegangen sind? Wie wirken Technik, Computer und Handys auf das Lebendige?

Ätherstruktur von Weizen

Was wir sehr gut erforscht haben, sind die verschiedenen Weizensorten. Es gibt Weizensorten, die sich in ihrer Ätherkonfiguration eher im Wässrigen oder stark im Mineralischen bewegen. Der Hauptteil der Sorten hat aber mit Lichtkräften zu tun. Hier ist die Struktur des Lichtäthers anders als bei der Möhre. Das Licht bei den Möhren nennen wir Jupiterlicht, weil es mit Jupiterkräften zusammenhängt. Das Licht beim Weizen nennen wir Kiesellicht, da es mit den universellen Kräften verbunden ist, die im Quarz ihre ureigene Gestalt finden.

Auch beim Weizen gibt es eine Grundkonfiguration. Licht tritt von oben in die Pflanze ein oder, wenn man das Korn zu sich nimmt, in den menschlichen Ätherleib. Dieses Licht bildet dann an der Peripherie des Ätherleibes eine Hülle aus, eine Art Haut aus kristallinem Licht. Das hört sich nach einem Widerspruch an, aber im Ätherischen gibt es Lichtarten in allen Formen, es gibt flüssiges Licht, luftiges Licht oder auch kristallines Licht. Kiesellicht baut also kristalline Formen an der Peripherie auf, und gleichzeitig dringt es in die Leiblichkeit hinein und umhüllt die verschiedensten Organe in der gleichen Art. Diese Lichthaut ist durchlässig und fördert die Kommunikation zwischen den Organen. Viele Weizensorten haben einen starken Einfluß auf die Sinnesorgane und unterstützen das Hören oder das Sehen.

Lichtätherstrukturen, wie sie vorkommen, wo Quarz in der Natur als Kraft tätig ist. Daher wird sie in der Bildekräfteforschung auch »Kieselgeste« genannt. Bei Weizen findet sich diese Geste oft, je nach Sorte unterschiedlich ausgeprägt.

Sind die Zeichnungen die genaueste Ergebniserfassung, die ihr macht? Das Beschreiben in Worten ist ja auch nicht einfach.

Am angemessensten wäre das Tanzen mit Elementen aus der Eurhythmie. Das haben wir ausprobiert, es gibt bestimmte Formen für bestimmte Ätherkonfigurationen. Die ätherischen Strukturen entstehen in der Bewegung, eine Skizze ist schon das Geronnene, das tote Abbild. Für eine schnelle Darstellung ist eine Skizze natürlich geeigneter als ein Tanz. Eigentlich müßte man aber auch mit Farbe arbeiten, dann würde jede Skizze ein kleines Kunstwerk werden. Allerdings ist das nun mal nicht einfach. Es gibt ja den Beruf des naturwissenschaftlichen Illustrators. Das ist eine vierjährige Kunstausbildung. In Pflanzenbestimmungsbüchern findet man solche Abbildungen, mit denen man mehr festhalten kann als mit Photographie. So sollten auch die Skizzen von Bildekräften sein.

Ätherstrukturen von Fleisch und Tomaten

Habt ihr auch Fleisch untersucht?

Ja. Wenn man bei Rindfleisch auf der ätherischen Ebene bleibt, dann ist es relativ einfach, bei Pflanzen kann man manchmal viel komplexere Strukturen finden. Bei Fleisch werden bestimmte Kräfte angesprochen, die in die Muskulatur hineinarbeiten und Willenskräfte stärken. Auf der Astralebene betritt man aber Wesensbereiche der Fleischherkunft, also den Bereich von Kuhwesenheiten.

Kommt man bei Pflanzen nicht so in die Astralebene?

Doch, aber anders. Die »Distanz« zwischen den Ebenen ist bei Pflanzen meist größer. Bei Nachtschattengewächsen, Tomaten zum Beispiel, durchdringen sie sich aber sehr. Es gibt auch Weizensorten, die einen über das Ätherische an die geistig-seelischen Anteile des Weizens führen.

Wie erlebst du den Unterschied zwischen ätherischen und astralen Wahrnehmungen?

Bei einer Verkostung kann man zum Beispiel eine Erfrischung oder eine Aufrechte erleben, hier wirken die Ätherstrukturen bis ins Physische. Auf der anderen Seite erlebt man eine Aufhellung oder Verdüsterung des Gemüts, da ist man schon im Bereich des Seelischen, das aber noch durch die Ätherstrukturen der Nahrungsmittel beeinflußt wird. Bei einer Tomate wird das eigene Seelische nicht nur durch die Ätherstruktur beeinflußt, sondern durch etwas seelisch Anwesendes, das nicht zu einem selbst gehört. Das Pflanzenseelische hat sich in der Tomate stärker »inkorporiert« als bei den meisten anderen Pflanzen, und wenn man eine Tomate ißt, dann nimmt man dieses mit auf. Bei der Tomate hat die Pflanzenwesenheit sozusagen egoistische Tendenzen, also Eigenabsichten. Ganz anders beim Getreide, dort werden die Sinne angesprochen, die Pflanze gibt sich ganz als Werkzeug hin, damit der Mensch in seinem Leib seelisch-geistig tätig sein kann.

Bildekräfte sind leichter zu erforschen als Elementarwesen

Gehen wir weiter zu den Elementarwesen. Wie sind hier deine Erfahrungen?

Zuerst mal betreiben wir unsere Forschung vor allem im Ätherischen. Wir meinen, daß in unserer Kultur das Lebendige in Bedrängnis ist und man hier eine Klarheit und einen Zugang bis ins Praktische hinein braucht. Zur Kräftewelt haben wir heutigen wissenschaftlich gebildeten Menschen schnell einen Zugang. Man kann eine gesunde, methodische Hygiene anwenden, wie man es aus der Naturwissenschaft gewohnt ist, denn Kräfte sind präzise. Wenn man von der Ätherwelt in die Welt der Elementarwesen geht, wird es schwieriger, dieses präzise Element aufrechtzuerhalten.

Das gleiche Problem gibt es auch in der Psychologie. Da hat man es mit menschlichen Wesen zu tun, die ihren Eigenwillen mitbringen, und da funktionieren die naturwissenschafltichen Methoden auch nicht mehr.

In der Psychologie versucht man dann mittels Statistik diesem Problem aus dem Weg zu gehen. In vielen Bereichen geht das, oft aber nicht. Die Aufgabe heute ist, die naturwissenschaftliche Grundhaltung so integriert zu haben, daß sie als Seeleneigenschaft in die elementarische Welt mitgenommen werden kann. In der ätherischen Ebene sind die Dinge noch unabhängiger vom Menschen, deshalb fällt dies dort leichter. In der Begegnung mit Wesen wird die Unterscheidung, was mein Persönliches ist und was überpersönlich, viel schwieriger. Allerdings stößt man innerhalb des Ätherischen bald mal auf Wesenheiten, wie bei der Tomate schon besprochen. Dabei ist wichtig zu unterscheiden zwischen ätherischen Kräften, astralen Kräften – Steiner spricht von Astralsubstanz – und den Wesenheiten, die diese erzeugen.

Unterschied zwischen ätherischen und astralen Kräften

Wie unterscheidet ihr?

Das kann man sich an einer einfachen Entspannungsübung klarmachen. Wenn man auf dem Stuhl sitzend sich von Kopf bis zu den Füßen durcharbeitet und alles entspannt, kann alles warm und schläfrig werden, man bewegt sich ins Ätherische hinein. Man kann sich aber auch so durcharbeiten, daß man mit der Aufmerksamkeit an bestimmten Orten des Leibes wach wird. Dann ist man nicht nur entspannt, sondern ganz präsent und anwesend und hat mehr auf der Ebene des eigenen Astralleibes gearbeitet. Wachheit ist ein Merkmal für Astralität. Ein weiteres Unterscheidungsmerkmal ist, daß in der Wahrnehmung von Astralität und Wesenheiten der Gefühlsbereich stärker angesprochen wird. Im Ätherischen wird mehr der Bereich des Denkens angesprochen, Ätherkräfte nimmt man mit einem umgewandelten Denken wahr. Wenn also verstärkt das Fühlen angesprochen wird, bewegt man sich an der Grenze zum Astralen.

Drei Arten, Elementarwesen zu erleben

Kannst du schildern, wie du Elementarwesen erlebst?

Ich kenne drei verschiedene Arten von Erlebnissen mit Elementarwesen. Das erste ist ein sehr inspirativer Zugang. Bei diesen Erlebnissen habe ich das Gefühl, es spricht etwas zu mir, das außerhalb von mir ist, aber in mir als eine Art Sprechendes im Denken auftritt – sprechende Gedanken. Es ist dabei nicht einfach zu unterscheiden, was das eigene Denken ist, das sich ja auch sehr unabhängig von einem selber betätigen kann, und wann wirklich eine andere Wesenheit dahintersteht. Unten im Garten sprach ich einmal ganz naiv und unbedarft Naturwesen an und hatte dann solche Wahrnehmungen. Ich konnte sie aber nicht so fassen, daß sie in der Erinnerung blieben. Ich wußte nur, daß eine Kommunikation stattgefunden und ich die Inhalte vergessen hatte. Oder ich fahre zum Beispiel mit dem Auto über einen größeren Fluß, nehme mit dem Fluß Kontakt auf und habe den deutlichen Eindruck, da spricht der Fluß, früher hätte man gesagt, der Flußgott. Dieser spricht sich aus in mir mit einer enormen Weisheit, die umwerfend ist, aber ich kann keine weiteren Einzelheiten greifen. Das sind klassische Anfangssituationen. Es käme nun darauf an, das Erleben denkerisch zu durchdringen, damit das Wesenhafte konkreter wird und die Situation begrifflich klar wird.

Dann gibt es zweitens, eher selten und zufällig, Erlebnisse, wo bildhafte Gestalten auftreten. Auf einem Versuchsfeld war die Saat nicht aufgegangen, beim konventionellen Bauern auf dem Nachbarfeld dagegen wuchs das Getreide. Wir fragten uns, was da geschehen ist? Ich nahm auf dem Feld eine Stimmung wahr, wie eine Art Ausgehungert-Sein, und es traten schemenhaft Wesen auf. Sie hatten schon fast ein menschenähnliches Aussehen und wirkten sehr ausgemergelt, nicht schön. Das Bild verblaßte wieder. Später erfuhr ich, daß es bei der Aussaat im Herbst eine ziemliche Aufregung gab und unter Streß und Ärger ausgesät wurde. Diese seelische Notlage hat sich dem Feld mitgeteilt, und die Saat ging nicht auf.

Die dritte Art ist, daß ich mich gezielt seelisch öffne, das Herz weite und dann entsteht als erstes der Eindruck, da ist ein Gegenüber, da ist jemand anwesend. Das ist eine Wahrnehmung auf der Gefühlsebene, aus dem innerlichen Abtasten und Befragen entsteht eine Gestalt, zum Beispiel eine Wesenheit, die mit dem Luftreich zu tun hat, an einen bestimmten Ort gebunden ist und gleichzeitig ein weites Feld überschaut und bearbeitet. Diese Gestalt ist eine Ätherstruktur. Zu diesem Gefühl können dann Inspirationen dazutreten, wenn ich wach genug bin und die Wesenheit es will.

Wie sieht das Luftwesen aus?

Ich habe jetzt ein bestimmtes Luftwesen vor Augen: ein fließendes Auf- und Niedersteigen und in die Peripherie ziehendes Luftkräfteweben, ähnlich wie Schleier, die von einem Zentrum mit personalen Eigenschaften ausgeworfen und wieder eingezogen werden.

Kontakt zur Gruppenseele des Weizens

Helfen dir die Elementarwesen auch bei deiner Arbeit?

In der Bildekräfteforschung suche ich bewußten Kontakt nicht unbedingt zu Elementarwesen, sondern zu Wesen geistiger Natur, die unsere Arbeit unterstützen können.

Wer ist das?

Bei Weizenuntersuchungen versuche ich zum Weizenwesen Kontakt herzustellen. Das ist aber noch nicht eine bewußte Kommunikation, sondern ein mehr gefühltes Kontaktaufnehmen. Ich meine aber, daß ich dadurch neue Aspekte wahrnehmen kann und mehr in die Tiefe komme.

Das kann ich gut verstehen. Das innere Ausrichten verbindet einen ja schon mit den Wesenheiten, und dann sieht man mehr, da jemand anderes mitschaut, und die Gruppenseele des Weizens kennt den Weizen natürlich am besten.

Von den methodischen Schwierigkeiten, Elementarwesen zu erforschen

Seid ihr im Verein für Bildekräfteforschung auch daran, den Bereich der Elementarwesen zu erschließen?

In der weiteren Perspektive gehört das schon dazu, denn man kann ja nicht von Bildekräften sprechen und die Verursachenden ausblenden. Oft öffnet sich die wesenhafte Welt ohne eigene Absicht.

Aber zuerst wollen wir uns auf die Bildekräfte konzentrieren. Das ist ein eigenes Forschungsfeld, wie die Mechanik oder Chemie eines ist, und es dauert vielleicht 200 Jahre, bis die Dinge zufriedenstellend auf den Tisch gebracht werden können. Wir denken in diesen Zeitperspektiven und machen die Anfänge.

Mir persönlich fällt die Wahrnehmung der Elementarwesen nicht einfach. Aufgrund meiner naturwissenschaftlichen Zugangsweise ist mir das Ätherische ziemlich nah. Da weiß ich, was ich tue, was ich wahrnehme, habe ich ein methodisches, erkenntnistheoretisches Bild. Das fehlt mir noch, wenn es ins Wesenhafte geht. Ich bin mir noch nicht einmal klar, ob ich diese Kontakte aktiv suchen soll. Wenn ich darauf gestoßen werde, natürlich. Und es kann auch sehr beglückend sein mit individuellen geistigen oder seelischen Wesenheiten in Berührung zu kommen, und trotzdem frage ich mich immer wieder: Soll ich das suchen? Das hat damit zu tun, daß es mir noch nicht klar ist, ob es sich um eine Art existierende Parallelwelt handelt oder die Wesen »nur« in meinem eigenen Seelischen sind, das ich nach außen lagere?

Ich würde darauf antworten: Die Elementarwesen leben in der Astralwelt und wirken im Ätherischen. Die Wahrnehmung der Astralwelt ist immer eine Innenwahrnehmung, und insoweit tritt sie immer in einem selber auf. So sind nun mal die Gesetzmäßigkeiten der astralen Welt, daß man auf diese nicht wie in der physischen Welt als auf etwas Außenstehendes daraufblicken kann. Man kann ein Elementarwesen nur dann wahrnehmen, wenn man es ins Herz hereingenommen hat. Das gleiche gilt auch dann, wenn man Elementarwesen im Raum ortet, fast wie sieht. Dieses Sehen ist eine Bildprojektion von innen in den Raum hinein, aber nicht eine willkürliche. Das heißt, ich nehme die sinnliche Außenwelt in meinen übersinnlichen Bewußtseinsbereich hinein. Ist das für dich noch nicht befriedigend?

Nein, ich kann mir das schon so denken, dennoch fehlen mir noch etliche Elemente.

Welche fehlen?

Wenn ich zum Beispiel meinen eigenen Ätherleib erforsche oder meditiere, dann gibt es immer wieder Erlebnisse, wo Wesenheiten von außen auf mich zukommen. Wenn ich dem nachgehe, dann sind es Wesenheiten, die in meinem eigenen Ätherischen und Astralen leben, also Aspekte von mir sind, die ein »äußeres« Eigenleben erhalten haben. Das von Naturwesen zu unterscheiden, finde ich schwierig. Bei Rudolf Steiner gibt es die deutlichen Hinweise, daß man sich zu Beginn einer ätherischen Hellsichtigkeit vor allem mit eigenen Aspekten des Ätherleibes herumschlagen muß, auch wenn man der Meinung ist, es träte wesenhaft von außen auf. Das ist der große Bereich der Doppelgängerbegegnungen. Ich bin zwar der Meinung, ich könnte es unterscheiden, wenn ich es aber nüchtern und ehrlich vor mich hinlege, dann habe ich nur wenige Kriterien und wenig Sicherheit. Vor der Welt kann ich das nicht genügend rechtfertigen, mir scheint das noch sehr dünn.

Aber du bietest doch Kurse zum Erleben der elementarischen Welt an und stellst dich damit in die Öffentlichkeit?

Was ich meine ist, daß wir uns im Sinnlichen völlig selbstverständlich bewegen. Aber schon hier bewegen wir uns wissenschaftstheoretisch oft auf dünnem Eis. Wie sehr gilt das für die seelisch-geistigen Welten! Man muß die seelisch-geistigen Erlebnisse untersuchen, sie treten ja immer öfter auf. Meine Botschaft ist dabei: »Seid nicht voreilig. Seid forscherisch tätig, experimentiert und schaut, wie weit ihr in zehn Jahren gekommen seid.« Ich fürchte mich vor Weltbildern, die schnell dastehen.

Wie kann man über Elementarwesen sprechen, ohne als naiv angesehen zu werden?

Ich möchte philosophisch, erkenntnistheoretisch so über Elementarwesen sprechen können, daß es nicht naiv und märchenhaft daherkommt. Es handelt sich um seelische Entitäten, die wie Tiere eine Eigenständigkeit haben. Wenn eine Katze hereinkommt, dann spreche ich diese als Katze an, sie hat eine bestimmte Würde und bestimmte Rechte. Dies wäre auch ein angemessener Ton gegenüber Elementarwesen, und trotzdem sollte es bei den Menschen nicht den Touch des naiven, märchenhaften hervorrufen. In dieser Diskrepanz stehen wir, und ich halte eine Diskussion darüber für sehr notwendig.

Das Problem ist doch, daß es viele seelisch nicht aushalten können, daß die Welt aus Wesen besteht. Das kann Ängste auslösen, und deshalb gibt es Abwehrreaktionen. Ich glaube, auch eine angemessene Form wird heute für viele falsch sein, da dem ein unbearbeitetes Nicht-glauben-Wollen und Nicht-aushalten-Können entgegensteht.

Das ist die eine Seite. Ich sehe aber auch im Bereich der Spiritualität eine starke Bewegung, die sich eher an der Mystik und an bestimmten Richtungen des Buddhismus orientiert, die meint, daß das gesamte Bewußtsein eins ist und jegliche Trennung Illusion. Damit wird auch jedes geistig Wesenhafte und Individuelle nivelliert und aufgelöst. Auch diese Menschen wollen von Elementarwesen nichts wissen und können auch erkenntnistheoretisch sehr gut darlegen, warum nicht.

So hat man also zwei Fronten. Einerseits die materialistisch Gesinnten und zum anderen die mystisch Gesinnten.

Ich frage mich, ob man nicht von »Bewußtseinsentitäten« sprechen könnte? Diesen Begriff haben auch schon Naturwissenschaftler benutzt. Er birgt aber die Gefahr, daß er so intellektuell wirkt, daß das Seelische dabei verlorengeht. Dann hat man zwar einen passenden Begriff, aber die Wesenheiten ziehen sich davor zurück, da die Liebe fehlt. Mir ist es eine offene Frage, wie wir am besten über Elementarwesen sprechen. Daher begrüsse ich dieses Buch sehr, es bietet eine schöne Grundlage für eine weitere Gedanken- und Praxisbildung.

José Martinez

Solider Grund und Irrwege

Von José Martinez habe ich schon vor langem gehört. Immer wieder traf ich Menschen, die bei ihm in Ausbildung waren und begeistert von der fundierten Erneuerung der Medizin durch Einbeziehung übersinnlicher Wahrnehmungen erzählten. Da José Martinez auf den Kanarischen Inseln wohnt, waren wir froh, daß kurzfristig ein Treffen in Rheinau bei Schaffhausen möglich war, wo er zur Mitarbeit an einem Forschungsprojekt gelegentlich ist. Nach Frank, Ralf und Markus ist er ein vierter Gesprächspartner, der aus der Naturwissenschaft kommt. So sind wir auf seinen Blickwinkel gespannt. Nach einer kleinen Irrfahrt im regnerischen Dunkel finden wir verspätet doch noch den Treffpunkt. Vor uns sitzt ein südländischer, durchgeformter, ernsthafter und tiefsinniger Mensch. Wir treffen uns zum ersten Mal und sind per Sie. Wir sprechen mit ihm nicht nur über die Rolle der Elementarwesen in der Medizin, sondern auch über mögliche Irrwege der geistigen Forschung.

Naturwissenschaftliche Ausbildung als Hintergrund

Sehr geehrter Herr Martinez, könnten Sie kurz erzählen, was Sie machen?

Über viele Jahre arbeitete ich als Tierarzt und in der medizinischen Forschung und wurde dann Human-Osteopath. Ich habe jetzt auf Lanzarote einen Hof und eine kleine Käserei, wir verarbeiten

Ziegenmilch. Durch den Einstieg in die Anthroposophie und durch die Wenden, die das Leben brachte, begann ich eine neue medizinische Herangehensweise zu entwickeln. Ich leitete medizinische Ausbildungsgänge, und es kamen soziale, geschichtliche und paläontologische Studien dazu, eine breite Palette. Ich arbeite jetzt auch im Widar-Projekt in Rheinau mit, einem Forschungsprojekt, das auf praktische Art übersinnliche Wahrnehmung, Geisteswissenschaft und Naturwissenschaft verbinden will. Wir haben zum Beispiel Zusatzstoffe für Beton und andere Baumaterialien entwickelt, um die ätherischen Kräfte in diesen wieder zu aktivieren.

Ihre ganze Arbeit ist davon begleitet, daß Sie übersinnlich sehr differenziert wahrnehmen können. Konnten Sie das schon von Geburt an?

Nein, das kam durch eine persönliche Lebenskrise, in der ich vieles in Frage stellte. Ich war konventioneller Tierarzt, rein schulmedizinisch mit Impfungen der Kälber und Kaiserschnitten an den Kühen. In der Krise zeigte mir ein Freund den Kalender mit den Aussaattagen von Maria Thun. Ich erinnere mich genau daran. Ich sagte dem Freund: »Ich weiß nicht genau, was da steht, aber es ist genau das, was ich suche!« Es öffnete mir etwas. Ich begann die Schriften Steiners zu lesen, stieg in die Landwirtschaft ein und machte verschiedenste Wahrnehmungsübungen. Meine naturwissenschaftliche Ausbildung im Hintergrund war und ist immer noch enorm hilfreich. Das hat mich vor Mißverständnissen, Täuschungen und Einbildungen bewahrt. Ich hatte in Paris an der Universität über hormonelle Phänomene bei den Kühen geforscht. Also in einem Rahmen, wo die Forschungsarbeit ernsthaft und streng genommen wird, nicht schlampig oder verschwommen, wo die Resultate konkret nachvollziehbar sein müssen. Das mochte ich. Ich mochte aber nicht die andere Seite, daß man sich vom Lebendigen entfernt und die Füße nicht mehr auf dem Boden hat, wenn man nur noch an bestimmte Proteine in Zellenstrukturen denkt und den Menschen als Ganzes gar nicht mehr sieht.

Man ist in bio-chemischen Theorien und hat den Rest der Welt verloren.

Aber die naturwissenschaftliche Methode gefällt mir sehr. Von Anfang an habe ich meine Erfahrungen mit den Patienten schriftlich dokumentiert und ausgewertet. Ich versuchte damit, meine übersinnlichen Wahrnehmungen zu verstehen, die sich langsam einstellten. Am Anfang war diese Methodik sehr mühevoll, es wurde dann aber immer einfacher.

Durch Vertiefung der sinnlichen Wahrnehmung zur übersinnlichen Wahrnehmung

Wie hat sich Ihre übersinnliche Wahrnehmungsfähigkeit dann entwickelt?

Die übersinnliche Wahrnehmung fängt mit einem bewußten Wahrnehmen des Sinnlichen an. Ich übte besonders im Garten und machte osteopathische Handlungen mit Pflanzen, zum Beispiel mit Tomaten. Eines frühen Morgens ging ich noch im Dunklen in den Tomatengarten. Ich stand da, der Tag öffnete sich langsam, und ich konnte die Sonne über dem Meer aufsteigen sehen und hatte den Eindruck, ich kann spüren, wie sich die Welt dreht, indem die Sonne aufsteigt. Dann habe ich das verbunden mit der Drehung der Pflanzen. So hat sich mir langsam eine andere Wahrnehmungsart und Denkensart eröffnet.

Das heißt, die sinnlichen Wahrnehmungen wurden intensiver, bedeutungsvoller, geheimnisvoller?

Ja, jede kleine Wahrnehmung wurde wichtig. Der Hof ist meine Ausbildungsstätte. Manchmal beobachte ich die Bewegungen der Hühner beim Wegrennen oder Herkommen. Mit der Kenntnis der Äther- und Astralwelt, der Zusammenhänge der Hühner mit der Menschenwelt und mit der menschlichen Physiologie kann jedes kleine Erlebnis zu einem Schlüssel werden.

Bevor ich den Empfindungsleib eines Menschen in der Wahrnehmung differenzieren konnte, habe ich in der Untersuchung von

Patienten einen hohen Stapel von Unterlagen produziert mit allen Handlungen und Forschungen. Es war nicht so, daß ich irgendwann die Augen aufmachte, und da war ein Elementarwesen, ein Ätherleib oder Empfindungsleib da. So ist das nicht gewesen. Ich arbeitete intensiv und langsam Schritt für Schritt. Ich erfuhr zum Beispiel von übersinnlichen Qualitäten des Zuckers und untersuchte dann damit den Zucker in einem Körperteil. So kletterte ich und suchte immer nach dem nächsten Riß im Fels, um dort mit meinen Fingern zu greifen. Heute geht es natürlich schneller, da ich einen Werdegang hinter mir habe. Aber eines ist sicher, jede Wahrnehmung ist ein Geschenk der geistigen Welt, ist eine Vermittlung, die wir nicht einfach als eine Ehre oder tolles Geschenk empfinden sollen, sondern als Verantwortung.

Ich möchte auch betonen, es gibt nicht nur das Übersinnliche, sondern auch das Untersinnliche. Da muß man sehr vorsichtig sein.

Verwechslung des Übersinnlichen mit dem Untersinnlichen

Was ist da der Unterschied?

Es gibt zwei große Ausrichtungen im ganzen Werdegang des Menschenlebens. Die eine Ausrichtung geht zum Licht, zur Vergeistigung, die andere geht ins Dunkel, zur Verirdischung. In jeder unserer Taten und Wahrnehmungen begeben wir uns in eine Richtung. Werden wir uns auf dem Weg befreien von der Erde und zu Geist werden, oder werden wir uns mit dem Leichnam der Erde verbinden? [Anmerkung des Autors: Die Erde wird sich in Zukunft immer mehr verfeinern und vergeistigen, gleichzeitig wird eine unbrauchbare, erstarrte Schlacke zurückbleiben, das ist mit »Leichnam der Erde« gemeint.] Heutzutage spricht man in meinen Augen oft über »Übersinnliches«, wo es sich tatsächlich um »Untersinnliches«, »Extrasinnliches« oder »Außersinnliches« handelt. Ich bin damit nicht einverstanden, denn ich kenne auch Menschen, die untersinnlich forschen.

Was ist das?

In jeder Forschung hat man mit einer geistigen Dimension zu tun. Wenn man sich in die Richtung des Erdenleichnams begibt, müssen die Wahrnehmungen nicht falsch sein. Die Wahrnehmungen können ganz treffend sein, aber die Organe, die man sich dazu entwickelt, werden gebunden an Kräfte und Wesenheiten, die zur untersinnlichen Dimension gehören. Gleichzeitig kann man auch Organe entwickeln und pflegen, die sich mit Wesenheiten verbinden, die an der Erhebung in Richtung des Himmlischen arbeiten. Am Anfang können die beiden Wege sehr ähnlich aussehen, doch langsam rutscht man in die eine oder andere Richtung, und die Wege trennen sich. Dann muß man mit den Konsequenzen rechnen.

Sie können Dämonen übersinnlich wahrnehmen, denn diese gehören in die übersinnliche Welt. Sie können auf dem Astralplan Wesenheiten erleben, die aus der Zukunft versuchen, in unsere Gegenwart hereinzugreifen und täuschend wirken. Sie können ahrimanische Wesen und sogar Ahriman* selbst wahrnehmen, also das Gegenteil der christlichen Richtung. Das alles können Sie nur durch die übersinnliche Wahrnehmung wahrnehmen.

Verbindung mit untersinnlichen Dämonen

Dagegen nimmt man in der untersinnlichen Wahrnehmung nicht die Dämonen wahr, sondern nimmt mit ihnen wahr. Man nimmt anhand von Kräften, die aus der Unternatur kommen, wahr. Das führt zu einer geschickten Mischung von Treffendem und Illusorischem. Sie sehen vielleicht ein Elementarwesen in einem Wald, es ist da, aber dann taucht in einer Waldecke ein anderes Elementarwesen auf, doch das ist nicht wirklich da, sondern ist eine Täuschung. Ich habe beobachtet, daß das meistens aus der eigenen Physiologie hochkommt. Das heißt, ein Mensch nimmt bildhaft

* Siehe Fußnote Seite 6.

Phänomene wahr, die zum Beispiel in seinem Darm stattfinden. Er kann diese Wahrnehmung als absolute Realität erleben, es ist aber etwas, was aus seinem Darm kommt. Wenn man diesen Weg geht, dann verbindet man sich unmittelbar mit Wesen der Unternatur. Dieses ist in unserer Zeit von großer Bedeutung.

Bei jeder geistigen Tätigkeit werden wir für die geistige Welt zu einer leuchtenden Lampe. Wir werden sichtbar. Wenn wir uns dann zugänglich machen für Wesen der Unternatur, dann werden sie uns unterstützen. Es ist nicht so, daß sie uns schlucken oder fressen, sie unterstützen uns. Und dann kann man relativ schnell, innerhalb von kurzen Monaten, in treffende Wahrnehmungen kommen. So habe ich das beobachtet. Sie sehen dann jemanden und sagen zum Beispiel, da ist eine Störung im Ätherleib im Leberbereich. In vielen Fällen ist das ganz reell, aber Sie wurden zu einem Bewußtseinsprozeß gebracht, der zur Unternatur führt.

In der übersinnlichen Wahrnehmung bildet sich ein Erkenntnisgebäude, in dem die verschiedenen Erscheinungen der Natur, der Welt, der Geschichte, der Wissenschaft und des menschlichen Seelenlebens Zusammenhänge bilden. Sie haben ein dreidimensionales Bild, und gegenseitig beleuchtet es sich. Dagegen bleibt die untersinnliche Wahrnehmung bei einzelnen Beobachtungen. Da geschieht das, da geschieht das, aber es fehlt das Bindeglied. Die Tür öffnet sich nicht. Aber jedesmal, wenn man eine Serie von übersinnlichen oder sinnlichen Wahrnehmungen macht, verbinden diese sich und ziehen ein höheres Wesen an. Wesenheiten des Astralplans verbinden sich mit dieser Serie von Wahrnehmungen, und nach ein, zwei, drei, vier Wahrnehmungen, die Sie mit Ihren Denkkräften durchdrungen haben, sind Sie am Rand des nächsten Impulses. Es ist, wie wenn Sie im Schiff die Kette eines Ankers ziehen, den Anker sehen Sie nicht, aber er kommt immer näher.

Übersinnliche Erkenntnis zeigt Zusammenhänge und keine unverständlichen Einzelheiten

Und so führt ein Erlebnis, eine Erkenntnis zur nächsten.

Dieses kommende Erlebnis taucht aber nicht pauschal und unverbunden auf, sondern es verbindet sich mit der Grundlage, die Sie zuvor aufgebaut haben. Wenn Sie zum Beispiel über das Wesen des Holzes forschen, dann sammeln Sie langsam Grundlagen über die Struktur, die Physiologie, die verschiedenen Säfte und Fasern. Mit jeder weiteren Beobachtung sammeln Sie neue Elemente für diese Grundlage.

Ich habe an Menschen, die durch ihr Schicksal in die untersinnliche Vorgehensweise gekommen sind, nie gesehen, daß sie einen Erkenntniskorpus bilden können, Grundlagen und Erweiterung der Grundlagen. Sondern sie bleiben bei einzelnen, durchaus spannenden Beobachtungen. Denn die Wesenheiten der Unternatur sind nicht imstande, die Verbindung mit den höheren Ichkräften zu leisten. Unser höheres Ich ist der Vermittler. Wenn ich mich in meine Kenntnisse über das Holz mit Organen, die sich mit dem Übersinnlichen verbinden, hinein vertiefe, dann ist der nächste Gedanke schon da, um das Bild zu erweitern, auch wenn ich ihn noch nicht fassen kann. Mein höheres Ich hat ihn vermittelt. Dieser folgende Gedanke öffnet dann wieder eine Welt. Doch das geht nur in der übersinnlichen Wahrnehmung, denn da sind die Wesenheiten, die sie beobachten und begleiten, in Verbindung mit ihren höheren Ich-Kräften.

Wesen der Unternatur ersetzen Ich-Kräfte

Die Wesenheiten der Unternatur sehnen sich nach einer Verbindung mit dem menschlichen Ich. Das ist ihre große Sehnsucht, und in einem gewissen Moment fangen sie an, die Ich-Kräfte zu ersetzen. Das läuft normalerweise unbewußt.

Die Wesenheiten der Unternatur sehnen sich nach einer Verbindung zum Menschen, da es die einzige Entwicklungsmöglichkeit ist, die sie haben.

Sie sehnen sich nach dem Ichhaften, das wir alle in uns tragen. Deshalb sagte ich, ein Mensch sieht einen Zwerg in einem Wald, der ist da, und dann sieht er noch einen, der ist nicht da. Aber er sieht beide gleich und kann es nicht unterscheiden. Für den Menschen, der in die untersinnliche Betrachtungsart schon eingestiegen ist, gibt es keine Möglichkeit der Unterscheidung mehr. Vielleicht haben Sie den Film über einen psychotischen Nobelpreisträger der Mathematik gesehen. Dieser wußte von seiner Psychose, daß er Menschen sieht, die es nicht gibt. Dann gibt es die Szene, in der er mit einer Studentin spricht, und da kommt ein Mensch auf ihn zu und sagt: »Guten Tag, ich möchte mit Ihnen sprechen.« Und der Professor fragt die Studentin: »Sehen Sie ihn auch?« Denn er konnte das nicht unterscheiden.

Wie kann man vermeiden, daß man sich mit untersinnlichen Wesen verbindet?

Schnelle Antwort: Der Weg des Übersinnlichen besteht aus einer festen und konsequenten Arbeit an den Grundlagen und mit der Intention der Suche. Anders ist der Weg, wenn man nur empfindet, sich überraschen läßt und dann einfach alles annimmt, was erscheint. Ich kenne Menschen, die in den untersinnlichen Weg gerutscht sind, da sie eine Methode anwendeten, die mir sehr gefährlich erscheint, die Methode der blinden Frage. Ich stehe da und frage ohne ausführliche vorherige Untersuchung: »Was für ein Heilmittel braucht dieser Mensch für seine Verdauungsstörung?« Und dann klingt mir zum Beispiel »Thuja«. Ich wende es an, und es wirkt. Wenn ich blind ins Dunkel frage, weiß ich nicht, wer antwortet.

Wäre es ein helle Frage, wenn ich das Wesen erkennen kann, von dem die Antwort zufließt?

Wenn man sich durch Bewußtseinssteigerung in einen geistigen Raum erhebt, gibt es dort Wesenheiten, mit denen man in einen Austausch treten kann. Dann kann man Fragen stellen, aber diese Wesenheiten sind da. Manchmal melden sich auch Elementarwesen, die auf Sie zukommen und einen Zugang in Ihre Seele finden. Aber dann haben Sie das Elementarwesen da. Dann ist es nicht so, daß Sie einfach fragen und etwas klingt.

Ich habe einige konkrete Fälle im Blick, wo Menschen anfingen, solche blinden Fragen zu stellen, und innerhalb von wenigen Monaten konnten sie unheimliche Entdeckungen machen. Aber sie konnten diese Befunde nie durchdenken, nie. Und ich kenne zwei Menschen, die wurden dann krank. Die Welt des Untersinnlichen kann spannende Qualitäten und eine unglaubliche Intelligenz zeigen. Diese Wesenheiten können sich verkleiden in Rudolf Steiner, wenn sie Anthroposoph sind, oder können sich verkleiden in Engel.

Suchen statt fragen

Sie gehen also nicht so vor, daß Sie einfach fragen. Wie gehen Sie vor?

Ich suche. Das ist nicht dasselbe. Stellen Sie sich vor, Sie gehen in einen Wald mit einem Freund, der sich gut mit den Bäumen auskennt. Danach sagt Ihr Freund: »Hast du diese schöne junge Buche gesehen?« Sie kennen nichts über Bäume und haben Sie nicht gesehen. Augen haben Sie wie er. Er hat die Buche gesehen und Sie nicht. Warum? Er hat die Grundlagen, aber er geht nicht in den Wald und fragt: »Wo sind die jungen Buchen?«, sondern er sucht. Je mehr Grundlagen er hat, umso besser kann er suchen. Wenn er weiß, daß die Buchen lieber einen feuchten Hang mögen, dann sucht er nicht in einem Sonnenhang. Mit mehr Grundlagen kann er gezielter suchen, aber es ist immer eine suchende Haltung, nicht eine fragende Haltung.

Man muß offen sein für das, was es gibt, aber aus einer inneren Suche, nicht aus einer blinden Frage. Stellen Sie sich vor, jemand der nicht die Grundlagen hat, stellt zum Beispiel die Frage, was ist der karmische Hintergrund von Charles de Gaulle? Er kennt die Biographie von Charles de Gaulle nicht, hat die Geschichte nicht studiert, sondern er hat die Möglichkeit zu fragen und bekommt als Antwort irgendeinen Namen aus irgendeinem Jahrhundert. Das kann durchaus richtig sein, aber er kann diese Kenntnis nicht selber erwerben und vor allem nicht verbinden mit der geschichtlichen Grundlage. Oder jemand hat ein bißchen oberflächlich Medizin studiert, und er kümmert sich jetzt um die mikroskopische Struktur von RNA Viren. Und er stellt dann die Frage, wie entsteht das Protein bei den Membranen dieser Viren? Er bekommt eine Antwort, doch die Lücke zu seinen Grundlagen ist dermaßen gewaltig, daß er damit nichts anfangen kann. Das verwirrt die Menschen, zumindest einige, die ich kennengelernt habe.

Und dann steht es an, daß man wieder bescheidener wird, langsamer wird?

Realistisch wird! Wenn ich in meinem Beruf Elektriker bin und interessiere mich für Medizin und mache eine Woche lang einen Kurs Osteopathie und will dann Menschen mit Multipler Sklerose heilen, das ist nicht realistisch!

Forschung braucht sinnvollen Lebenszusammenhang

Ich forsche nicht umsonst, ohne Lebenszusammenhang. Das ist für mich ein sehr wichtiger Grundsatz der geistigen Forschung. Ich sage zum Beispiel nicht aus Neugier, schauen wir einmal nach den karmischen Zusammenhängen der schwedischen Kultur und der Hethiter? So mache ich das nicht, sondern ich bin zum Beispiel in einer Einrichtung, in der eine soziale Problematik herrscht. Ich sehe die menschliche Konstellation, ich sehe zwei karmische Strömungen, die aufeinanderprallen, obwohl sie sich finden sollten, und ich versuche, da hineinzutauchen und zu forschen, und dann sehe ich die Zusammenkunft der Hethiter mit einem anderen Volk von damals. Diese Forschung ist eingebettet in eine bewußte Intention, in der ich im Einklang mit dem Weltenwerden bin. Um altes

Karma zu lösen, sollen sich diese Menschengruppen treffen, und sie brauchen eine Hilfe. Ich bringe mit der Forschung keinen Fremdkörper in das Weltenwerden.

Elementarwesen in Gebäuden

Können wir weiter zum Thema Elementarwesen gehen? In welchen Kontexten haben Sie Begegnungen mit Elementarwesen und wie treten diese für Sie auf?

Sie treten in allen Kontexten auf. Manchmal suche ich sie, denn sie können große Erkenntnisse vermitteln. Die Erscheinungen und Qualitäten von Elementarwesen in einem bestimmten Gebäude zeigen viel von den Bewußtseins- und Seelenprozessen der Menschen in diesem Gebäude. Zum Beispiel sehen die Wesen in Brüssel im Europäischen Parlament aus wie Geier. Im Lindengarten im Allgäu, einer heilpädagogischen Einrichtung, gibt es im Treppenhaus ein Elementarwesen, der ist ein Peter Pan, lustig, fröhlich, mit einem Zauber. Solche Elementarwesen sind an die menschlichen Aktivitäten gebunden und können über Jahrhunderte dort bleiben.

Durch eine gewisse Betrachtungsart ordne ich meine Wesensglieder um, und dann kann ich sie wahrnehmen. Mir ist aber auch klar, daß ich sie in einem ersten pauschalen Blick nicht alle wahrnehmen kann, sondern ich muß mich in weiteren vertiefenden Blicken in dieser Dimension bewegen, um den verschiedenen Wesen nach und nach zu begegnen.

Um sie wahrzunehmen, müssen sie wahrgenommen werden wollen

Manchmal ist es auch so, daß sich Elementarwesen einfach von sich aus zeigen. Sie bringen dann immer eine Botschaft. Manchmal ist eine Botschaft offensichtlich, manchmal hat allein die Tatsache, daß sie sich in dieser Art und Gestalt in diesem Moment zeigen, schon eine Bedeutung. Es ist für mich anders, wenn sich die Elementarwesen mir zeigen oder wenn ich in ihre Dimension tauche. Es ist mir auch klar, daß diese Wahrnehmung auch nur möglich ist, weil sie es erlauben, weil sie fühlen, daß es einen Sinn macht. Ich habe auch die Erfahrung mit Elementarwesen, die sich nur unter besonderen Bedingungen zeigten, die hatte ich bis dahin nie gesehen, obwohl sie schon immer in der Nähe waren.

Beobachtung der Elementarwesen hilft bei der medizinischen Diagnose

Ihre Hauptarbeit ist die Medizin. Inwieweit spielt der Kontakt mit Elementarwesen hier eine Rolle?

Durch die Wahrnehmung der Elementarwesen, die Analyse ihres Wesens und ihrer Gestalt können sich Hinweise für die Diagnose ergeben. Manchmal sind Elementarwesen an der Oberfläche des Körpers, manchmal stecken sie ziemlich tief in physiologischen Körperräumen drinnen, zum Beispiel im Blut. Bei einem Patient mit fortgeschrittenem Blutkrebs konnte ich sehen, wie ein Elementarwesen an dem Patienten webt, das sich durch den Krebs an den Menschen und die weißen Blutkörper gebunden hat. Dieses Wesen zeigte Krallenqualitäten, die im Blut zur ständigen Bildung von weißen Blutkörpern führte. Anhand dieser Qualitäten konnten wir ein homöopathisches Heilmittel von einer Vogelart mit Krallen finden. Die Wahrnehmung der Elementarwesen hilft uns also auch in der Therapie. Wir konnten hier sehr schöne Erfahrungen machen, zum Beispiel, daß sich von einem Tag auf den anderen die Anzahl der weißen Blutkörperchen halbierte, von 150.000 auf 70.000.

Weil dieser Vogel auch Krallen hatte?

Dieses Elementarwesen hatte Möglichkeiten der Vogelwelt in sich aufgenommen. In der Homöopathie wird Gleiches mit Gleichem behandelt. Und so fanden wir das Heilmittel. Mit den Heilmitteln haben wir auch unsere Begrenzungen, wenn es zum Beispiel von einem Tier in Afrika gewonnen werden müßte, zu dem wir keinen Zugriff haben. Die Elementarwesen verändern sich durch die Behandlung und reagieren unterschiedlich. Sie machen mit oder sind irritiert. Oft nimmt der Patient das Wesen irgendwann im Traumleben oder im Wachzustand wahr. Es zeigt sich dem Patient, und er erzählt uns von diesem komischen Wesen, auch wenn wir davon nicht gesprochen haben.

Wie sehen Sie dieses krallenartige Wesen?

Es gibt zwei Möglichkeiten. Wenn ich einen Patient untersuche, dann schaue ich in seine verschiedenen Wesensglieder, und wenn er diese Wesenheit mit sich trägt, dann ist diese da. Natürlich kann man auch meditativ übersinnlich forschen. Die Bilder sind komplementär und verbinden sich. Es sind übersinnliche Bilder, die man zeichnen könnte.

Ist es möglich, ein Elementarwesen, das mit einer Krankheit zusammenhängt, aufzulösen oder aus dem energetischen Zusammenhang zu lösen?

Das wäre schön, es ist aber viel komplizierter. Wir haben viel geforscht und uns mit den Elementarwesen ausgetauscht. Oftmals will sich das Wesen lösen, doch es wirkt zusammen mit dem Engel des Patienten und ist dessen Schicksalsrettung.

Die Krankheit gehört zum Schicksal und Karma und deshalb kann man sie nicht wegmachen. Außer man sieht die Ursachen ein, dann bräuchte man die Krankheit nicht mehr.

Ja, aber oft ist es so, daß wir nicht so weit sind in unseren Entwicklungsmöglichkeiten, daß wir die Krankheit nicht mehr bräuchten. In unserer heutigen Menschheitsstufe sind wird häufig dazu nicht in der Lage. Beim Forschen in der Biographie und in den Wesensgliedern eines Menschen, der Diabetes hatte, war die Wurzel dieses Prozesses zu sehen, als dieser Mensch 15 Jahre alt war. Und wenn Sie heute einen anderen 15-jährigen sehen, der auf der selben Spur steht, dann kann man sich vorstellen, was kommen wird.

Ist es eine seelische Konfiguration, die zu Diabetes führt?

Gerade bei Diabetes haben wir es zunehmend mit einem Gruppenschicksal zu tun. Manche bekommen Diabetes, einfach da sie Zeitgenosse unserer Gesellschaft sind. Es ist nicht nur ein individueller Ausgleich.

Wenn man die frühe Veranlagung zu einer Krankheit sieht, dann ist es heikel, jemanden, der sich wegen Rückenschmerzen gemeldet hat, zu sagen, Sie sind auf dem Weg zu einem Krebs.

Auch wenn man es klar vor Augen hat?

Ja, oftmals ist der Patient nicht ansprechbar, und es wäre ein Zunahe-Treten und eine Überwältigung. Wenn es ein Vertrauen gibt, wenn es ein Freund ist, kann man eher etwas sagen. In einem Fall hat sich ein Elementarwesen in einem Dickdarm angesiedelt, es war sehr früh, aber das Wesen war da, und es hätte zu einem Krebs geführt. Dann haben wir mit entsprechenden Mitteln der Natur und an der seelischen Haltung des Patienten durch Bewußtseinsprozesse gearbeitet und das Elementarwesen hat sich gelöst.

Es ist also eine Möglichkeit, ganz präventiv an die Krankheiten heranzugehen. Jeder Schulmediziner hätte gesagt, da ist doch nichts, aber das Elementarwesen war schon da.

Sie können schon an einem drei Jahre alten Mädchen sehen, sie wird ein Karzinom mit 30 Jahren entwickeln. Stellen Sie sich einmal vor, in welcher Situation als Arzt man sich befindet! Da kann man bald als Scharlatan verschrien werden: »Er sagt zu mir, in 25 Jahren würde das passieren, jetzt bräuchte ich eine Behandlung!«

Krankheit verstehen

Wie würden Sie den Kernansatz Ihrer medizinischen Arbeit beschreiben?

Ich suche in erster Linie nach der Diagnose und will verstehen, was bei dem Menschen passiert. Die moderne Medizin, auch die alternative Medizin, hat sich stark von der Diagnose abgewendet und ist nur auf der Suche nach Therapiemöglichkeiten, nach dem therapeutischen Wunder. Wo ist die Pflanze oder das Mineral, das heilen kann, welche Massage oder chemisches Mittel hilft? Aber was ist die Ursache, wo wurzelt sie? Ich hatte eine Patientin mit Rheuma. Bei der Untersuchung fanden wir eine ätherische Besonderheit in ihrer Gebärmutter, wir sahen, was bei der Geburt der Tochter passiert ist und daß das ätherische Phänomen nicht gelöst wurde. Die ätherischen Phänomene wollten nach außen treten, doch das ging wegen einer langen Behandlung mit chemischen Stoffen nicht. Und so mußte es sich im Körper verschränken bis in die Gelenke, und es entstand das Rheuma. In der Medizin wird bei Rheuma Kortison angeboten und andere starke Stoffe, aber es gibt Rheuma, das kommt von der Gebärmutter und es gibt Rheuma, das kommt von der Niere. Die Erscheinung ist nur eine Erscheinung, doch wo wurzelt sie?

Das Besondere ist doch, daß Sie in die Diagnose die übersinnliche Wahrnehmung mit hineinnehmen?

Ja, die Diagnose der verschiedenen Wesensglieder. Zuerst, was geschieht im physischen Leib? Wir nehmen natürlich die schulmedizinischen Untersuchungswerte, die sind ganz wesentlich. Aber dann schauen wir im Ätherleib. Wir haben die Physiologie des Ätherleibes schon sehr ausführlich durchgeknetet. Wie sieht der Ätherleib im gesunden Zustand aus, und welche pathologischen Variationen es gibt?

Sie haben ein Medizinbuch des Ätherleibes aufgeschrieben?

Ja, es ist alles da. Es gibt aber keine Veröffentlichung, sondern es war Inhalt der Ausbildungskurse. Dann kommt die Untersuchung des Astralleibes dazu. Manchmal liegt die Diagnose im Karma, manchmal in der Schwangerschaft oder in einem Unfall vor 30 Jahren.

Aus der Diagnose erscheint das Heilmittel

Da die Diagnose sehr individuell sein kann, ist auch die Auswahl der Heilmittel sehr individuell. Eine Homöopathin, mit der ich zusammenarbeitete, konnte manchmal nicht glauben, daß ein homöopathisches Heilmittel, das sich aus der direkten Betrachtung des Leibes ergab, wirkt. Denn das widersprach dem Rahmen der Schulhomöopathie. Wenn man die Diagnose sieht, dann erscheint auch das Heilmittel.

Dann kommt das Heilmittel intuitiv?

Nein, es erscheint. Stellen Sie sich vor, in einem Abschnitt Ihres Darmes haben sich Gallenkräfte verdichtet. Das passiert durch eine ätherische Verschiebung. Dann haben Sie Durchfall oder Blähungen. Ätherkräfte, die in der Galle gesund sind, lösen woanders Schwierigkeiten aus. In diesem Darmabschnitt erscheint dann ein Eichenholzcharakter. Manchmal ist es nicht Eichenholz, sondern Eichenrinde, manchmal ist es Eisencharakter. Aber es erscheint dort auf Basis der Untersuchungen imaginativ, und man kann es zeichnen. Es ist nicht etwas, das Sie sich über blinde Abfragen einfließen lassen. Dann wenden wir Eichenholz an, und es wirkt. Wirkt heißt nicht, es heilt. Es löst die Situation und es kommt zu einer neuen Stufe. Dies kann Ruhe sein oder kann eine neue Erscheinung sein. Oft hat man es mit Patienten zu tun, die mit schulmedizinischen Medikamenten gehämmert wurden. Wenn man nun anfängt zu befreien, dann kommt ein unterdrücktes Phänomen hoch, das der Patient seit fünf Jahren nicht mehr hatte. Ich möchte nicht das Bild geben, es ist alles wunderbar. Es gibt auch Fälle, wo man die Diagnose nicht findet oder wo ein Heilmittel, obwohl es sichtbar wurde, nicht trifft. Aber wir haben schon vielen Patienten geholfen.

Wenn die Geisteswissenschaft zu einem unverdauten Korpus wird

Ich versuche realistisch zu sein, ich betrachte mich als optimistisch, immer auf der Suche nach Lösungen, doch manchmal bin ich pessimistisch und der Horizont ist grau. In der Geisteswissenschaft und der Anthroposophie hat man wirklich die Grundlagen für eine Erneuerung des Weges. Aber es gibt etwas, was nach meiner Erfahrung bei vielen Menschen auch lebt, nämlich eine unrealistische Vision und einen Verlust der Griffmöglichkeiten. Ab dem Moment, wo Menschen irgendeine Information aus der geistigen Forschung erhalten, zum Beispiel wenn Rudolf Steiner schildert, daß der Ätherleib des Zarathustras zu Moses gegangen ist, dann ist es überwältigend und man hat ein Wahrheitsgefühl. Aber, man kann nichts damit anfangen. Dann kommt eine zusätzliche Information, irgendeine, zum Beispiel in Urzeiten waren die Menschen Fischvögel und schwebten. Es klingt, aber ich kann nichts damit anfangen. Ab einem gewissen Moment werden diese gesammelten, aber unverdauten und unausgeschiedenen Informationen zu einem festen Korpus. Und dann denkt man zum Beispiel: Übersinnliche Wahrnehmung, das ist Imagination, Inspiration oder Intuition, und mehr gibt es nicht. Es entsteht eine Starre, und wenn jemand mit einer Beschreibung kommt, die nicht zu irgendeinem dieser drei Etiketten paßt, wird er abgelehnt. Oder es kommt der Vorwurf: »Das stimmt nicht überein mit dem, was Steiner gesagt hat!« – Überprüf selber, überprüf doch selber! Da gibt es eine Summe an Informationen in der Anthroposophie, die dann zu einer Abspaltung, einer Abstraktion von der Realität führt. Ich bleibe bei dem, was ich selber sehe, und richte mich nach niemanden. Ich lese immer wieder in der Literatur Steiners und auch in der Biochemie.

Das hat sich Steiner doch genau so vorgestellt, eine individualisierte Geisteswissenschaft von der Naturwissenschaft untermauert.

Margarete Sennekamp

Dialog mit Organwesen

Die moderne Psychotherapie arbeitet ständig mit den Elementalen der Seele, mit Worten wie »innere Familie«, »Seelenanteile« oder »Schemen« wird im Grunde darauf verwiesen. Viele Therapieformen erlösen auf dem Astralplan von Menschen erzeugte Elementale. Dennoch gibt es keinen klaren Begriff davon. Man macht es und erklärt es anders, das schwächt die Wirkung ab. Ich meine, mit einem Verständnis der Seele als einer Bühne von Elementalen wäre die Psychotherapie wirksamer und zielgerichteter.

Deshalb freuen wir uns auf das Treffen mit Margarete Sennekamp, die im praktischen Tun den Bogen von der Psychosomatik hin zum Dialog mit Organwesen schlägt. Sie war früher bei den Grünen im Landesvorstand Baden-Württemberg und Frauenbeauftragte von Freiburg, eine Radikalfeministin und Radikalökologin. Da sie die Grenzen institutioneller Politik deutlich erlebte, machte sie einen biographischen Schnitt und arbeitet seit 15 Jahren in Freiburg als Heilpraktikerin und spirituelle Psychotherapeutin, spezialisiert auf Frauen. Sie leitet das »Sophia-Institut, der Weg der Weisheit in Heilkunde, Forschung und Lehre« und ist Autorin der Bücher »Singe dein Lied Debora – Weiblichkeit und Reinkarnation« und »Geistige Empfängnisverhütung – ein Handbuch für liebende Paare«.

Unser Treffen findet in Findhorn in Schottland statt, wo wir 2008 und 2009 zeitweise leben, damit meine Söhne und ich besser Englisch lernen. In der Begegnung mit ihr werde ich an meine Jugend erinnert, die Jahre in der Friedens- und Ökologiebewegung und bei den Grünen, all diese Gefühle und Gedanken steigen vertraut in meiner Seele auf. Wir sprechen über die von ihr entwickelte Methode des Organdialogs, und dann bringt Margarete ein überraschendes, besonderes Anliegen aus der Elementarwelt mit. Offensichtlich werden die Gespräche für dieses Buch aufmerksam begleitet. (Kontakt: www.sophia-institut.de)

Hintergründe des Organdialogs

Wie hat sich der Dialog mit den Organwesen entwickelt? Es ist ja nicht normal, daß man denkt, die Leber oder die Gebärmutter ist ein Wesen, mit dem man reden kann.

Die Idee, daß es Wesen sind oder eigene Energiefelder wurde mir erst im Laufe der Jahre deutlich und zwar über die konkrete Arbeit mit Frauen. Die Methode hat sich in der Praxis entwickelt. Natürlich gibt es Verbindungen, es gibt die Methode Wildwuchs, die auch mit Körperdialogen arbeitet. Es gibt Carl Simonton, ein Psychoonkologe, der mit Visualisierungen arbeitet, das ist ein in Amerika sehr erfolgreicher Therapieansatz bei Krebs.

Worin besteht der Ansatz von Simonton?

Regelmäßig bringt man mentale Kräfte und Bilder nach innen, wendet sich zu dem Ort des Geschehens hin und stärkt so das Immunsystem. Krebs hat immer damit zu tun, daß das Immunsystem nicht stark genug war. Ein gesundes Immunsystem kann mit Krebszellen umgehen, auch mit Aidszellen. Das wird gezielt durch ein Trainingsprogramm gestärkt, in das die Leute eingewiesen werden, auch die Partner.

Was waren deine ersten Schritte?

Das ganze fing in meiner eigenen Heilpraktikerausbildung an, als ich die Bücher von Ruediger Dahlke und Thorwald Dethlefsen las. Deren Buch »Krankheit als Weg« gibt es seit 25 Jahren, hat über zwei Millionen Auflage in Deutschland und brachte die psychosomatische Krankheitsdeutung erstmals in eine ganz breite Bevölkerung hinein.

Das heißt, Krankheit als Chance für die eigene persönliche Entwicklung?

Genau, die Krankheit ist eine Chance, wenn man sich damit beschäftigt und die Botschaft dieses Symptoms erkennt. Es ist eine Lernaufforderung, die das Unterbewußtsein schickt. Ich muß noch einen anderen Namen nennen, der für mich wichtig ist in der Orientierung. Das ist Phyllis Krystal, eine mittlerweile 97-jährige britische Lady, die in der Tradition von C.G. Jung ein eigenes System entwickelte, die Imaginationstherapie. Durch bestimmte Symbole und Bilder nimmt man Kontakt auf mit dem Unterbewußtsein und mit dem höheren Selbst. Die Therapie ist hier nicht mehr hierarchisch – ich bin die Therapeutin, ich weiß wo es langgeht –, sondern wir sind beide verbunden mit unserem inneren Wissen. Das ist für mich Sophia, die innere Weisheit, die jeder Mensch in sich hat. Im therapeutischen Bezug geht es darum, den Mensch auf seine eigene Quelle durch Übungen hinzuführen, zum Beispiel mit dem Lichtdreieck: Da sitzen sich zwei Personen gegenüber, die goldenes Licht in der Form eines Dreiecks zwischen sich visualisieren. Oben entsteht eine Lichtquelle, und sie symbolisiert das höhere Selbst, die innere Weisheit. All diese Ansätze habe ich weiterentwickelt in der Zusammenarbeit mit den Klientinnen und über innere Führung.

Erster Schritt: Tiefenentspannung

Wie läuft die Methode des Organdialogs ab?

Erst einmal ist es wichtig, genau zu wissen, was will die Frau selbst. Ich mache nur das, wofür ich einen Auftrag habe. Zu mir kommen meistens Klientinnen, die nicht nur ein Mittel wollen, damit das Symptom weggeht, sondern genau den spirituellen Ansatz suchen.

Die erste Sitzung ist immer ein längeres Anamnese-Gespräch. Ich schaue mir die klinischen Befunde an. Als Heilpraktikerin habe ich die Pflicht, auf der medizinisch-körperlichen Ebene sorgfältig und genau zu arbeiten. Dann kommt der zweite Schritt, daß wir gemeinsam herausfinden, wo die Frau selber hingehen will. Was ist die Motivation, der Wunsch und das Heilungsbestreben, die in ihr sind? Natürlich gebe ich da Informationen, Räume von Möglichkeiten. Es geht darum, daß die Frau sich auf einen bestimmten Schritt hin verpflichtet.

Das heißt, sie sagt zum Beispiel, ich will wissen, um was geht es bei dem Myom in der Gebärmutter, was verbirgt sich dahinter?

Genau, das wäre typisch. Dann schlage ich therapeutische Möglichkeiten vor, zum Beispiel den Organdialog und die Frau sagt: »O.k., ich habe davon zwar noch nie gehört, aber ich kann mich darauf einlassen.« Das ist für mich wichtig, ich gehe immer nur so weit, wie das Ziel klar definiert ist. Der Organdialog findet dann in der zweiten Sitzung statt. Die Sitzung dauert bei mir im Minimum 1,5 Stunden. Es können dann weitere Sitzungen daraus folgen, je nachdem, wie weit die Frauen gehen wollen.

Der Organdialog beginnt mit einer Tiefenentspannung. Die Frauen legen sich meistens hin oder nehmen eine angenehme Haltung ein, und ich führe mit meditativen Techniken durch den ganzen Körper. Es geht darum, daß der kritische Verstand, der das ganze merkwürdig findet, vielleicht Angst hat und im Widerstand ist, zur Ruhe gelegt wird.

Wie machst du die Entspannung konkret?

Meistens im Liegen, mit dem Atem, über eine längere Zeit bewußtes Einatmen und Ausatmen. Mit dem bewußten Ausatmen werden Unruhe und Nervosität losgelassen. Dann leite ich die Frauen an, Kontakt aufzunehmen zu ihren Füßen. Ich sage: »Stelle dir eine Landschaft vor, die hinter deinen Füßen beginnt, eine Landschaft mit Horizont. An dem Horizont geht gerade die Sonne auf. Zwei Sonnenstrahlen kommen direkt zu deinen Fußsohlen, goldenes Sonnenlicht fließt in die Mitte der Fußsohlen hinein.« Es geht darum, daß der ganze Körper von diesem Licht durchdrungen wird, der Körper mit den jeweiligen Organen, die ich genau benenne, die Gewebearten, Lymphe, Muskeln, Sehnen und Knochen. Ich arbeite von unten nach oben. Es tritt tiefe Ruhe ein. Die Frauen sind bei normalem Bewußtsein, es hat nichts mit Hypnose zu tun. Sie sind klar da und hören Straßengeräusche, nur der Körper ist entspannt und die Gedanken beruhigt. Das ist der erste Schritt.

Zweiter Schritt: sich mit dem Organ verbinden

Es gibt für den Organdialog insgesamt drei Schritte. Der zweite ist, daß sich die Frau mit dem Organ verbindet und gezielt ihre Aufmerksamkeit zum Beispiel auf die Gebärmutter richtet. Ich beschreibe, wo die Gebärmutter sitzt und wie sie aussieht. Die anatomischen Kenntnisse der Frauen sind sehr gering. Die wenigsten wissen, wo sitzen eigentliche meine Eierstöcke, wo die Eileiter und wo der Gebärmutterhals. Das heißt, sie haben keinen wirklichen Bezug zu sich, zum Raum ihres Körpers. Krankheit entsteht immer da, wo mangelnde Präsenz ist. Wo Bewußtsein ist, ist Frieden und Gesundheit.

Der zweite Schritt ist, daß ich sie in den Kontakt mit dem Organ bringe und sie richtig auf der körperlichen Ebene fühlen, ob es da drückt, ob es angenehm ist, ob es warm oder kalt ist, ob da ein Ziehen ist oder ein Vibrieren. Wenn das schwer ist, gebe ich Bilder als Hilfe: »Stell dir vor, in der Mitte des Beckens befindet sich ein birnenförmiges Organ, das ist deine Gebärmutter.« Es geht um ein intensives Sich-Verbinden mit dem jeweiligen Organ, aber auch mit dem Raum drum herum, mit dem Energiefeld des Organs. Es gibt ein Feld Uterus, ein Feld Leber, ein Feld Milz.

Am Ende dieses zweiten Schrittes gebrauche ich ein Bild, das kennzeichnend für meine Methode ist: »Stell dir vor, dein ganzer Körper ist ein Orchester, jedes Organ ist ein Solist und du bist die Dirigentin dieses Körperorchesters. Dirigentin heißt, du suchst die Stücke aus, die gespielt werden, und du hast die Verantwortung, daß dein Körper eine schöne, harmonische Musik erschafft.« – Dieser Gedanke ist sehr wichtig: Der Körper ist mein Geschöpf, er spiegelt exakt mein Denken über mich selbst. Ich bin verantwortlich für meinen Körper. – »Seit einiger Zeit gibt es mit einer Solistin, dem Uterus, Probleme und Mißtöne, weil du einen Druck und Schmerz hast. Als verantwortliche Dirigentin bist du interessiert, daß eine harmonische Musik entsteht, also wendest du dich da hin und gehst zu dieser Solistin. Stell dir dieses Organ vor.« – Jetzt führe ich das Organwesen ein. – »Stell dir vor, dieses Organ ist ein eigenes Wesen mit einem eigenen Kraftfeld, mit einer eigenen Geschichte und hat bisher alles erlebt, was du mit diesem Organ erlebt hast.« – Ich verwende die Sprache immer so, wie die Klientinnen denken. Wenn ich ganz offene Frauen habe, und es kommen überwiegend offene, sage ich: »In diesem Gewebe ist nicht nur dieses Leben gespeichert, sondern da ist deine ganze Seelengeschichte drin, auch dein Karma, all das, was du mit deinem Wesen Uterus erlebt hast, ist in diesen Zellen gespeichert. Und das Organ hat nicht nur seine eigene Geschichte, es hat auch Weisheit.« – Jetzt führe ich wichtige Begriffe ein: »Über dieses Organ kommuniziert dein Unbewußtes und dein höheres Selbst.«

Um richtig begleiten zu können, muß ich wissen, wo das Myom konkret ist, ich muß genaue medizinische Kenntnisse haben. Denn die psychosomatische Bedeutung ist jeweils anders, wenn das Myom außen an der Kuppel der Gebärmutterwand liegt oder wenn es innen ist. Die Themen und Kraftfelder sind jeweils andere.

Dritter Schritt: Organdialog

Jetzt kommt der entscheidende dritte Schritt: »Du bist die Dirigentin. Teile nun dein Bewußtsein in zwei Stimmen auf. Du bekommst als verantwortliche Dirigentin eine Stimme, und das Organ bekommt die andere Stimme.« – Dann schlage ich vor, daß der Dialog die Form eines normalen menschlichen Gespräches hat. Es geht darum, daß beide sich kennenlernen und eine gemeinsame, friedliche Lösung für das Problem gesucht wird. Je heftiger das Symptom, um so verärgerter ist das Organ auf den Menschen, und die Beziehung ist gestört. Gesundheit hat für mich immer mit Heilung von Beziehungen zu tun. Beziehung zur Welt und Natur, Beziehung zu mir, Beziehung zu den Organen, es geht immer um Beziehungsklärung. Ich sage: »Es gibt diese beiden Stimmen, es geht darum, daß du dein Gegenüber kennenlernst, daß du ihm Raum gibst und es sich äußern darf. Sprich die Gebärmutter direkt an: Hallo, ich bin Ingrid und ich möchte mit dir, Gebärmutter, Kontakt aufnehmen.« – Dann kommt wieder ein entscheidender Schritt: »Stelle dir vor, die Gebärmutter hat dich gehört, und sie spricht mit dir aus ihrer Perspektive. Was würde sie sagen, ganz spontan, assoziativ?« – Das ist wichtig, damit die Inhalte aus dem Unterbewußtsein hochkommen. Es kommt zum Beispiel: »Ich als Uterus bin stinkesauer, weil du mich nie beachtest!« – Es ist ganz wichtig, daß in diesem Dialog die Körperemotionen gespürt werden. Da ist vielleicht Ärger oder Spannung oder Lebensfreude, so daß die Frau merkt, was mit ihrem Organ eigentlich los ist. Und dann kann es eben sein, daß das Organ erzählt, damals bei der Geburt vom dritten Kind ist das und das passiert, weil der Arzt das und das gemacht hat. Da gibt es irgendeine Leidensgeschichte. Das wird bewußt, wenn der Kontakt gut läuft.

Es kommt dann ganz überraschend in der Erinnerung hoch?

Plötzlich kommen Bilder hoch, aus der Kindheit, von irgendwelchen Erlebnissen, die dieser Mensch mit dem Organ gemacht hat, die aber überhaupt nicht bewußt waren. Es ist wichtig, nicht bei den Bildern zu bleiben, sondern die Beziehungsspannung emotional zu fühlen, ihr Raum zu geben. Das therapeutische Vorgehen ist zu begleiten, in die Gefühle des Körpers hineinzugehen. Wenn da Trauer ist, wo sitzt sie genau? »Verbinde dich mit der Trauer, dem Schmerz, gehe mit deiner Aufmerksamkeit in sie hinein.« Wenn Ärger oder Wut da ist, gebe ich ein Kissen, um draufzuschlagen, oder lasse mit den Füßen stampfen. Alles will gespürt, angenommen und eventuell ausgedrückt werden. Das ist wichtig. Je nach dem, wie der Kontakt zum Organ ist, reicht eine Sitzung. Bei heftigen Körpersymptomen und längeren Leiderfahrungen muß man mehrmals hingehen.

Reicht es wirklich aus, daß ein Problem ausgedrückt wird, um es abzulösen?

Das Gefühl will bewußt werden, gespürt werden und einen inneren Raum der Akzeptanz bekommen. Das Symptom ist ja deshalb entstanden, weil das Gefühl keinen Raum bekommen hat. Allein das Raumgeben hat einen heilenden Effekt.

Weil ohne Raum sich die Kraft des Gefühls ins Physische hineinarbeiten muß?

Ja genau. Die Heilung besteht darin, in den Kern des abgespaltenen Gefühls hineinzugehen, dort zu verweilen und es anzunehmen. Damit löst sich die negative Ladung auf und wird neutralisiert. Ich frage manchmal: »Hast du den Eindruck, das ist gut so? Bist du ganz drinnen, oder fehlt noch etwas?«, und dann sagen sie: »Nein, das stimmt noch nicht, da ist noch etwas.« Dann sage ich: »Probier, noch tiefer hineinzugehen, dich noch mehr mit diesem Gefühl zu verbinden.« Da sind die Klientinnen auf meine Begleitung angewiesen, ich gebe ihnen Raum, daß das alles gefühlt, angenommen und eine bejahende Beziehung zum Uterus aufgebaut wird. Heilung hat immer mit einem bewußten und liebevollen Kontakt mit dem Organ zu tun. Wenn dieser erreicht ist, frage ich: »Gibt es ein Bedürfnis, einen Wunsch, den deine Gebärmutter hat?« Der Wunsch ist oft, ich möchte berührt werden, gestreichelt, ich möchte, daß du mich hältst, ich möchte Wärme von dir. Es geht immer um Liebe. Die Organe wollen geliebt, gesehen und anerkannt werden. Krankheit ist ursächlich ein Mangel an Liebe.

Ich erkläre auch, wie ich das Prinzip der Gebärmutter sehe. Spirituell psychosomatisch gesehen steht die Gebärmutter für das heilige Feuer im Erdinnern, sie ist der Tempel der Frau. Ihr Energiefeld ist die mütterliche Kraft, neuem Leben Raum zu geben. Nicht nur neuen Kindern, sondern ich gebe meinen inneren Bedürfnissen, Impulsen und Visionen neuen Raum. Es geht nicht nur um ein emotionales Aufarbeiten, sondern auch darum, die Möglichkeiten und Potentiale des Organs zu sehen.

Am Ende des Dialogs wird eine zukünftige liebevolle Zusammenarbeit versprochen. Dann verabschieden sich die beiden, meistens mit Dank, Freude und Erleichterung. Ich führe langsam zurück, vom Organ zum ganzen Körper und wieder ins normale Bewußtsein.

Dann gebe ich ein Trainingsprogramm auf, das mindestens 21 Tage durchgeführt werden muß. Da sage ich besser wenig, damit es wirklich getan wird. Das Programm besteht zum Beispiel aus täglich zwanzig Minuten Übungen der Hinwendung, durch Farben, Visualisierung, Händeauflegen, Reiki schicken, je nachdem, wo die Frau steht oder was sie kann. Es geht um die Hinwendung zu diesem Organ, daß aus der unbewußten Beziehung eine liebevolle Beziehung wird.

Dann lasse ich alles aufschreiben, das Trainingsprogramm, was will die Gebärmutter, wie kannst du im Sinne der Dirigentin die Verbesserung so herstellen, daß es nicht eine einmalige Begegnung bleibt? Das bringt wenig. Der Körper ist eine träge Masse. Er braucht immer wieder neue Impulse, bis sie auf seine stoffliche Ebene kommen. Deshalb das Versprechen und das Trainingsprogramm. Ich schlage einen weiteren Termin vor, um zu sehen, wie weit die beiden gekommen sind.

Wann gelingt der Organdialog?

Kommt es auch vor, daß bei einer Klientin gar nichts passiert?

Ich habe keinen einzigen Fall erlebt, daß nach entsprechenden Anleitungen und einer zeitlichen Verzögerung gar nichts ging. Beim ersten Schritt, der Körperentspannung, kommt es vor, daß es lange dauert, Ängste und Widerstände hochkommen. Ich arbeitete zum Beispiel mit einer Frau, die Lungenkrebs hatte. Da kamen in der Entspannungsphase Ängste, was wird da jetzt hochkommen? Bei angstbesetzten Themen gibt es Blockademechanismen des Ego, ein Husten setzt plötzlich ein und hört eine halbe Stunde nicht auf. Dann frage ich, ob es richtig ist, weiterzumachen, oder ob wir es verschieben wollen. Die Frauen, die zu mir kommen, sind meistens motiviert, und es gelingt. Manche sagen, ich glaube nicht, daß mein Organ mit mir spricht, das kann ich mir gar nicht vorstellen. Das ist nur der Verstand.

Der Weg der Heilung ist das allmähliche Annehmen des grundlegenden Gedankens: Ich bin verantwortlich dafür, was in meinem Körper passiert. Ich bin nicht das Opfer meines Körpers und seiner Abläufe, sondern er ist mein Produkt. Er spiegelt in jeder Sekunde meinen inneren mentalen Zustand. Genau das, was ich über mich selbst denke, spiegelt er wider. Der zweite Gedanke ist: Ich kann in einen partnerschaftlichen, konstruktiven Dialog zu meinen Organen treten und erfahren, daß sie eine innere Weisheit besitzen, mit der ich kommunizieren kann. Dazu ist es nötig, meinen kritischen Verstand zur Ruhe zu bringen, der das alles für Quatsch hält, und einen inneren Raum zu schaffen, damit die andere Erkenntnis aufsteigt. Spontane Gefühle, Körpererleben und innere Weisheit hat mit dem Fühl-Ich des Menschen zu tun, das Denk-Ich muß zur Ruhe gebracht werden. Wenn sich die Leute darauf einlassen, geht es. Die Schritte können manchmal ganz klein sein. Es wird nur ein Schmerz gespürt, aber vielleicht wurde der vorher noch nie im Magen wahrgenommen?

Die Klientinnen sind auch mit kleinen Schritten zufrieden, das ist ihr persönlicher Lernschritt, ihr Wachstumsschritt. Mehr wäre eine Überforderung, und die wirkt der Heilung entgegen. Heilung geht immer ganz nah an der Angst entlang, es soll nie Angst vermehrt werden. Da achte ich sorgfältig darauf. Wohin ist die Klientin bereit zu gehen? Deshalb lasse ich mir am Anfang ihren Auftrag geben: Was willst du? Was können wir zusammen tun? Ich achte genau auf Körpersignale. Wenn plötzlich ein Husten oder eine Verspannung auftritt, dann weiß ich, jetzt setzt Angst ein. Dann sehen wir uns dieses Symptom an, bevor wir den Prozeß des Organdialogs weiterführen.

Wie sind deine Erfahrungen, ist es möglich den Organdialog zu unterrichten?

Ja, ich leite seit einem Jahr eine Ausbildung »spirituelle Psychotherapie«. Hier wird er ausführlich als Methode vermittelt. Außerdem gebe ich seit 14 Jahren in der Heilpraktikerschule Isolde Richter in Kenzingen bei Freiburg Kurse zur Psychosomatik und unterrichte dabei in einer kurzen Fassung den Organdialog, führe ihn vor und erkläre die Theorie. In den Gruppen sind immer einige, die sagen: »Das ist meine Methode, das könnte ich vielleicht mit Shiatsu verbinden.« Die Teilnehmerinnen haben bereits eine Methodenvielfalt und schauen, paßt das in meinen Weg hinein, kann ich es integrieren, vielleicht auch abwandeln?

Fallbeispiele

Spannend. Kannst du noch konkrete Fallbeispiele schildern?

Eine Frau Mitte dreißig hatte über viele Jahre einen Scheidenpilz mit Juckreiz und Ausfluß. Ihre Partnerschaft litt darunter, weil sie keinen Sex haben wollte oder konnte. Ich machte mit ihr einen Vagina-Dialog. Das ist mein Spezialgebiet: Scheide, Klitoris, Schamlippen, Gebärmutterhals, Uterus, Eierstöcke und Brüste, die Zentren der weiblichen Lust und Kraft.

Die Frau stellte in dem Dialog fest, daß sie mit 15 Jahren das erste Mal verliebt war, und ihr Freund wollte damals gerne mit ihr sexuellen Kontakt haben. Sie kam dadurch so in Streß, daß sie zum ersten Mal einen Scheiden-Pilz entwickelte. Als die Frau die Not von dem Mädchen in der Pubertät noch einmal erlebte, die Verzweiflung und die nicht geweinten Tränen spürte, fühlte sie sich befreit. Ein Vierteljahr später ging der Scheidenpilz weg. Doch als der aktuelle Freund wieder Kontakt zu ihr wollte, kam der Pilz wieder, und wir arbeiteten zweimal weiter daran. Es kamen noch andere Erlebnisse von Bedrängtwerden. Sie hatte sich Druck gemacht und daraus Pilze und auch vaginale Warzen entwickelt. Warzen sind wie Wächter: Komm nicht rein bei mir, bei mir ist es nicht gemütlich. Diese standen für ihr »Nein«. Als wir das ganze Thema durchgearbeitet hatten, es war ein längerer, intensiver Prozeß über ein halbes

Jahr, gingen die Warzen und der Scheidenpilz weg. Später gab es bei ihr einen Partnerwechsel, und es war kein Thema mehr.

Noch ein Beispiel zu Eierstockzysten. Zysten sind mit Flüssigkeit gefüllte Bläschen. Die Schulmedizin sagt da relativ schnell: »Wegoperieren!« Doch Zysten kommen und gehen bei Frauen. Bei einer Klientin ging es um den rechten Eierstock, und sie merkte, daß dort eine unglaubliche Freude steckte. Sie wurde auf der Körperebene mit einer solchen kreativen Lust und Ausgelassenheit konfrontiert, daß sie ihre Eier im Eierstock begrüßte: »Meine lieben Eierchen, ihr leuchtet wie die Sterne.« Bei ihr ging es um die Frage, will ich ein Kind oder nicht? Manchmal bildet sich eine Zyste als stellvertretende körperliche Verhütung. Man schaut, wofür die Zyste steht. Sie merkte, da ist so eine Freude, Lebendigkeit, wie giggelnde Mädchen in der Pubertät. Und das ist die eigentliche Qualität dieses Organwesens: Ausgelassenheit und eine intensive sexuelle Kreativität und Freude. Dieses Organwissen entstand nach und nach durch die Arbeit mit Frauen.

Die Schulmedizin weiß nichts von diesen Kraftfeldern und Potentialen der Organe. Dieses Wissen habe ich erst viel später im chinesischen TAO wiederentdeckt. Das TAO-System hat ähnliche Deutungen der Kraftfelder. Im TAO werden die Organe der Frau als ein weiblicher Tempel gesehen, der verehrt wird. Ich könnte jetzt Stunden über die Bedeutung der Organe im einzelnen reden, das führt jetzt aber viel zu weit.

Die Frau hatte also die Zyste und erlebte dann diese Freude. War die Freude in den Eierstöcken oder in der Zyste?

Sie hat diese ausgelassene, reine Heiterkeit in den Eierstöcken entdeckt und als Teil ihres eigenen Wesens erlebt. Der Kontakt mit dieser Freude hat sie zu der Kraft geführt, ich kann jetzt entscheiden, ob ich ein Kind will oder nicht! Sich selbst in dieser kreativen Freude zu spüren, hat ihr die Entscheidungsfähigkeit zurückgegeben. Wir haben mehrfach mit der Zyste gearbeitet, und als wir durch waren, bildete sie sich nach drei Wochen zurück. Die

Gynäkologin konnte die Zyste fast nicht mehr auf dem Ultraschall finden.

Universelle Organwesen

Ich habe entdeckt, es gibt nicht nur ein individuelles Uterus-Wesen, sondern auch ein kollektives Uterus-Wesen. Im Äther- und Astralkörper der Erde ist eine weibliche Uterus-Qualität. Es gibt auch eine universelle Leber und ein universelles Herz.

Wie erkennt man den universellen Uterus oder die universelle Leber?

Beim Uterus ist das ein Kraftfeld, das Geborgenheit und etwas Höhlenartiges ausstrahlt und gleichzeitig Offenheit und die innere Verpflichtung: »Sei verantwortlich für das neue Leben in dir!« Ich leite seit langem Jahresgruppen mit zehn bis fünzehn Frauen, die jetzige heißt: »Der weibliche Körper als Tempel der Freude.«

Wenn wir kollektiv arbeiten, kommen wir an kollektive, größere Kraftfelder heran. Wenn es eine Leiderfahrung ist, werden wir mit dem »kollektiven weiblichen Schmerzkörper« konfrontiert, wie Eckart Tolle das nennt. Das ist ein negatives astrales Energiefeld um die Erde, wo sämtliche schmerzhaften Erfahrungen gespeichert sind, die dem weiblichen Prinzip angetan wurden. Mit diesem kollektiven weiblichen Schmerzkörper ist jede Frau im Unbewußten durch eine energetische Nabelschnur verbunden. Es gibt auch das positive, das erlöste Heilungsfeld der Erde, das ist die Güte des mütterlichen Organismus Erde. Und es gibt Kraftfelder, die den menschlichen Organen entsprechen. Die universellen Kraftfelder zeigen sich, wenn man selbst ein konstantes Heilungsfeld gebildet hat. So haben wir von den universellen Organen erfahren.

Ihr habt also mit einem Organgespräch angefangen und dann bemerkt, jetzt sprechen wir nicht mehr mit dem individuellen Organwesen, sondern jetzt spricht etwas Größeres zu uns?

Ja, jetzt spricht der universelle Uterus zu uns. Das ist eine ganz andere Unterstützung und Weite, die aus der Situation gar nicht zu erklären war. Abgesehen davon, daß immer die persönlichen Engel und geistigen Helfer angerufen werden.

Wie ist nun der praktische Umgang mit diesen universellen Organwesen?

Das ist Forschung, wir experimentieren. Schon jetzt kann ich sagen, sie dienen der Heilung und damit der Bewußtseinsveränderung des Menschen. Wir dürfen sie anrufen und uns mit ihnen verbinden.

Weibliche Kraft in jedem Menschen

Du gehst stark von der weiblichen Kraft aus. Was verstehst du darunter?

Die Chakren bei Mann und Frau sind unterschiedlich gepolt. Das ist meine Erfahrung aus der Arbeit, das ist keine Theorie. Die Frau insgesamt hat ein empfangendes, negativ geladenes Energiefeld im Sinne von Aufnahme. Das unterste Chakra der Frau, das ihre Unterleibsorgane mit Kraft versorgt, ist ein von unten aufnehmendes, während der Mann einen Pluspol hat. Das ist der aufgerichtete Penis. Die Frau hat einen Minuspol, der Mann einen Pluspol. Und das ändert sich beim zweiten Chakra und geht so im Wechsel durch die Chakren. Und wenn ein Frauenkörper und ein Männerkörper zusammenkommen, dann ist das genau wie unterschiedlich gepolte Magnetfelder, die sich verbinden und dann ein neues, größeres Magnetfeld bilden.

Das Weibliche ist die Verbindung zum Göttlichen. Die weibliche Kraft nimmt an, die männliche gibt ab. Das Weibliche ist immer das Empfangende. Es gibt auch Männer mit einer starken weiblichen Kraft und einem insgesamt aufnehmenden Ätherfeld. Aber du mußt den Mann genau angucken, ist das ein weicher Mann? Ich habe beobachtet, daß er früher starke Fraueninkarnationen hatte, wo er die weibliche empfangende Kraft entwickeln konnte. Und es gibt Frauen, die leben im männlichen Pol. Das sind Frauen, die hatten vorher überwiegend männliche Inkarnationen und ihre männliche Kraft entwickelt, mehr mental, logisch, nach außen orientiert. Man kann nicht sagen, Mann ist so, Frau ist so, das stimmt schon lange nicht mehr. Viele Frauen leben überwiegend ihren männlichen Pol, sie sind überhaupt nicht weiblich. Das Weibliche hütet den inneren Raum, ist empfangend. Das Männliche gibt die Impulse des Weiblichen nach außen an die Welt weiter. Sprache zum Beispiel ist männlich, Stille und Schweigen sind weiblich. Eckart Tolle ist für mich ein extrem weiblicher Mann, denn er kommt aus dem weiblichen Pol der Stille. Er spürt, er ist in der Präsenz und kann die Kräfte aufnehmen und annehmen, das ist weibliche Kraft.

Der Aufruf des Körperelementargeistes

Kennst du auch ein Wesen, das sich um den Körper und den Zusammenklang der Organe insgesamt kümmert?

Ja, das ist das Körperelementarwesen. Gestern morgen, als ich meditierte, meldete es sich wieder. Ich empfinde eine Scheu, solch persönliche Dinge weiterzugeben. Wir gehen mit unseren Themen fast gar nicht an die Öffentlichkeit. Mir geht es darum, daß es auf der Erfahrungsebene bleibt, Teil eines persönlichen Prozesses ist und nicht einfach abgekoppelt als Information weitergegeben wird. Die persönlichen intimen Dinge brauchen Schutz. Deshalb zögere ich, aber mein Körperelementarwesen meldete sich deutlich mit einem Anliegen an alle.

Es meldete sich gestern bei dir mit einem Anliegen? Gerade rechtzeitig für unser Gespräch!

Ja. Es ist ein weibliches Wesen, ein zartes und scheues Wesen und hat mir seinen Namen mitgeteilt: »Arana«. Es ist ein Vermittlerwesen, das meiner Seele bzw. meinem Inkarnationswillen permanent hilft, in diesem Körper zu bleiben und ihn mit Leben zu erfüllen. Darum geht es. Es ist wie eine lebendig pulsierende Lichtzelle, die von Mutter Erde für jede Seele ausgesandt wird, die vom Geistigen kommt und sich hier diesen Erdschwingungen anvertrauen will. Das Körperelementarwesen arbeitet eng mit dem Ätherkörper zusammen. Manche identifizieren beide als gleich, ich würde aber sagen, es ist schon ein eigenes Wesen. Der untere Ätherkörper, der den physischen Leib ernährt und organisiert, ist sehr auf seine Form angewiesen, das Wesen aber kann sich frei bewegen, was dieser Teil des Ätherkörpers normalerweise nicht kann.

Ich verstehe das so, daß das Körperelementarwesen der astrale Regulator des menschlichen Ätherkörpers ist, das Bewußtsein dieses Ätherkörpers. Es verwaltet und pflegt das Kräftegeschehen im Ätherleib, steckt in diesem drinnen, ist aber eine Stufe höher. Vom Astralplan wirken noch andere Wesenheiten auf den Ätherleib, aber es vermittelt alles.

Ja, es ist eine eigene Wesenheit, aber schon angewiesen auf den Ätherleib. Es leitet alles weiter, ganz neutral. Alle Gedanken und Emotionen werden als Energien in den Körper eingeschrieben. Jeder Körperelementargeist ist für eine Seele von der Erde zugeordnet. Nach dem Willen der Seele erbaut er den menschlichen Körper aus den vier Elementen. Wenn eine Inkarnation beendet ist, geht er wieder in die Erde zurück. Er kann sich nicht mit einer anderen Seele verbinden. Er ist ganz speziell für eine Seele da und wartet bis zur nächsten Inkarnation auf seinen Arbeitseinsatz.

Das kam alles gestern Vormittag?

Ja, das meiste. Ich habe gestern auch ein Bild bekommen, wo sie sich aufhalten, höhlenartige, innere Räume im Erdfeld. Die Erde stellt als schützende Mutter Räume bereit, damit sie sich nach einer Inkarnation zurückziehen und ausruhen können. Es ist sehr anstrengend und kräfteraubend, die ganzen Verrücktheiten der Menschen zu ertragen und auszuhalten. So wie die Seele nach dem Tod ins Geistige aufsteigt und sich dort erst einmal erholt, so haben auch die Körperelementarwesen Räume der Ruhe und Pflege, wo sie neu aufgeladen werden durch nährende Kräfte der Erde.

Mein Körperelementarwesen hat die starke Bitte, daß die Menschen überhaupt sehen, daß es diese Wesen gibt! Das ist ganz, ganz wichtig. Kein Mensch ist alleine, wir haben alle unsere Schutzwesen um uns. Wir haben unsere Engel, das ist der geistige Bezug. Der

Bezug zur Erde ist vor allem der Körperelementargeist. Und diese Wesen wünschen sich, daß wir Menschen überhaupt bemerken, daß es sie gibt und sie uns dienen und daß sie über viel mehr Möglichkeiten verfügen, als wir nutzen. Das ist die Sehnsucht der Erde an uns Menschen.

Es sind noch große Potentiale da, um in einen bewußten, liebevollen Kontakt mit unseren Körpern zu kommen, um Schwachpunkte und Krankheiten zu heilen, aber auch um schöpferische Kräfte zu entwickeln. Es ist zum Beispiel bekannt, wenn hohe Meister wie Jesus den Körper dematerialisierten, daß dies im Kontakt mit dem Körperelementargeist geschah. Ich stelle mir vor, wir bräuchten irgendwann keine Flugzeuge mehr, sondern sagen: »Ich will heute in New York um 11.00 Uhr jemanden treffen, deshalb dematerialisiere ich in Zusammenarbeit mit meinem Körperelementargeist meinen Körper und materialisiere ihn in New York wieder.« Es gibt unendliche Möglichkeiten im Umgang mit der Materie. Diese Dinge passieren schon immer auf der Ebene der großen spirituellen Meister. Yogananda berichtet darüber.

Das ist logisch. Die Materie ist aus dem Ätherischen heraus gebildet. Wenn ich etwas dematerialisieren will, brauche ich deshalb die Zusammenarbeit mit dem zuständigen Körperelementarwesen, das die Ätherkraft hält.

Es geht dabei nicht um Sensationen, sondern darum, überhaupt das Potential und vor allem die Liebesschwingung der Erde zu sehen. Die Erde ist für mich ein unendlich großer, liebender, mütterlicher Planet, den wir geschändet haben, doch die Erde meint es immer noch gut mit uns. Und das Körperelementarwesen ist ein Repräsentant der Liebe der Mutter Erde, eine Lichtzelle der Mutter Erde. Sie vertraut es uns an, weil sie die Sehnsucht hat, sich gemeinsam mit den Menschen zu erlösen und wieder in den kollektiven Christus, in die Sonne, einzugehen.

Die Vereinigung der Menschheit in den Christusleib hinein heißt vor allem, daß wir von unserem Trennungswahn wegkommen und lernen, organische und liebevolle Gemeinschaften zu bilden – vor allem mit uns selber. Ich kann auch in Gemeinschaften flüchten. Ich kann fliehen, wenn ich alleine lebe, ich kann aber auch fliehen, wenn ich im Kollektiv oder in einer Partnerschaft bin.

Die Körperelementarwesen sind für uns deshalb so wichtig, da sie uns helfen, aus dem Drama mit unserem Körper herauszukommen. Durch unerlöste Blockaden manifestieren wir im Körper Krankheiten. Mit Hilfe der liebevollen Körperelementarwesen können wir eine undramatische Beziehung zum Körper entwickeln. Sie haben ein großes Potential zur Heilung, weil sie direkt mit dem mütterlichen, vertrauenden Schwingungsfeld der Erde verbunden sind. Wenn ich vertraue, kann sich der Streß der Krankheiten lockern, entstressen.

Siehst du ihn auch als Dirigent ähnlich wie die menschliche Persönlichkeit?

Nein, er würde nie etwas entgegengesetzt machen, er paßt sich in allem dem Willen des Menschen an. Er ist rein dienend und hält die Energie. Darunter leidet er.

Kannst du die Zusammenarbeit mit dem Körperelementargeist jetzt schon mit Klienten einsetzen?

Bisher nicht. Ich bilde ja Heilpraktiker aus, und ab und zu, wenn ich merke, ich könnte das jetzt einmal ansprechen, dann spreche ich davon. Aber selbst bewußte Leute sind oft irritiert. Daß da in mir noch ein anderes Wesen sein soll, das von mir unabhängig ist, das ist oftmals etwas äußerst Befremdliches. Manche sind davon richtig schockiert und wollen damit nichts zu tun haben.

Angst, die Wesen in mir anzuerkennen

Da kommen wir zu dem Thema, das mich noch interessiert. Ich habe den Eindruck, daß du mit dem Organdialog die Elementarwesen beiläufig reinschmuggelst und die Leute bemerken dann, es funktioniert, da komme ich zu etwas. Es wird als imaginativer Hilfsgedanke eingeführt: Jetzt denke ich mir einmal das Organ als eigenständiges

Wesen, was würde es zu mir sagen? Und dann kommt die Überraschung, daß es spricht! Wahrscheinlich würde es nicht gehen, wenn du sagen würdest, es gibt Elementarwesen, das ist die seelische Ebene deines Organs, und jetzt gucken wir einmal, wer dafür zuständig ist und reden mit dem... das würde doch so formuliert nicht gehen, oder?

Viele würden abspringen. Da gibt es in unserem Bewußtsein und Denken noch zu wenige Räume. Und das hat immer etwas mit Ängsten zu tun, mit Kontrolle. Der Verstand will das bestimmen. Das geht dann gleich in Richtung Besetzung. Der Verstand registriert, das könnte möglicherweise eine Besetzung sein, und das macht sofort Ängste, selbst bei spirituell Erfahrenen.

Ich würde sagen, die Angstreaktion ist schon das erste Anzeichen von Besetzung.

Das muß es nicht unbedingt, es kann ein selbst erschaffenes Elemental sein, das ein Kraftfeld aufbaut und dadurch Wesen einlädt. Mit Angst werden Kräfte angezogen, die es nicht gut meinen.

Arbeitest du auch mit Besetzungen?

Nur indirekt. Ich arbeite primär mit dem Energiefeld des Menschen. Wenn das geklärt ist und der Mensch mit seiner Präsenz im Körper bleiben kann, können die Wesen sich nicht mehr halten. Ich arbeitete neulich mit einer Mutter. Nach der Geburt ihres zweiten Kindes ist ein heftiges Trauma passiert, das in Todesnähe von Mutter und Kind ging, und danach waren die Frau und das Kind nur noch krank. Das ging über ein Jahr, und sie kamen nicht mehr auf einen grünen Zweig. In dieser traumatischen Phase haben sich andere Seelen angeheftet, die das ganze noch verstärkten. Das kann auch bei Operationen und Narkosen geschehen. Das Feld der Erde ist so voll mit unerlösten Seelen, und viele wissen gar nicht, daß sie gestorben sind, blicken nicht durch und heften sich an irgendetwas Wärmendes. Und dann muß man sehen, was ist das für eine Seele, welche Energie hat sie, sie erinnern, soweit es geht, und schauen, daß sie ins Licht kommt. Das geht ins Schamanische.

Die dringende Bitte meines Körperelementargeistes, der sich gestern meldete, ist mir wichtig. Die Bitte und der tiefe Wunsch der Erde und ihrer Wesen ist, daß die Menschen sich ihnen zuwenden und überhaupt Kenntnis davon nehmen, daß sie da sind für Heilungsprozesse und Bewußtseinsveränderungen und ein großes Potential besitzen.

Dr. Astrid Engelbrecht

Raphael und Körperelementarwesen

Als ich hörte, daß Astrid Engelbrecht mit Verena Staël von Holstein in einer Heileurythmie-Ausbildung zusammenarbeitet, wollte ich sie unbedingt treffen. Von Verena Staël von Holstein sind zehn Bücher »Gespräche mit Naturgeistern« erschienen, eine unglaubliche Fundgrube der Elementarwesenforschung. Frau Staël hat die Möglichkeit, in ganz differenzierten Gedankenformen mit entsprechend geschulten Elementarwesen zu kommunizieren, so daß sie deren Lebenssituationen und Einschätzungen auch ganz differenziert darstellen kann. Ich kenne niemanden, der das sonst so kann. Das heißt: Wenn man sich den Elementarwesen nähern will, sollte man nicht erwarten, irgendwann auch so feine Gedankengespräche wie Frau Staël führen zu können. Man sollte weniger, am besten nichts erwarten, und ich hoffe, die Gespräche in diesem Buch sorgen für einen angemessenen, ermunternden Realismus.

Wir sind also sehr gespannt darauf, wie Astrid Engelbrecht die Zusammenarbeit mit Elementarwesen als Ärztin umsetzt. In dieser Stimmung fahren Agnes und ich in den Hamburger Norden für ein Kaffeestündchen auf ihrem sonnigen Balkon. Ihr holländischer Lebensgefährte, der als Heilpädagoge arbeitet, ist auch mit dabei. Es ist sehr herzlich. Wir sind per Sie, es ist unser erstes Treffen. Wir sprechen über eine auf Raphael basierende ärztliche Heilkunst, konstellationsabhängig potenzierte Medikamente und vor allem: Wie bei

Margarete tönt durch das ganze Gespräch das dringliche Anliegen der Körperelementarwesen! (Kontakt: isis.verein@gmx.de)

Wie kamen Sie als anthroposophische Allgemeinärztin zu den Elementarwesen?

Ich bin nicht die Spezialistin für Elementarwesen im allgemeinen. Bei mir geht es vor allem um den Körperelementargeist, der die leiblichen Funktionen des menschlichen Organismus regelt.

Rudolf Steiner hat den Ärzten ans Herz gelegt, die unsichtbaren Bestandteile des Menschen genauso ins Auge zu fassen wie die sichtbaren. Er sagte, daß es notwendig ist, den Menschen in seinen verschiedenen Gliedern zu erkennen: die Ichorganisation, den Astralleib, den Ätherleib und auch die zukünftigen Glieder des Menschen. Dafür gibt er den Ärzten Meditationen, die auf die allgemeinen Übungen in dem Buch »Wie erlangt man Erkenntnisse höherer Welten« aufbauen. Das waren und sind auch meine Grundübungen.

Doch ich hatte nicht sofort Erfolg. Nach einigen Jahren bemerkte ich, daß ich mein ganzes angelesenes Kopfwissen über die Anthroposophie loslassen mußte. Da öffnete sich mir eine Türe, und ich begann, einen eigenen Zugang zum Geistigen zu bekommen. Interessanterweise bemerkte ich, daß ich Übersinnliches schon längst wahrgenommen hatte, es nur nicht zuordnen konnte.

Weil die Vorstellungen über die Wahrnehmungen den tatsächlichen Wahrnehmungen im Wege standen?

Diagnose durch Wahrnehmen der Aura

Ganz genau. Und dann begann bei mir die Möglichkeit, den Menschen insgesamt mit seiner Aura wahrzunehmen. Diese kann man schrittweise in die Wesensglieder aufschlüsseln, wobei man aber sehr vorsichtig sein muß, daß man nicht anfängt, das mit dem Verstand zu machen, sondern mit Ruhe und Geduld, so daß die geistige Wirklichkeit erhalten bleibt. Für mich war es eine große Befreiung, aus dem Gefängnis des Verstandes herauszukommen.

Für das Erkennen der Krankheiten sind die Unregelmäßigkeiten in der Aura wichtig. Ich bekam allmählich ein sicheres Gefühl dafür, wie kranke und gesunde Anteile aussehen. Man nimmt zum Beispiel wahr, daß die Aura eines Patienten nicht gleichmäßig gestaltet ist, sondern daß sie Verschattungen oder Deformationen aufweist. Die gestörten Orte in der Aura können vollkommen verschieden sein von den Orten im Körper, wo die Beschwerden sitzen.

Können Sie das genauer beschreiben?

Es gibt in jedem Menschen lichthafte Partien in der Aura und andererseits verdunkelte Bereiche. Zum Beispiel zeigt sich die Aura in der oberen Hälfte des Menschen bis zum Zwerchfell lichthaft, die untere dagegen eher dunkel. Dort, wo Helligkeit ist, ist der Organismus an gute, aufbauende Kräfte angeschlossen. Wo es an Licht mangelt, haben häufig zerstörerische Kräfte Zutritt. Es ist aber normal, daß die Aura im unteren Bereich etwas dunkler ist als oben.

Es gibt allerdings noch einen Unterschied zwischen freiem, durchchristeten Licht und einer anderen hellen Lichtqualität, die etwas Grelles, Stechendes, Beherrschendes hat und oft bei Entzündungen auftritt. Es empfiehlt sich, genau hinzuschauen

Krankheitswesen

In solche Dunkelheiten oder Grellheiten können Krankheitswesen einziehen. Von den Krankheitswesen spricht Steiner häufiger. Er beschreibt sie als hohe kosmische Wesen. Man muß vorsichtig sein, diese Wesensebene zu betreten, weil die Wesen natürlich nicht kampflos ihren Platz räumen. Das Krebswesen ist ein dem Menschen am meisten fremdes Wesen.

Krebs ist ein Wesen?

Ja, jede Krankheit ist ein Wesen. Größere Krankheitswesen sind mächtig, und es ist nicht ganz ungefährlich, in ihre Nähe zu kommen.

Denn wenn man sie an einer Stelle herauslöst, können sie an eine oder mehrere andere Stellen gehen und dadurch an Macht gewinnen. Das Gleichgewicht, das der Körper in seiner Erkrankung geschaffen hat, ist zunächst immer ein Optimum. Und jetzt einfach zu sagen, da stimmt etwas nicht, das machen wir jetzt weg, das ist nach meiner Ansicht Aktionismus. Da rechnet man nicht mit der Weisheit in den unbewußten Tiefen des Menschen.

Es ist doch die normale Vorgehensart, einen Tumor herauszuoperieren?

Ja, aber durch die physische Operation wird das geistige Wesen nicht entfernt, es wird nur der degenerierte Teil des physischen Organismus entfernt. Dieses Wesen in eine genügend große Entfernung zu dem Menschen zu bringen, das ist gerade bei operiertem Krebs eine Herausforderung. Das gilt nicht nur für Krebs, sondern für jede Krankheit. Indem das Krankheitswesen an einer Stelle des Organismus seinen Platz hat und sich dort betätigt, ist es zugleich daran gehindert, sich noch stärker auszubreiten. In diesem Moment ist es gebunden und sichergestellt, es gibt ja immer noch schlimmere Krankheiten. Das wird besonders deutlich, wenn Krebs Metastasen bildet.

Verbindung mit Raphael als Basis ärztlicher Tätigkeit

Wenn Sie die Diagnose durch ein Aurabild haben, wie geht es dann weiter?

Bevor man so eine Diagnose stellen kann, muß man sich als Arzt zuerst geistig an die heilenden Wesen anschließen. Darauf wies Steiner hin und gab den Ärzten den Spruch »Ihr heilenden Geister…«. Dadurch und durch die Arbeit mit Frau Staël hat sich für mich die Verbindung zu den heilenden geistigen Wesen konkretisiert.

Der Erzengel Raphael ist der Schutzpatron der Kranken, Ärzte, Therapeuten und Apotheker. Es geht darum, daß der Arzt alles, was er tut, unter seiner Führung ausführt und nicht aus persönlicher Neugier oder Ehrgeiz. Das ist das Grundprinzip. Aus Mitleid oder weil man gerne ein guter Arzt sein will, möchte man gerne helfen. Dagegen ist an sich nichts einzuwenden, aber man sollte sich klarmachen, daß man dabei noch nicht vor ganz persönlichen, egoistischen Interessen gefeit ist. Auf den Egoismus muß man lernen zu verzichten und sich mit den eigenen Intentionen an die heilenden Wesen anzuschließen. Man kann die heilenden Wesen bitten, dabei zu sein.

Die Heilung hat heute einen stärkeren Bewußtseinsaspekt bekommen. Der Heilungsweg in der Antike oder im Mittelalter war auf den mehr träumenden Menschen zugeschnitten. Man kann heute nicht mehr so heilen wie damals. Genaugenommen kann man nicht einmal mehr so heilen wie vor 100 Jahren, oder nur noch begrenzt. Die Menschenkonstitution zur Zeit von Steiner gibt es heute immer weniger. Wenn ich mir die Bilder von den Zeitgenossen Steiners ansehe, fällt mir auf, daß sie fast alle gesund und rund aussehen. Sie hatten eher zu viel als zu wenig Ätherkräfte. Besonders die erkenntnissuchenden Menschen haben heute ein anderes Zusammenspiel der Wesensglieder als die Menschen um 1900, weil die Ausbildung der Bewußtseinsseele vorangegangen ist. Deswegen sind auch die Medikamente aus dieser Zeit nicht mehr ganz so wirksam wie damals.

Wie erleben Sie, ob Raphael dabei ist?

Man spürt seine Anwesenheit.

Und woher wissen Sie, daß es Raphael ist?

An der Art, wie er sich zeigt. Er verbreitet Licht, eine besondere Qualität von lichthafter Wärme. Und er strahlt eine ganz bestimmte Akzeptanz, ein Interesse und eine Macht aus, die man nur bei ihm so erlebt. Man kann ihn rufen und um Unterstützung bitten, aber man darf ihn nicht zwingen. Er ist viel größer als wir Menschen.

Er handelt aus einer Gesamtüberschau, die man als konkreter einzelner Mensch nicht hat?

Genau, er handelt aus einem Gesamtzusammenhang heraus und überblickt das Karma und vieles mehr. Er hat die Übersicht, die ein

Mensch nicht haben kann. Auch der beste Arzt kann nur heilen, wenn die heilenden Wesen ihre Kraft und ihren Segen dazugeben. Das Medikament allein nützt gar nichts, wenn es nicht von den geistigen Wesen bejaht wird. Der Mensch, der geheilt werden möchte, kann durch seine innere Haltung die Verbindung zu den heilenden Wesen auch selber mit beeinflussen und damit seinen Heilungsprozeß mitgestalten.

Heilung geschieht also nicht ohne Raphael, er muß immer dabei sein?

Zumindest keine Heilung, die zum Guten des Menschen führt. Es gibt auch Heilungen, die zum Unglück des Menschen beitragen oder schon entwickelte Fähigkeiten zurücknehmen. Echte Heilung ist verbunden mit einer Weiterentwicklung. Steiner gebraucht dafür die Bezeichnung: hygienischer Okkultismus. Das bedeutet, daß Heilung und Entwicklung miteinander verbunden sind und sich wechselseitig beeinflussen.

Wirbelsäulenbeschwerden und geschlossene Kopfaura

Die Diagnose entsteht so, daß ich zum Beispiel bemerke, es gibt in einem Organ einen ätherischen Bruch. Öfters zeigt sich so etwas an der Wirbelsäule. Die Wirbelsäulen sind heutzutage häufig gestört, sie können manchmal sogar energetisch mehrmals zerbrochen sein. Der Mensch spürt das an seinen Rückenschmerzen und seinem Leistungsknick. Langfristig reicht es oft nicht aus, wenn man ausschließlich die Wirbelsäule therapiert und nicht nach der Ursache sucht. Diese kann man oft in einer Störung der Aura des Kopfes finden, die dem Menschen selber gar nicht bewußt ist. Normalerweise ist der Kopf nach oben an die geistige Welt angeschlossen. Dadurch fließt beständig ein ernährender geistiger Strom von oben in den Menschen ein, der sich als verjüngende und aufbauende Kraft in die Wirbelsäule hinein fortsetzt. Wenn sich in der Aura des Kopfes Verhärtungen finden, die diesen Lichtstrom abschneiden, dann liegt darin die Ursache für die ätherische Brüchigkeit der Wirbelsäule. Erst wenn es gelingt, die Verhärtung der Kopfaura aufzulösen, dann findet der Mensch wieder Anschluß an den Lichtstrom. Das sieht so aus, wie wenn sich ein Lichtkelch bildet und die Wirbelsäule wird wieder lichthaft durchströmt und kann gesunden.

So etwas macht man ja in der Meditation, eigentlich brauchen alle Menschen Meditationen.

Daß es so viele Verhärtungen in der Kopfaura gibt, hängt mit einer Gedankenbildung zusammen, die eine zu starke irdische Prägung hat. Aber es gibt auch das Gegenteil, daß Menschen viel zu offen sind, so daß eine ungesunde, zu wenig abgegrenzte Beziehung zur geistigen Welt vorliegt. Es geht also nicht darum, auf jeden Fall zu öffnen, sondern das richtige, der Persönlichkeit entsprechende Maß zu finden.

In diesem Beispiel entstand das Bild von der Wirbelsäule, die sich oben im Kopfbereich wie eine Blüte öffnet. Die Blüte nimmt das hereinströmende Licht auf. Der Mensch selber kann das unterstützen, wenn er darauf achtet, wie sich seine Gedanken bilden. Auch die Gedanken können hell und klar sein und sich blütenhaft zu den geistigen Wesen öffnen. Hier ist das Arzt-Patienten-Gespräch erforderlich, es ist hilfreich für den Patienten, ihm zu sagen, wie er selber mitarbeiten kann.

Medikamente mit dem Körperelementarwesen absprechen

Jetzt kommen wir zu den Medikamenten. In Zusammenarbeit mit Frau Staël haben wir – das heißt der ISIS-Verein – viele neue, wirksame Medikamente entwickelt. Das Allerwichtigste dabei ist, daß die Medikamente nicht irgendwann gemacht werden, sondern zu speziellen Zeiten.

Es ist ja allgemein bekannt, daß in der Biolandwirtschaft entsprechend dem Thunschen Aussaat-Kalender gearbeitet wird. Das bedeutet, daß es günstige Tage gibt für Wurzeln, für Blätter, für Blüten und für Früchte oder Samen. Alle Arbeiten werden an den entsprechenden Tagen gemacht, und so wird eine deutlich bessere Ernte erzielt.

Das gleiche gilt im Prinzip für die Medikamentenherstellung. Die Qualität und damit die Wirksamkeit wird gesteigert, wenn eine Blüte am Blütentag potenziert wird, ein Blatt am Wassertag und so weiter. Das ist jetzt ziemlich grob gesprochen. Für die Medikamenten-Herstellung gibt es noch vieles mehr zu beachten. Wichtig sind die Stellungen des Mondes im Tierkreis. Der Mond schickt in 28 Tagen, je nachdem wo er gerade steht, die Kräfte der zwölf Tierkreisbilder auf die Erde. Diese schreiben sich beim Potenzieren in die Substanz ein. Für die Metalle gilt die Zuordnung zu ihrem Planeten: das Eisen zum Mars usw.

Für die Wirbelsäule gibt es ein Medikament aus Bergkristall und Schachtelhalm. Die Lichtkräfte werden durch die Kombination dieser beiden Substanzen verstärkt, die an Licht-Blüten-Tagen potenziert werden. So kann der beschriebene Prozeß der Durchlichtung der Wirbelsäule eingeleitet werden.

Jedes Medikament muß vom Körperelementargeist bejaht werden. Wenn er damit nichts anfangen kann, dann ist es ein weiterer Klotz, den er auch noch mittragen muß. Dann ist es besser, es gar nicht erst zu geben.

Das checken Sie vorher immer mit dem Körperelementargeist ab?

Ja ich spreche ihn an und frage ihn…

Wie zeigt er sich?

Das ist ganz spannend, sie sehen genauso unterschiedlich aus wie die einzelnen Menschen. Und er hat auch einen sehr starken seelischen Ausdruck, der manchmal den Menschen wie aus dem Gesicht geschnitten ist, aber manchmal auch ganz entgegengesetzt. Zum Beispiel kann ein ganz zarter und zerbrechlich erscheinender Mensch einen wilden, kräftigen Körperelementargeist haben. Oder ein ganz schwungvoller, aktiver Mensch hat ein überlastetes, mürrisches Körperelementarwesen, das restlos überarbeitet ist.

Körperelementarwesen fühlen sich verloren und warten dringlich auf menschlichen Kontakt

Kann man selber mit seinem Körperelementarwesen Kontakt aufnehmen?

Natürlich, die warten ja darauf. Es wird immer dringlicher. Früher wurden die Elementarwesen, also auch die Körperelementarwesen von den Engeln geführt. Bei uns heutigen Menschen ist der Engel ein Stückchen auf Abstand gegangen. Ich finde das bei Jugendlichen oder Kindern so wunderschön zu beobachten, wie nah da der Engel noch ist, sie sind quasi noch vollkommen von seinen Flügeln eingehüllt. Sobald aber das Bewußtseinserwachen beginnt, beginnt auch der Abstand. Der Mensch könnte sich gar nicht entwickeln unter den Fittichen des Engels, der ihn so behütet.

Und dieser Abstand ist für den Körperelementargeist ein Problem, denn er ist dann nicht mehr genügend geführt. Es können sich sogar schlechte Ersatzführungen an die Stelle des Engels setzen, daraus entstehen zum Beispiel die Süchte. Eigentlich warten die Körperelementargeister auf die Führung durch ihren Menschen. Ich erlebe sehr oft, daß die Körperelementargeister einen angucken wie verlorene Kinder. Sie sind nicht kindlich im Sinne von jung, dazu ist die Menschheit zu alt, aber sie haben manchmal den Ausdruck von Straßenkindern, die einfach vergessen werden.

Wenn der Mensch mit ihnen Kontakt aufnimmt, beginnt eine gemeinsame Entwicklung. Der Menschengeist übernimmt dann das, was der Engel früher machte. Aber zunächst geht es um die Kontaktaufnahme, und das ist ein großes Kapitel. Überhaupt einmal »Guten Tag« zu sagen, das erlebe ich im Moment als den Schritt, der unglaublich schwerfällt.

Wo sitzt der Körperelementargeist?

Der Körperelementargeist ist kleiner als der Mensch. Er kann an verschiedenen Orten im Menschen sitzen. Er zeigt auf sehr deutliche Weise, in welchem Zustand er sich befindet, ob er resigniert, überlastet, hoffnungslos oder nervös ist – oder ob er freudig, kraftvoll und unternehmungslustig ist. Nervosität des Menschen und übertriebenes Kopfdenken sind sehr schädlich für ihn.

Wo sitzt er?

Er sitzt normalerweise im Brust-Rumpfbereich.

Das ist interessant. Ich erlebe ihn immer etwa 50 bis 70 cm links vor mir. Wenn ich mich dahin konzentriere, erlebe ich auch den Innenraum meines Körpers. Alles was man innen erlebt, ist in die Aura räumlich verteilt gespiegelt. Wenn ich mich direkt in meinen Körper hineinfühle, kann ich ihn auch bekommen.

Ist das dann ein anderes Wesen, als das Wesen, das Sie draußen haben?

Nein. Ich kann nach innen oder in die Aura blicken, beide Male treffe ich den gleichen, nur wenn ich in die Aura blicke, ist es räumlich aufgeteilt und deshalb manchmal übersichtlicher. Wenn ich nach innen blicke, dann steckt alles ineinander.

(Wir schweigen eine Weile, und sie sieht sich mein Körperelementarwesen innen und an der bezeichneten Stelle außen an.)

Das Wesen außen erscheint mir ein Stückchen objektiver, mit einer anderen Kraft dabei, während das Wesen drinnen diesen direkten Kampf hat, die ganzen Stoffe zu versorgen, daß alles am Platze bleibt und nicht in Tausend Stücke stiebt. Das müssen wir als Forschungsfrage stehen lassen.

Wichtig ist noch zu wissen, daß in dem Moment, wo der Kontakt hergestellt ist, der Mensch auch mehr Macht über ihn gewinnt. Das heißt, wenn der Mensch den Kontakt nicht richtig pflegt, geht es dem Körperelementargeist hinterher noch schlechter. Deswegen ist der Elementargeist immer in dieser Ambivalenz, er sehnt sich danach und er fürchtet sich davor. Wenn der Mensch die Verbindung nicht verantwortlich führt, ist er noch mehr ausgeliefert, und die Defizite werden größer.

Wie gehen Sie vor, wenn Sie jemandem helfen wollen, in Kontakt zu kommen?

Ich erzähle etwas über das Körperelementarwesen. Da ist noch jemand, der Mensch allein kann den Organismus nicht aufrechterhalten. Und das bewirkt schon ein Umdenken.

Behandlung und Heilung

Sie sprechen also die Therapie mit dem Körperelementargeist ab?

Ja, ich beziehe ihn mit ein. Ich habe ein inneres Bild für eine heilende Bewegung, eine Grundgeste, die ich in eine Substanz übersetzen muß. Wie kann sich diese heilende Geste immer mehr verdichten, so daß ich sie in ein Mineral, ein Metall, eine Pflanze übersetzen kann? Dazu muß man zum Beispiel die innere Geste des Silbers oder des Zinns kennen und herausfinden, welche am nächsten an das geistige Bild für den Heilungsprozeß herankommt. Das ist eine richtige innere Arbeit. Eine Hilfe ist für mich die Farbe. Ich weiß, für diesen Fall wird eine rote oder eine weiße Blüte gebraucht oder ein roter oder blauer Stein. Außerdem ist noch die Frage nach der Potenzhöhe zu klären: Ist die D3 oder die D24 wirksamer?

Es gibt da eine gute Möglichkeit, die Wirksamkeit zu testen: Man gibt dem Patienten die Substanzen in die Hand und schaut, was passiert. Wenn man die Aufmerksamkeit auf den Körperelementargeist richtet, dann teilt er recht deutlich mit, wie er sich mit dem neuen Medikament fühlt. Ich selber empfinde das so, daß für ihn die Stoffe wie ein Geschmackserlebnis sind, daß ihm etwas gut schmeckt oder er sich schüttelt, weil er es ekelhaft findet. Wenn es das Richtige ist, kann er vor Freude strahlen.

Das Spannende dabei ist, daß kosmische Kräfte in der Substanz für den Körperelementargeist ein Ersatz für die fehlende Führung sind. Auch wenn der Mensch aus seiner eigenen Kraft ihn noch nicht führen kann, hat er wieder seinen geistigen Anschluß. Das ist für ihn quasi kosmische Nahrung, die ihn versorgt. Deshalb freut er sich so über die konstellationsabhängig potenzierten Medikamente: Er fühlt den Sternenhimmel in ihnen.

Wenden Sie sich auch an Einzelorganwesen oder immer an das Körperelementarwesen?

Wenn ich die Grundgeste habe, spreche ich auch die Organe an, aber aus der Gesamtgeste heraus.

Hat jedes Organ sein eigenes Elementarwesen?

Das ist zu vermuten, ich habe mich damit aber noch nicht genau genug beschäftigt. Für mich stehen die Planetenqualitäten im Vordergrund bei den Organen.

Wenn man das Organ geistig betrachtet, kann man bemerken, wie sich ein ätherisch verformtes Organ wieder korrigiert. Wenn zum Beispiel die Milz aus einer schon längere Zeit bestehenden Verkrampfung herauskommt, dann ist es ein großes Aufatmen: Es ändert sich die Aura des Menschen, und er fühlt sich wohler. Typischerweise kommt wieder ein neues Grundvertrauen in sein Leben. Diese Parallelitäten von leiblichen Organfunktionen und Gefühlen sind sehr spannend. Die Medikamente helfen, die Seele wieder zu ordnen. Manchmal geht das allmählich, manchmal können auch heftige Erstreaktionen auftreten: Sogar hohes Fieber, das dann sehr befreiend erlebt wird, kann vorkommen.

Konstellationsabhängig potenzierte Medikamente

Wie entstanden diese neuen Medikamente?

Ich hatte bei einem Patienten innerlich die Wahrnehmung, das ist ein gestörter Jupiterprozeß, hier ist Zinn nötig, doch ich sah, daß das zur Verfügung stehende Zinn nicht das bewirkte, was es eigentlich nach meinem inneren Bild hätte tun müssen. Ich habe alles potenzierte Zinn genommen, was ich bekam – DHU, Weleda, Wala – und kein Zinn hat das gemacht. Und da fing ich dann selber an zu forschen und zu potenzieren. Als dann die Bücher »Gespräche mit Naturgeistern« von Frau Staël herauskamen, dachte ich, daß sie mir helfen könnte. Sie war dazu bereit, und wir trafen uns. Ich mußte ihr genau sagen, was ich an Fragen hatte, dann trat ein heilendes Wesen dazu und gab Antworten und Anregungen. Wir bekamen sehr, sehr viele neue Medikamente, an die ich gar nicht gedacht hatte.

War das auch Raphael?

Nein, es war ein übergeordnetes heilendes Engelwesen, was nicht identisch ist mit Raphael, aber alle Heilungs-, Gesundungs- und Aufbauprozesse begleitet.

Aber Sie hatten keinen direkten Kontakt, es ging nur über Frau Staël?

Ja, sie kann es präziser und hat die Möglichkeit einer unglaublich differenzierten Kommunikation. Man muß aber auch ganz präzise fragen. Es ist eine Zusammenarbeit.

Wichtig sind die Ausgangssubstanzen, der Umgang damit und der Zeitpunkt des Potenzierens. Da spielt der Sonnenstand eine Rolle, der Mondstand oder die anderen Planeten. Teilweise sind es auch ganz spezielle Konstellationen, die nur ein oder zwei Mal im Jahr vorkommen. Ich verglich das neue Zinn oder Silber mit herkömmlichem Zinn oder Silber. Ich habe es immer wieder verglichen, weil ich es nicht glauben konnte, was das für Unterschiede sind! Ich bin da wirklich fast vom Stuhl gefallen.

Die Arbeit wurde dann für mich alleine zu viel. Es hat sich der ISIS-Verein für zeitgemäßes Heilwesen gebildet, eine Gruppe von Ärzten, Apothekern und weiteren Interessierten. Es kam dann in Zusammenarbeit mit Frau Staël auch eine Forschung zur Heileurythmie dazu, woraus Kurse entstanden.

Schulmedizin hilft bei der Erfolgskontrolle

Wie paßt Ihre Arbeit mit der Schulmedizin zusammen?

Ich habe mit den konstellationsabhängig potenzierten Medikamenten oft gute Resultate, die sich auch schulmedizinisch bestätigen lassen, zum Beispiel bei der Borreliose. Ich mache einen Laborbefund, bevor wir anfangen, damit wir den Status Quo haben, und dann am Ende der Behandlung. Bei Cholesterin oder erhöhten Leberwerten kann man oft sehr gut an den Laborwerten verfolgen, wie sich alles nach und nach einreguliert.

Bei der Diagnose bestätigt sich oft die geistig gestellte Diagnose: Man findet ätherisch eine Belastung der Niere, und schulmedizinisch wird eine Nieren-Zyste festgestellt. Ich kann aber die schulmedizinische Diagnostik nicht ersetzen und beziehe sie immer ein.

Die Behandlungsergebnisse sind besser als vorher, wenn ich auf die hier beschriebene Art arbeite. Das kann ich sagen. Da wir mitten in einer Entwicklung sind, bin ich gespannt, was die Zukunft bringen wird.

Roswitha Sacher

UNSERE KLEINEN KÖRPERFREUNDE

Roswitha Sacher, ehemalige Krankenschwester, entdeckte 1986 das erste Körperelementarwesen in ihrer Schilddrüse. Daraus entwickelte sich eine kommunikative Zusammenarbeit, die Hilfe zur Selbsthilfe unter Einbeziehung unerlöster Lebensthemen ermöglicht. In unserem Gespräch in Überlingen geht es um ihre spannenden Erfahrungen mit den Organwesen.
(Kontakt: Tel./Fax 07551-309358)

Dann sah ich ein Wesen in meiner Schilddrüse hin- und herrennen

Wie kam es, daß Sie mit den Elementarwesen von Organen arbeiten?

Meine Schilddrüse hatte vor Jahren eine Überfunktion, und ich nahm Medikamente. Ich las, daß man mit Gedanken Organe beeinflussen könne und wollte dies sofort an meiner Schilddrüse ausprobieren. Ich wollte sie beruhigen und versuchte, meine Hand auf den Hals zu legen, bemerkte aber, daß es nicht ging. Verwundert über diese Entdeckung sprach ich dann mit ihr. Einige Tage später, während einer Meditation, sah ich meine Schilddrüse von innen und daß in ihr ein winziges Wesen ununterbrochen hin und her lief. Das kleine Wesen war der totalen Erschöpfung sehr nah. Mein erster Gedanke war, dem geht es ja wie mir. Da meine Schilddrüse eine Überfunktion hatte, produzierte sie extrem viel Energie, die den gesamten Stoffwechsel so anheizt, daß man als Mensch ebenfalls hochtourig läuft.

Ich sprach das Wesen an, indem ich fragte, was machst du denn hier? Sofort blieb es stehen und rapportierte mir sein Verhalten mit einem Satz, der mich vollkommen auf mich zurückwarf und mich zwang, in einer Weise über mich nachzudenken wie nie zuvor. Das kleine Wesen, das seine Aufgabe erfüllte, so, wie es seinem Auftrag entsprach, kuschelte sich in meine ätherische Hand und genoß meine liebevolle Tröstung. Seine Botschaft löste Bäche von Tränen in mir aus, die manche Gefühlsblockade wegschwemmte. Ich ließ die Medikamente weg und brauchte bis zum heutigen Tag keine mehr.

Und ab diesem Zeitpunkt war es dann möglich, regelmäßig Kontakt zu den Organelementarwesen zu bekommen?

Zunächst nicht regelmäßig. Ich erfuhr auch erst viel später, was das eigentlich ist. Einige Wochen später bemerkte ich, daß es auch in anderen Organen solche Wesen gibt. Irgendwann fiel mir ein Buch in die Hand, in dem die Rede von »Zellensprechern« war. Jedes Organ hätte einen Zellensprecher. Jahre später hörte ich dann, daß die Chinesen von den Beamten der Organe sprechen, und in der Lunge sei der Minister. Da fragte ich das Wesen in der Lunge, ob es das wüßte, warum die Chinesen ihn den Minister nennen. Es antwortete mir wie ein General: »Weil ich das Geben und Nehmen überwache, und ohne das ist alles nichts!«. Viel später erfuhr ich dann, daß sie Körperelementarwesen sind.

Ablauf einer Einzelsitzung

Es wäre schön, wenn Sie erzählen, wie Sie heute konkret mit den Organwesen arbeiten?

Seit 2003 mache ich Einzelsitzungen. Ich beginne die Sitzungen immer mit einer energetischen Reinigung, die die Elementarwesen mit einschließt. Dadurch lösen sich graue Schichten aus den Energiefeldern der Person, was meine Sicht auf die Elementarwesen, die

Organe und Zellen verbessert. Da ich zum Einstieg in den Körper eine Frage, bzw. einen Auftrag von der Person brauche, frage ich: »Wo soll ich in Ihrem Körper hingehen und gibt es ein Lebensthema, an dem Sie nicht weiterkommen?« In fast allen Fällen ist die Disharmonie des Körpers ohnehin mit einem Thema verbunden, das noch nicht erkannt und gelöst werden konnte, die Zeit dafür aber gekommen scheint.

Und dann beginne ich mit der Kontaktaufnahme zu den Elementarwesen und sage: »Hallo, ihr Lieben, ich grüsse euch! Ihr habt gehört, was er oder sie gesagt hat. Wo beginnen wir?« Dann zeigt sich immer gleich ein Organ, das möchte, daß wir mit ihm beginnen. Ich schaue, wie das Organ aussieht, welche Ausstrahlung es hat und wie das Befinden des Elementarwesens ist. Ich grüße immer das Wesen und frage, ob es zufrieden ist mit seinem Organ und wie es ihm geht. Dann erklärt es mir zum Beispiel, daß es nicht zufrieden ist, schüttelt den Kopf oder nickt und streicht mit einer Handbewegung, als wolle es mir sein Organ präsentieren, darüber, was bedeutet: »Schau selbst.« Das tue ich auch und betrachte den Zustand des Organs. Es kann traurig, verkrampft oder entspannt aussehen. Dann frage ich das Wesen, was es braucht, um das Organ zu harmonisieren. Es will dann immer Licht, denn Licht ist seine Herkunft und Licht reinigt es, gibt ihm wieder Kraft, um seine Aufgabe zu erfüllen.

Ein Mann hatte Diabetes, und seine Bauchspeicheldrüse wirkte wie ein verdorrter Ackerboden. Als das Licht auf das Organ traf, sah es zuerst so aus, als würde es abprallen, doch es zersplitterte in Millionen goldener Fünkchen, die dann ganz sanft und langsam diese harte Schicht durchdrangen und die schlafenden Zellen wieder erweckten. Und wenn man das jetzt wirklich langfristig rhythmisch intensiv machen würde, bin ich überzeugt, daß sich dieses Organ regenerieren könnte. Allerdings muß auch immer eine Änderung des Bewußtseins einhergehen.

Wenn jemand kommt und sagt, eigentlich bin ich gesund, und ich will nur einmal wissen, was die Elementarwesen sagen, beginne ich mit dem Herzen. Das Herz spiegelt dem Menschen immer genau das, was er noch zu bearbeiten hat, wo er jetzt steht, was er für ein Mensch ist. Ist das Elementarwesen zum Beispiel sehr schüchtern, grenzt sich ab und verschließt sich, und wenn ich das dem Klienten beschreibe, sagt er sofort: »Ja, wie ich!«. Oder es ist ein ganz frohes, freut sich an allem und strahlt in die Welt, dann sagt der Klient: »Ja, das mache ich auch so.« Bei jemand anderem war im Herzen viel unaufgelöste Trauer. Das Herz spiegelt, wie wir im Leben stehen. Zum Beispiel: »Nehmen wir unser Leben an oder möchten wir lieber nicht hier sein; stehen wir ängstlich oder offen und eher unternehmungslustig im Leben?«

Und damit kann man helfen, und die Menschen erleben eine Besserung?

Ja, die Person erlebt schon während der Sitzung eine Erleichterung. Aber man darf nicht vergessen, daß hier Hilfe zur Selbsthilfe gegeben wird, womit dann die Hausaufgabe klar wäre. Das Bearbeiten der Hausaufgabe hilft der Person, sich selbst wieder ein Stück weit von alten Konditionierungen zu befreien, was ihre Lebensenergie besser in Fluß bringt. Wenn wir uns unseren Elementarwesen in Liebe zuwenden, sie in unser Leben mit einbeziehen, ihnen erklären, warum wir uns für bestimmte Operationen und Behandlungen entscheiden, sie dann beauftragen, mitzuwirken, kann der Eingriff bestens gelingen. Dann erfüllen sie voller Freude ihre Aufgabe.

Durch dieses Zusammenwirken entsteht sowohl im Menschen als auch in seinen kleinen Freunden eine ganz spezielle Freude und ein Wir-Gefühl, das man nicht beschreiben kann, sondern wirklich erleben muß.

Das heißt, in den Sitzungen wird immer auch an den problematischen Themen der Klienten gearbeitet?

Ja, ich frage immer, was das Thema ist. Was will das Organ dem Menschen zeigen? Was spiegelt es ihm? Die Aussagen, die von den Elementarwesen kommen, sind ein absolutes Spiegelbild des Menschen, oft wortgetreu.

Wieviel Sitzungen brauchen die Menschen durchschnittlich?

Das ist ganz unterschiedlich. Manche kommen alle paar Wochen, dann gibt es welche, die kommen alle Jahre, manche kommen gar nicht mehr. Ich lasse es ganz offen, das entscheidet der Patient.

Müssen Sie sich auf eine Sitzung besonders vorbereiten?

Ja schon. Da ich ein ruhiges, harmonisches Nervensystem brauche, ist Kaffee für diese Arbeit kontraproduktiv. Vor Voll- und Neumond sind häufig unruhige Energien unterwegs, weshalb ich dann nicht arbeite.

Zur Methodik

Wie erscheinen Ihnen die Elementarwesen?

Ich sehe sie wie Strichmännchen, wie Mainzelmännchen oder wie winzige Babies, zum Beispiel im Augapfel.

Sie erscheinen also imaginativ, bildlich?

Ja! Wenn jemand öfter farbiges Licht in seinen Körper leitet, erscheinen die Wesen manchmal mit grünem oder goldenem Mützchen, mit weißem, blauem oder rubinrotem Mäntelchen. Lobe ich dann ihre hübsche »Bekleidung«, freuen sie sich wie kleine Schneekönige. Auf die Frage, wie macht ihr das, heißt es dann: »Wir präzipitieren!« Das heißt erschaffen.

Wenn hier die Rede von Sprechen ist, handelt es sich fast immer um die telepathische Übermittlung der Botschaft. Nur wenn sie von einem bestimmten Zustand genug haben, schreien sie ihren Unmut hinaus, und dann läßt sich ein Stimmchen wahrnehmen. Die Verdeutlichung des Lebensthemas erscheint immer in Bildern.

Auf was achten Sie, um zu unterscheiden, was vom Elementarwesen oder von Ihren eigenen Vorstellungen kommt? Man hat ja Meinungen.

Wenn ich eine Meinung zu etwas habe, sage ich dies der Person und bitte sie, das Thema bei sich zu hinterfragen. Wenn mir während der Sitzung ein Gedanke erscheint, der das beinhaltet, was ich gerade im Körper wahrnehme, frage ich mehrmals genau nach, ob sich hier etwas vermischt, was die Botschaft verfälschen könnte.

Und das Elementarwesen reagiert dann?

Ja, es nickt oder schüttelt den Kopf. Wenn ich frage: »Bitte zeig noch mal, ich nehme mich ganz zurück.« Dann ist es schon passiert und die Antwort steht im Raum.

Organwesen ahmen uns oft nach

Neulich sagte eine junge Frau: »Mein rechtes Knie tut mir seit einiger Zeit sehr weh!« Ich ging also in das Knie und sah das Wesen schimpfend hin und her laufen. Es sagte andauernd: »So eine Scheiße!« Über diese deutliche Sprache war ich doch sehr erstaunt.

Als ich dies der Person berichtete, sagte sie sofort: »Ja, das sage ich oft!« So ist es immer wieder, die Elementarwesen übermitteln, was die Menschen denken. Auf meine Frage, warum sie das sage, berichtete sie, wie unzufrieden sie mit ihrer Lebenssituation sei. Sie möchte lieber ganz woanders leben, meinte aber, ihre Familie möchte, daß sie hierbleibt. Da keine Klarheit zwischen ihr und ihrer Familie herrschte, nicht offen über das Thema gesprochen wurde, befand sie sich in einem Dauerkonflikt. Über diese Information war die Klientin sehr betroffen. Wir sprachen über das Thema, das ihr jetzt nochmals deutlich bewußt wurde. Im Verlauf des Gesprächs fiel die Spannung von ihr ab, und sie konnte die Möglichkeit einer Handlung sehen. Immer wieder zeigt sich bei Disharmonien der Gelenke und der Haut, daß ein innerer Widerstreit besteht: »Ich sollte, aber kann nicht!« Ihr Elementarwesen im Knie war inzwischen ruhig und friedlich.

Die Wesen werden auch immer wieder gefragt, ob sie etwas Physisches brauchen, um die Harmonie in ihrem Organ wieder herzustellen. Zum Beispiel Homöopathie, Schüsslersalze oder ein pflanzliches Medikament. Braucht jemand ein chemisches Medikament, wie zum Beispiel Antibiotika, Insulin oder sonstiges, sollte die Person es liebevoll annehmen und ihren kleinen Freunden mitteilen, daß dies jetzt sein müsse und ihnen den Auftrag geben, die Substanz ebenfalls anzunehmen. Das trägt dazu bei, daß das Mittel besser vertragen wird.

Manche Personen sollen eine Generalreinigung machen, das heißt Heilfasten. Denn wir Menschen sind in der Regel vollgestopft mit Gedankenmüll und verdrängten Gefühlen, was irgendwann zu Stauungen und Ablagerungen in unserem Körpersystem führt. Dann ist der Zeitpunkt gekommen, sich einem inneren Hausputz zu widmen. Am besten mit einer Methode, die alles Überflüssige zur Ausscheidung bringt. Mit diesem Auftrag von seinen Elementarwesen ist der Mensch in der Regel sehr einverstanden.

Die Organwesen sind also ganz stark mit dem Seelenleben verbunden. Alles, was im Seelenleben passiert, tangiert immer die jeweiligen Elementarwesen?

Ja, unsere Gedanken und Gefühle beeinflussen sofort die Funktion der Organe. Wie stark, hängt von der Dauer und Intensität der verdrängten Gefühle ab. Bei lang andauernder Trauer, Traurigkeit und Depression fehlt zum Beispiel dem Blutfluß die Dynamik – trauriges Blut fließt eben langsam und schwerfällig und kann den Körper nicht so reinigen wie glückliches Blut.

Gibt es die Möglichkeit, daß Organwesen von außen befallen werden, daß sich andere Elementarwesen an die Organe anhaften?

Das habe ich noch nie erlebt. Es gibt aber Besetzungen mit selbstgeschaffenen Elementalen.* Ich hatte einmal einen Fall, da war eine Klientin wie mit einem Tintenfisch ganz durchdrungen. Die Klientin wußte selbst, daß Wesenheiten in ihr sind, die auch in ihr rumorten. Sie ist gekommen, weil sie keine Ruhe mehr hatte und sie diese überall im Kopf und im Körper spürte. Das waren selbsterschaffene Elementale, die sich in ihr festgesetzt hatten. Um

* Der Mensch erzeugt mit jedem Gedanken, Gefühl oder Willensimpuls ein Elemental, also ein menschenerzeugtes Elementarwesen. Die meisten Elementale sind kurzlebig. Wenn starke und negative Gefühle tragende Elementale nicht aufgelöst werden, dann beeinträchtigen diese das seelische und körperliche Leben. In der Psychologie sagt man auch Traumata oder Verhaltensmuster dazu. Elementale mit einer positiven Energie wirken nicht zwingend, sondern lassen den Menschen frei.

das Herz lag ein schwarzes Band, an dem ständig gezogen wurde, was ihr Atemnot bereitete. Mit hilfreichen Kräften wie Engeln und Licht konnten wir das Band auflösen.

Besetzungen sind also Verunreinigungen durch selbsterzeugte Elementale, die in das Organ hineinwirken und das Organwesen behindern?

Ja. Für die Organwesen ist es oft sehr schwierig, da sie behindert werden und dennoch versuchen, die Funktion des Organs aufrechtzuerhalten.

Zähne und Krebs

Hat auch jeder Zahn sein eigenes Elementarwesen?

In den Zähnen nehme ich Wesen wie kleine Flämmchen wahr. Es gibt auch eines, das an der Zahnreihe kontrollierend hin und her läuft. Mich erinnert das immer an einen Kontrolleur der Bahn, der die Schwellen überprüft.

Wenn ein Zahn fehlt, oder wenn eine Wurzelbehandlung gemacht wurde, wie ist es dann?

Dann ist das Wesen im Ätherkörper. Auch wenn ein Organ entfernt wurde, dann bleibt das Wesen und hütet das Organ im Feinstofflichen. Über Transplantation heißt es lediglich, das sei nicht die wahre Lösung.

Und wie ist das bei künstlichen Gelenken oder Zahnfüllungen?

Eigentlich wollen die Organwesen nichts Künstliches, weil sie sagen, es könne sich alles regenerieren. Daß uns dies nicht gelingt, läge nur an unserem begrenzten Denken.

Wie wirkt sich Krebs elementarisch aus?

Neben dem Krebstumor steht das Organwesen und beaufsichtigt den Tumor. Wenn ich frage: »Warum ist der Tumor da?«, dann heißt es immer: »Sie braucht das«, oder: »Die Zellen bilden das.« Wenn ich frage, warum sie das bilden, warum es Krebszellen gibt, dann heißt es beispielsweise: »Weil sie aus der Liebe Gottes gefallen sind.« Dann gehe ich in den Tumor hinein und frage die Zellen im Tumor und schaue, wie es dort aussieht und wie die Stimmung ist.

Es erinnert an einen abgeschlossenen Stadtteil in der Stadt. Die Tumorzellen errichten einen extra Zellenstaat im Mikrokosmos unseres Körpers. Da geht es manchmal zu wie auf einem großen Bahnhof, manchmal sind sie aggressiv, manchmal sind sie wie gelähmt. Und wenn ich frage, warum macht ihr das, was wollt ihr zeigen, dann wissen sie das oft gar nicht. Sie hätten den Auftrag, das zu bilden.

Nach Bestrahlung und Chemotherapie sieht das Gewebe, die Organe und Elementarwesen aus wie mit Ruß bestäubt. Die Elementarwesen sind dann zunächst nicht zu sehen, und ich muß lang rufen, bis sie, in einem Zustand wie gerade aus tiefer Narkose erwacht, erscheinen und sehr viel Reinigung, Liebe und Trost brauchen.

Wie lernt man das?

Es ist ja keine normale Fähigkeit, mit Organwesen zu kommunizieren. Warum glauben Sie, daß Sie das können?

Keine Ahnung. Warum ich das kann, habe ich mich schon oft gefragt. Als Krankenschwester habe ich sehr gerne Wunden behandelt und oft gedacht, warum eigentlich schließt sie sich nicht? Die Diskussionen, die wir manchmal auf der Station hatten, brachten nicht die Lösung, die in mir schwebte. Mir schien das alles viel zu kompliziert, ich konnte aber nicht erklären, warum. Heute weiß ich, es hat mit einer viel tieferen Erkenntnis dessen, was wir wirklich sind, zu tun. Auch als ich im Operationssaal arbeitete und bei Operationen zusah, fühlte ich dieses undefinierbare Gefühl, wenn in die Körperhülle und in Organe hineingeschnitten wurde – besonders bei Organen, die sich durch die Wellen des Atems sichtlich bewegten, wie Herz, Lunge, Hirn und der gesamte Bauchraum.

Haben Sie einen Tip, wie man das lernen kann?

Diese Frage wird mir oft auch in den Seminaren gestellt. Dazu kann ich nur empfehlen, sich liebevoll seinem Völkchen im Inneren zuzuwenden, ihnen danken, sie loben, in alle Geschehnisse und Entscheidungen, die den Körper betreffen, und in alle Heilungsversuche unserer Gefühle mit einzubeziehen. So kann mit der Zeit ein

Gefühl wie innige Freundschaft entstehen. Auch das Hineinfühlen, was unsere Elementarwesen und Organe brauchen – oft geht es ja nur um ein Aufmerksamwerden – bewirkt schon Besserung.

Können Sie auch mit anderen Naturwesen Kontakt aufnehmen?

Nein, nicht wirklich. Hier blockiere ich mich selbst, weiß aber nicht warum.

Kleine Zusammenfassung zum Schluß

Die Elementarwesen lassen sich leicht und gerne trösten und loben, wenn es ehrlich und in Dankbarkeit geschieht. Denn vergessen wir nicht, daß sie uns nachahmen. Nach meiner bisherigen Erfahrung durch die Einzelsitzungen kann ich sagen, daß ein Mensch, der das Bedürfnis nach Heilwerden hat, seine Ehrlichkeit und Authentizität, wie er in seinem Leben steht, immer mal wieder hinterfragen sollte. Um verdrängte Gefühle aufzuspüren, sollte er sich seiner Konzepte und Glaubensmuster, die ihn gefangenhalten, bewußt werden.

Die Elementarwesen gaben noch folgende Fragen, die den Menschen in seiner Selbstführung unterstützen können:

»Frag sie,

- ob sie versöhnt sind mit sich selbst, ihrem Leben und ihren Beziehungen?
- ob sie ihre Talente und Fähigkeiten kennen und sie kreativ zum Ausdruck bringen?
- ob sie sich lieben?«

Andreas Lohmann

Bewusste Liebe im Herzen ist der Schlüssel

Wir treffen Andreas Lohmann in Findhorn, im hohen Norden Schottlands, wo er seine Schwester besuchte. In einer gemeinsamen geomantischen Arbeit waren wir sehr berührt von seiner anpackenden und schnellen Art. Mit 14 Jahren gewann er einen Jugend-forscht-Preis mit einer »Uhr, die nach dem Mond geht«, wurde dann aber doch nicht Ingenieur, sondern Heilpraktiker. Seit 1999 kam eine rege Seminartätigkeit dazu. Dabei geht es immer um Aura-Wahrnehmung und spirituelle Heilung von Mensch und Erde. Motor seiner Arbeit ist die Liebe des Herzchakras und die Hingabe des Herzens an Christus. Ich wußte schon lange, wie zentral die Rolle des Herzens in der übersinnlichen Wahrnehmung ist, durch Andreas wurde es mir nochmals klarer. (Kontakt: www.auradiagnose.com)

Bewußte Ausdehnung der Liebe

Andreas, du machst Aura- und Geomantiearbeit. Kannst du beschreiben, um was es dabei geht?

Beide Bereiche sind eine sich ergänzende Arbeit aus dem Herzen. Immer wenn ich von »Herz« spreche, meine ich das Herzchakra. Der erste Schritt in meinen Seminaren ist stets, daß Menschen ihre eigene Liebe spüren lernen. Ja, es ist oft leichter, die Liebe der anderen zu spüren, unsere eigene übersehen wir aus Gewöhnung. Doch wenn wir sie spüren, dann erleben wir, daß wir mit unserem Herzen bewußt am geistigen Gefüge unter Menschen aber auch im Raum teilnehmen.

Im zweiten Schritt geht es darum, diese eigene Liebe, die aus dem Herzchakra strömt, bewußt auszudehnen, zum Beispiel in die eigene Hand. Mit einer solchen mit Liebe gefüllten Hand kann ein Mensch die Aura eines anderen, seine Chakren oder die Bodenenergie spüren. Eine wichtige Faustregel dabei ist: Man kann nicht gleichzeitig lieben und gleichzeitig zweifeln. Das bedeutet, wer alles ganz genau richtig machen möchte und daher automatisch an seinen aus der Liebe empfundenen Wahrnehmungen zu zweifeln anfängt, der zieht unmerklich seine Liebe wieder zurück. Übrig bleibt dann eine mit Liebe nicht gefüllte Hand, doch mit einer solchen kann man nichts mehr spüren, was dem Zweifel scheinbar recht gibt. Das ist die Grundaufgabe beim Aurawahrnehmen: Fülle die Räume, die du wahrnehmen möchtest, mit deiner eigenen Liebe. Auch ohne Hände können wir mit unserer Liebe alle möglichen Räume durchfühlen. Wir können sogar entfernte Räume wahrnehmen. Für das einmal bewußte Herz gibt es keine Grenze in Raum und Zeit.

Drei Grundkräfte von Orten

Auch die Geomantie ist solche Herzarbeit. Ein Grundsatz dabei ist, ein Ort ist dann stabil, wenn drei Kräfte zusammenkommen: a) Wenn Mutter Erde ihre Energie an diesem Platz ausdrückt – so daß man, wenn man sich dort hinsetzt, diese Liebe spüren kann, b) wenn Vater Himmel an diesem Platz seinen Segen aus dem Kosmos herunterbringt und c) wenn die Liebe der Umgebung daran teilnimmt. Es gibt viele Plätze, wo eine, zwei oder drei Kräfte nicht zu spüren sind. Diese Orte sind nicht stabil, bauen nicht auf und führen nicht zu sich selbst.

Geomantisches Heilen geht in diesem Falle so: Es ist zunächst eine Frage des Herzens, diese Dinge zu spüren und dann diese Kräfte »Himmel – Erde – Liebe der Umgebung«, die Reihenfolge ist egal, herbeizulocken. Bei dem Versuch, sie zu locken, mögen Widerstände auftreten, die wir dann auch im eigenen Herzen spüren. Wenn wir diese Widerstände dann vollständig im eigenen Herzen loslassen, zum Beispiel durch ein Gebet »Lieber Gott, laß du in mir los«, dann können wir die Liebeskräfte durch Zulassen, Loslassen herbeilocken. So begleiten wir, was wir in der Tiefe der Erde an Liebe der »Mutter Erde« spüren bis in die Erdoberfläche hinein. Und ebenso ist es mit dem Segen des Himmels. Es gibt viele Plätze, an denen der »Himmel ganz nahe« zu sein scheint. An anderen Plätzen ist er aber wie weit weg. Auch das kann man gut mit dem Herzen spüren. Manche Plätze scheinen von einem grellen Licht belegt zu sein, was eher den Ebenen der Illusionen zuzuordnen ist. Es ist eine Achtsamkeit des Herzchakras, zu unterscheiden, was ist Liebe und was ist nicht Liebe. Liebe fühlt sich immer frei fließend im eigenen Herzen an, und unsere eigene Quelle wird dadurch geweckt und sprudelt. Die Liebe des Himmels wird auch durch Zulassen herbeigeholt. Genauso ist es mit der Liebe der Umgebung. Kommen diese drei Kräfte zusammen, »Himmel, Erde und Liebe der Umgebung«, dann ist ein Platz stabil, und man kann Jahre später wiederkommen und feststellen, die Kraft ist noch da. Fehlt eine dieser Kräfte, dann könnte er wieder zusammenbrechen.

Zurückholen von verlorenen Seelenanteilen

Wie verwendest du diese Herzwahrnehmungen zur Heilung von Menschen?

Geomantie und Auraarbeit ergänzen sich. Manchmal ist es einfacher, einen Menschen zu unterstützen, indem man erst seine Umgebung in Harmonie bringt. Ein anderes Mal ist es sinnvoller, daß ein Mensch zuerst seine eigene Kraft kennenlernt und annimmt, um mit Problemen seiner Umgebung aus sich selbst heraus klarzukommen. Eine zu perfekte Wohnung bietet der Seele nicht mehr viel Erfahrungsraum. Was jeweils das beste Vorgehen ist, das darf man als Therapeut getrost auch mit dem Herzen entscheiden.

Der heilerische Höhepunkt meiner eigenen Seminare und Auraarbeit ist das Zurückholen von Seelenanteilen. Das geht so: Spontan oder durch Gesprächsführung beobachtet das Herz, wie der Behandelte sich in seiner Kraft und Liebespräsenz verändert, während er durch seine Themen geht. Ein Gespräch über diese Dinge genügt dazu bereits. Man sieht es den Menschen an, wann immer sie – themenbezogen – aus ihrer Kraft herausfallen. Jemand erzählt zum Beispiel von seinem Urlaub und strahlt Freude aus. Nun wechselt das Gesprächsthema zu seinem Chef oder zu einem anderen Thema, und plötzlich fehlt oder stockt etwas in seiner Ausstrahlung. Das kann die Energie eines Chakras sein, die Gesamtausstrahlung, oder der Körper bekommt Schlagseite, weil er ins Taumeln gerät, oder, oder, oder. Eben nicht nur der physische Körper, auch gerade die feinstofflichen Körper signalisieren das sehr präzise. Nun geht es für den Behandelnden darum, sich – ebenfalls mit dem Herzen, immer eben nur mit dem Herzen – tief zu erinnern an das, was diesem Menschen hier einmal verlorenging, was sich jetzt in diesem Thema als ein »Mangel« an Kraft, Liebe, Energie und Ausstrahlung spiegelt. Sich für den anderen erinnern heißt, dessen Kraft wie stellvertretend wieder zu erinnern, wirklich zu spüren. Oft geht das weit über das heutige Leben hinaus. Diese Information, die das liebende Herz des Behandelnden dem anderen für eine Weile wie im Raum hält, kann vom Herzen des Behandelten wieder angenommen werden. Das ist dann ein Seelenanteil, der zurückgekommen ist, zu dem das Herz wieder »Ja« sagt.

Diese angenommenen Seelenanteile haben eine spontan wirkende, dauerhafte und manchmal enorm große heilerische Wirkung. Zuvor waren bestimmte Aspekte im Leben nicht einmal denkbar, plötzlich eröffnen sich neue Ufer. Nun, jedes Problem hat damit zu tun, daß irgendwo ein Mangel ist, und jeder Mangel hat damit zu tun, daß einmal etwas von uns, zum Beispiel durch Trauma oder einen Schwur verlorenging. Darum kann man mit dem Zurückholen von Seelenanteilen so gut wie jede Problemlösung unterstützen.

Es gibt eine ähnliche Methode auch für die Landschaft. Durch Zerstörung, Mißbrauch oder Zerbombung von Flächen fehlen manchmal Seelenanteile der Oberfläche der Erde. Die Erde im Kern ist immer ganz, aber die Oberfläche scheint uns Menschen als Spielwiese zur Verfügung gestellt worden zu sein. Wenn man das Gefühl einer Hohlheit hat und auch sich selbst nicht oder nicht gut spüren kann, könnte ein Seelenanteil der Landschaft fehlen. Das Herz, das diesen wieder annimmt, ist das Herz des zugehörigen Landschaftsengels.

Muß man deiner Erfahrung nach die Lösung von alten karmischen Belastungen über Jahre immer weiter fortführen, oder kann man sich mit einem Male freischaufeln?

Du meinst, wie lange wir so insgesamt mit unserem Karma befaßt sind? Nun, das ist in aller Regel wohl doch eher ein sehr langer Prozeß. Immer, wenn eine Reihe von Schatten erlöst werden und die Freude und unsere Bewußtseinspräsenz zunehmen, dann werden allmählich unsere noch tiefer im Hintergrund schlummernden Schatten kontrastreicher. Vorher haben sie nicht geschmerzt und plötzlich schmerzen sie. Wenn ich zum Beispiel im Leben »nicht ganz da« bin, dann wird mir die Enge in meiner Nachbarschaft nicht bewußt. Nach einem gewissen Weg bin ich vielleicht nun »ganz da«, und jetzt kommen neue Themen und ich darf lernen, gegen den Strom zu schwimmen. Kaum kann ich das, dann.... Die Seele hat immer etwas Neues zu entwickeln.

Braucht man dazu immer einen Therapeuten, oder kann man das auch alleine?

Brauchen sicherlich nicht. Für viele ist es aber einfacher, sich manchmal erinnern zu lassen. Nach meiner Erfahrung ist die therapeutische

Situation immer so: Der eine hält fest, der andere läßt los. Egal, wer gerade der Loslassende ist oder wer gerade Therapeut ist, beide gehen daraus gestärkt hervor. Wenn ich zum Beispiel gerade in meiner Selbstverweigerung bin und dann jemand stellvertretend für mich tief ins Vertrauen geht und ich mich an ihn anlehnen kann, dann ist das oft einfacher.

Ein Schmerz im Herzen produziert so lange immer neue Geschichten, bis der Schmerz sich auflöst. Die einzelnen Geschichten mit ihrem ganz konkreten an der Oberfläche erlebten Inhalt sind gar nicht so wichtig. Therapeuten, die nur in den Geschichten herumbohren, die können ganz schön nerven. Dann ist es besser, es alleine zu machen und sich zu fragen, wo ist der zentrale Schmerz? *Lieber also keinen Therapeuten, als einen schlechten!*

Es gab in meinem Leben ein paar ganz zentrale Schmerzen, da kam so viel hoch, daß es schon sehr lichtvoller Wesen, wie Mutter Meera* bedurfte, um diesen Mist anzusehen. Aber in ihrer Nähe war es für mich ganz angenehm und schmerzlos.

Du hast jetzt viel über die Elementarwesen der Seele gesprochen, es gibt auch die Elementarwesen der Natur. Welche Erfahrungen hast du damit?

Die Seelenanteile, die du aus deiner Seele verlieren kannst, sind meistens traumatisierte eigene Aspekte, zum Beispiel das Vertrauen in deine eigene Wortgewalt, das Vertrauen auf Gott usw. Das sind keine wirklich von dir getrennten eigenen Wesen, die wie Elementarwesen eine eigene Laufbahn eingehen können, selbst wenn sie eine Weile von dir separiert sind. Werden sie wieder integriert, erfährst du

* Mutter Meera (geb. 26. Dezember 1960 in Chandepalle, Indien) ist eine in Deutschland in der Nähe von Limburg an der Lahn lebende Avatara. Sie empfängt viele Tausend Besucher zum Darshan, die in völliger Stille stattfinden. Während des Darshans berührt sie die Besucher an den Schläfen und schaut ihnen danach in die Augen. Sie hält keine Vorträge. Ihre Aufgabe besteht darin, das »Paramatman«-Licht (wörtlich: Licht des höchsten Selbst) herabzubringen.

sie wieder als Teil von dir. Diese Seelenanteile würde ich in meiner Sprache nicht als Elementarwesen bezeichnen. Es gibt aber auch Elementarwesen, die uns begleiten und die zum Beispiel die Biochemie des Körpers mit aufrechthalten.

Faune, Pan und Drachen

Was Naturwesen betrifft, berührt meine Arbeit wohl am häufigsten die Welten der Zwerge, Elfen und Faune: Das liegt daran, daß sie einfach überall vorkommen. Seltener sind Drachen. Ich würde vielleicht gerne etwas über Bäume und Drachen erzählen: Große Bäume sind meistens von Faunen bewohnt. Wenn man das Gefühl hat, ein Baum ist weise, und er spricht mit einem, dann ist da ein Faun. Mit diesem Faun kann man Freundschaft schließen und ihn in Heilbehandlungen mit einbeziehen, zum Beispiel beim Handauflegen oder bei anderen Arten des Zulassens. Wenn man die Faune bittet, das zu unterstützen, dann erfährt man oft eine immense Kraft, weil Bäume und Faune noch mehr in der Hingabe stehen als wir Menschen. Das hilft auch, wenn eine Gruppe nach einer längeren Arbeit in der Landschaft müde wird. Eine Gruppe leidet in der geomantischen Arbeit manchmal genau unter den Spannungen, die sie eigentlich lösen wollte. Wenn man nicht aufpaßt, kann zum Beispiel ein Platz mit Aggressionen dazu führen, daß die Gruppe sich streitet. Hat man vorher Kontakt mit einem regionalen Faun geschlossen, indem man ihn im Inneren ähnlich wie einen Engel ruft und bittet zu helfen, erfährt man oft eine enorme Unterstützung.

Faune sind so tolerant, daß sie manchmal gar nicht verstehen, warum sie helfen sollen. Wir haben erlebt, daß wir Faune baten: »Könnt Ihr uns helfen, da ist ein Platz mit Manipulationen und Aggressionen, die Kinder auf dem Schulhof haben Probleme.« Aber von den Faunen kam als innere Antwort nur zurück: »Wenn Menschen manipulieren wollen, dann müssen sie eben manipulieren. Wenn Kinder sich prügeln wollen, dann müssen sie eben prügeln. Wenn Menschen Kriege führen wollen, dann müssen sie eben

Kriege führen.« Man kann von den Faunen sehr viel lernen. Sie sind so tolerant, daß sie all das zulassen. Deswegen ist es nicht so leicht, sie zu überzeugen, bei diesen Dingen zu helfen. Das ist ein wenig kurios.

Eine Schlüsselenergie ist oft Pan. Wenn wir uns im Herzen mit Pan verbinden, in der Quelle des Herzens zu Pan beten, dann werden die Faune oft noch wacher und verstehen besser, worum es heute in der Welt geht. Überhaupt ist Pan für viele Elementarwesen ein besonders wichtiges Geschenk der Liebe. Der Segen des Pan, aus unserem eigenen Herzen zur Verfügung gestellt, erlöst Naturschmerzen oder Elfenschmerzen in der Landschaft oft viel tiefer und schneller, als es mit anderen mir bekannten Methoden möglich ist.

Meinst du mit Pan das leitende Elementarwesen der Natur?

Für mich steht Pan in der Hierarchie sämtlicher Elementarwesen wie ein Gott ganz oben. Es gibt nichts Schöneres für einen Zwerg als die Energie und Liebe von Pan. Je regionaler ein Wesen ist, desto weniger eignet es sich, um gefragt zu werden, was mit der ganzen Landschaft passieren soll. Frage ich einen Zwerg, was geomantisch zu tun ist, dann wird er sagen, hier ist es ganz schlimm und dort auch und mach mal dies und das. Frage ich Pan oder einen Landschaftsengel, so ist die Antwort viel weitgehender und umfassender. Pan ist eine Instanz, die sich für die innere Führung in geomantischen Belangen sehr gut eignet.

Eine andere wichtige Führungsebene ist die Mutter Erde. Mutter Erde tief unter uns ist ein unglaublich weibliches, liebevolles Wesen. Wenn man auf sie lauscht, kann sie sogar unsere Füße zu den richtigen Plätzen führen, ähnlich wie ein Wolf es tut, der auf die Erde lauscht und von ihr geführt wird. So kann man Kraftplätze finden und auch die Frage, was zu tun ist, beantworten.

Wie sind deine Erfahrungen mit Drachen?

Es ist ein bißchen kurios, daß die Drachen in der asiatischen Welt als Freunde und in den Mythen und Märchen der westlichen Welt eher als Gegner und Bösewichte gesehen werden. Die Leylinien, die Kraftlinien, heißen in der asiatischen Welt »Drachenlinien«. Dahinter verbergen sich Wesen, die oft in den Bergen wohnen. Wenn eine Kraftlinie, und es gibt viele unterschiedliche Kraftlinien, einen Drachenberg in der Nähe hat, ist es für diese ein Glücksfall. Denn wenn man den Drachen weckt, dann kann eine immense Menge von Lebenskraft, von Chi, durch die Linie fließen und eine ganze Stadt verändern. Drachen weckt man nicht, indem man herzlich bittet: »Wach auf lieber Drache, hilf uns.« Denn je quengeliger oder unterwürfiger man so etwas bittet, desto weniger interessiert es die Drachen, aufzuwachen. Sie sind von so etwas eher abgestoßen. Nein: Drachen weckt man, indem man seine eigene Stärke zeigt, seine redliche Stärke: »Ich bin da, weil ich den tiefen Wunsch verspüre, alle Wesen sollen glücklich sein. Ich bin bereit dafür, auch gegen den Strom zu schwimmen. Ich bin bereit, meine Kraft anzunehmen. Hier bin ich!« Wenn man sich so auf eine Drachenlinie stellt, kann das dazu führen, daß der Drache wach wird, neugierig wird und dann auch bereit ist, für diesen einen Menschen die Leylinie wieder zu füllen.

Ja, ich glaube, diese ganze Skepsis gegenüber Drachen im Westen kommt daher, daß die Könige und Herrschenden eine manipulative Macht entwickelten, an der die Drachen nicht interessiert waren, die sich deshalb wieder zurückzogen. In den Dolomiten haben wir zum Beispiel sehr viele Drachen gefunden, die eine Lebenskraft für den gesamten Alpenraum und darüber hinaus in sich zu bergen scheinen. Wenn diese Kraft manipulativ eingesetzt werden soll, dann scheinen die Drachen einzuschlafen. In Wirklichkeit legen sie sich zur Ruhe, weil sie daran nicht interessiert sind. So mag es einen Konflikt zwischen Herrschaftshäusern und Drachen gegeben haben. Unsere Geschichten der Königstöchter, die dann doch bei den Drachen waren und wieder zurückerobert werden mußten, mögen daher kommen, daß es durchaus auch in den Königshäusern Herzen gab, die die Drachen verstanden.

Drachen und Faune haben eine Gemeinsamkeit. Von Drachen bewohnte Berge oder von Faunen bewohnte Bäume werden oft Zufluchtsort für alle möglichen anderen Wesen. Die Erfahrung ist leider nicht selten, daß ein Baum, der neben einem Kriegsfeld steht, angefüllt ist mit ehemaligen Seelen von Soldaten. Hier findet man zunächst gar keinen Faun, und wenn man ihn dann doch gefunden hat – zurückgezogen vielleicht auf einen einzigen Punkt in der Wurzel des Baumes – kann man diesen vielleicht liebevoll überreden: »Deine Aufgabe ist nicht, Herberge für solche Wesen zu sein, du hast noch größere Aufgaben, du kannst der ganzen Landschaft helfen.« Das bedarf manchmal einer Reinigung der Seelen. Ähnlich ist es mit Bergen. Auch Berge können voll scheinbarer Besetzungen sein. Dem Drachen darunter oder dem Faun im Baum geht es eigentlich gut. Sie lassen es zu. Ähnlich wie der Specht seine Höhle graben darf und dem Baum tut es nicht weh. Faune und Drachen tragen in meinen Augen nie Unglück in sich. Sie stehen darüber, nur scheinbar schlafen sie, da sie Herberge geworden sind.

Entwicklung der Wahrnehmungsfähigkeiten

Ich würde gerne darauf kommen, wie sich bei dir die Wahrnehmungsfähigkeiten entwickelt haben. Hattest du diese schon als Kind?

Ich glaube als Kind hat jeder übersinnliche Wahrnehmungen. Und wie die meisten habe auch ich das vollkommen vergessen. In meinen Seminaren erleben viele, wenn sie sich wieder erinnern: »Das konnte ich doch schon als Kind!« So war es auch bei mir.

Mit zwanzig Jahren lebte ich so stark »im Kopf«, daß ich zu solchen Dingen keinen Zugang mehr hatte. Das Leben führte mich dann ein Jahr vor und nach der Maueröffnung nach Berlin, und dort gab es sehr viel zu erleben. Ich wollte bald Heilpraktiker werden, denn die Akupunktur faszinierte mich. Sie war eine eigenartige, esoterische Lehre, die allem, was ich an Physik kannte, völlig zuwiderlief. Ich hatte am Gymnasium die Leistungskurse Mathematik und Physik und wollte damals Maschinenbau studieren. Sehr bald dachte ich, wenn das mit dem Chi, der Lebenskraft, in der Akupunktur wahr ist, dann gibt es das alles doch, dann gibt es wahrscheinlich auch Gott. Und ich machte mich wie viele auf die Suche und die nächsten Jahre – rückblickend gesagt – las ich recht verkrampft alle möglichen Bücher. Die Akupunktur lief einigermaßen gut, und nach drei Jahren spürte ich: »Komisch, ich weiß schon selber wo die Nadeln hinwollen, ohne eine Diagnose gemacht zu haben.« Später bemerkte ich: »Da fühlt es sich auch anders an!« Noch später sprach ich diese Empfindungen auch aus, und dann ging es sehr schnell. Ich begegnete einigen Menschen, die mir ein bißchen auf die Sprünge geholfen haben. Hätte mir zu dem Zeitpunkt schon jemand erzählt, wie sehr es von dem Bewußtsein des eigenen Herzens abhängt, ob man all diese Dinge wahrnimmt oder nicht, wäre vieles schneller gegangen. So etwa zehn Jahre nach den ersten Gehversuchen war meine Praxis dann ganz auf Aurawahrnehmung und Aurabehandlung umgestellt.

Für jeden, der seinen Zugang zum eigenen Herzen sucht, scheint es mir einfacher zu sein, diesen von anderen gezeigt zu bekommen, die in diesem Punkt schon vorausgegangen sind. Ich las damals zum Beispiel in einem Buch von Barbara Ann Brennan irgendwo in einem Nebensatz, daß das Herz die Führung über die anderen Seinsbereiche und Chakren übernehmen kann. Ich schlug das Buch zu, war fasziniert und machte mir Gedanken über Gedanken, wie das wäre, wenn man im Herzen wäre. Ja, ich habe monatelang Diagramme gezeichnet, wie das wohl wäre. Damit bin ich aber ein halbes Jahr nicht in das Herz gekommen. Bis mir dann jemand »zeigte«, wie es geht. Und dann ging die Arbeit mit dem Herzen los. Unser Herz ist in der Regel zunächst noch über vieles, was in der Welt stattfindet oder stattgefunden hat, frustriert. Wenn wir unsere Liebe ausdehnen, fühlt sich nicht alles nur gut an. Wenn wir dann einen Schritt weitergehen und in uns diese unguten Dinge zulassen, dann können sie im Außen transformiert werden. Wenn wir auf halber Strecke stehenbleiben, dann ist es tatsächlich angenehmer, »im Kopf« zu sein und »nur« über alles nachzudenken. Doch damit passiert nicht wirklich etwas.

Ja, im Laufe der Zeit lohnt es sich schon, jede dieser Schwankungen im eigenen Herzen zu erlösen, da wir tief in jedem Schmerz am Ende doch wieder Gott finden – und dabei jedes mal einen neuen Aspekt von uns befreien können. Aber das wußte ich damals noch nicht.

Methodik des übersinnlichen Wahrnehmens

Wie läuft der Wahrnehmungsakt konkret ab? Kannst du jederzeit wahrnehmen oder mußt du dich in eine besondere Verfassung bringen?

Das Wichtigste für mich ist, in einem ständigen Gefühl zu meiner eigenen Liebe zu bleiben. Das ist natürlich eingeschränkt und darf auch eingeschränkt sein, wenn ich zum Beispiel meine Buchhaltung mache oder ähnliche Dinge. Aber als Therapeut sollte ich nicht behandeln, wenn ich mein Herz und meine Liebe nicht spüren kann. Ich fälle auch keine wichtigen Entscheidungen, wenn ich meine Liebe nicht spüre. An manchen Tagen kann das ein stündliches Thema sein: immer und immer wieder das Bewußtsein der Liebe unseres Herzens herzustellen. Doch es lohnt sich, denn die Behandlung, die aus dieser Liebe entsteht, wird gut. Das bedeutet aber auch: Wenn einmal ein Patient mit Problemen kommt, die mich überfordern, dann sollte ich die Ehrlichkeit haben, ihm zu sagen, daß ich nichts für ihn tun kann. Zum Beispiel: »Komm lieber nächste Woche wieder, und ich gehe zuvor selbst zu einem geeigneten Therapeuten, um deine Themen in all der Liebe, die sie aus tiefstem Vertrauen auf Gott brauchen, auszuhalten.« So wachsen wir an unseren Patienten. Wenn also das eigene Vertrauen, die eigene Freude und eben die Liebe, die das alles trägt, wieder hergestellt sind, erst dann kann es mit »Behandeln« weitergehen.

Im Alltag freue ich mich ganz einfach über meine Liebe, aber auch dann sehe ich zum Glück nicht sofort alles, was die Auren der

Menschen um mich herum spiegeln. Es gab Zeiten, in denen ich mit solchen Eindrücken viel mehr bombardiert wurde. Das ist vielleicht so, wie wenn ein Kind lesen lernt. Zunächst ist alles spannend: Da vorne steht »Kaufhof«, und da steht »Einbahnstraße«. Irgendwann gewöhnt sich das Bewußtsein an, nicht mehr alles zu lesen, sondern zu selektieren, welche Schilder wichtig sind und welche nicht. In der Lernphase ist es noch wichtig, Schilder wie »Einbahnstraße« zu lesen. Die Selektion des Herzens tritt früher oder später bei dieser Arbeit bei jedem ein. Man nimmt nicht mehr alles wahr, was man könnte, und das ist gut so. Das Herz weiß dennoch recht genau, wohin es sich zu schauen lohnt. Wenn jemand zu mir kommt, dann dehne ich meine Liebe über die Aura des anderen aus und spüre, wo es hakt, und diese Punkte werden dann entsprechend meiner inneren Führung auf verschiedene Weise behandelt.

Läuft dieses Spüren so, daß du es selber an dir erlebst?

Nur bis zu einem gewissen Punkt. Ich spüre meine Aura manchmal realer als meinen Körper, und so erlebe ich mich in einem Zimmer ausgedehnt.

Dort drüben in einer Ecke erlebe ich vielleicht mit, was dort vor sich geht, aber nicht »hier«, wo ich gerade spreche. Wenn ich nach einem Auraseminar die Augen schließe und aufzählen sollte, was die Leute für Kleidung getragen haben, kann ich mich an diese Dinge oft kaum erinnern. Und doch weiß ich oft Wochen später, wie die Atmosphäre bei jedem einzelnen im Durchgehen durch seine Prozesse war. Das taucht auch als innere Bilder auf. Ich bin also gar nicht mehr so real in der Außenwelt, wie man das vielleicht mit Formulierungen wie »am eigenen Körper spüren« vermuten könnte.

Was nimmst du konkret wahr?

Ich empfinde mein eigenes Herz wie einen Stern und die Herzen der Gruppenteilnehmer oder Patienten auch wie Sterne. Und jeder Stern hat ein eigenes Licht. Und wenn jemand von einem Problem erzählt, dann merke ich, daß die Liebe, die dieser Stern ausstrahlt, bestimmte Bereiche nicht füllt. Jedes Problem – ja, und das möchte ich unterstreichen – kann man auf ein Defizit von Liebe gegenüber einem bestimmten Aspekt reduzieren. Jemand erzählt von seinem Ärger mit einem Nachbarn. Man kann sehen, daß im Herzen etwas ist, das verhindert, einen bestimmten Aspekt des Nachbarn zu lieben. Jemand hat eine Krankheit und leidet darunter. Wenn er von seinem Leiden erzählt, kann man merken, daß im Herzen etwas enttäuscht oder verunsichert ist. Für jedes Problem findet man ein Abbild von Schmerz auch im Herzen. Im Grunde gibt es für mich nur Herzen, die sich um Ausdehnung bemühen. Alle nicht gefüllten Bereiche findet man als Schmerz in diesem Herzen. Die Lösung ist im Herzen.

Inwieweit gehen deine Herzwahrnehmungen auch in das Imaginative über?

Bei allen Menschen, die ich kenne, schwankt das Bildliche enorm, aber die Gewißheit des Herzens ist so sicher und konstant, daß man sich auf sie verlassen kann.

Die bildliche Wahrnehmung erlebe ich etwa wie wenn ich mir vorstelle, einen Koffer zu packen: Dabei sehe ich meine Socken nicht wirklich glasklar vor mir, und dennoch kann ich mir genauestens vorstellen, wie viele Pullover zusammenpassen. Dabei habe ich ein konkretes Gefühl im Herzen, was stimmig ist, mitzunehmen, und was nicht. Vielleicht fällt mir ganz plötzlich meine fehlende Zahnbürste ein: Für einen Moment erscheint sie glasklar vor mir. Doch wenn ich willentlich hinsehe, ist sie wieder weg. In dieser Bildqualität erscheinen mir auch die Zusammenhänge in der Aura. Und doch gibt es mit dem Herzen eine klare und in Ruhe überprüfbare Gewißheit. Ich kann spüren: Dieser Mensch liebt seinen Nachbarn nicht. Seine Liebe macht einen Meter vor dem anderen halt. Diese Wahrnehmung ist präzise und sogar mit anderen teilbar, aber wie weit sie sich bildlich zeigt, das hängt von vielen Dingen ab: individuellen Faktoren und auch von der Tagesverfassung.

Das heißt, das Imaginative ist dir gar nicht das Wichtige, sondern das Empfinden. Im Empfinden spricht sich eine Wirklichkeit aus, wo du dich nicht fragen mußt, ob es wahr ist, sondern es ist aus sich selbst evident. Kann man das so sagen?

Ja, wobei das Imaginative schon eine Bewandtnis beim inneren Durchspielen von Zusammenhängen hat: zum Beispiel, wenn ich in der Gesprächsführung den anderen zu einem bestimmten Schmerz, der dann losgelassen werden soll, hinführen möchte. Dann denken wir im Herzen an seinen Chef, seine Schwiegermutter, Freundin, Nachbarn usw. Wenn ich bemerke, beim Chef schwankt dieses Herz, dann frage ich anschließend: »Erzählen Sie doch etwas von Ihrem Chef!« Das Imaginative spielt als Ausspähorgan rund um das Herz eine Rolle, allerdings nie losgelöst vom Herzen. Es geht nicht um bildliche Vorstellungen, die durch eine Kopfanstrengung zustandekommen.

Läuft die Wahrnehmung der Naturwesen ähnlich ab? Näherst du dich einem Faun genauso wie einem Menschen?

Geomantische Projekte schaue ich mir selbst am liebsten auf der Landkarte an, nachdem sich durch den Besuch eines Ortes vielleicht Störungen gezeigt haben. Gerade in der Geomantie können wir manchmal vor lauter Einzelstimmungen die Übersicht verlieren. Auf der Landkarte erschließen sich mir oft größere Zusammenhänge, und zum Ort gehe ich dann mit einem Was-ist-zu-tun-Konzept wieder hin. Das Landkartenlesen kann auch jeder mit dem Herzen. So wie wir die Augen schließen und mit dem Herzen in eine fremde Wohnung gehen und die Stimmung dort spüren können, so können wir auch auf der Landkarte Stimmungen erspüren.

Bei den Elementarwesen ist es ein Hineinspüren in eine Sphäre. Wenn eine Wiese zart und fein ausstrahlt, dann ist es einem Teil von mir so, als würde er mit den Elfen tanzen, und dann fragen andere Teilnehmer vielleicht schon: »Gibt es hier Elfen?« Wenn ein Park daneben keine Zärtlichkeit ausstrahlt, dann kann man sich mit

Pan verbinden und die Elfen bitten, den Park zu füllen, und sie fragen, was sie dafür brauchen und es vielleicht mit Blüten oder Steinkreisen vorbereiten. Wenn man dann spürt, wie die elfische Kraft den Park beseelt, und die Nachbarn sagen, seitdem gucken wir gerne und glücklich vom Balkon und man mehrere solche Erfahrungen macht, daß sich die Dinge wirklich ändern, spätestens dann glaubt man daran.

Wir hatten einen schönen Dialog mit einem Kind. In einem Kurs waren einige Teilnehmer, die wollten die Elementarwesen konkret sehen. Das Kind sagte, hier sind Zwerge und die tragen Zipfelmützen. Dann wandten einige ein: »In Indien haben die Zwerge keine Zipfelmützen, das ist doch unsere kulturelle Brille.« Da sagte das Kind etwas, was man sich beim Imaginieren merken kann. Es sagte: »Ich benütze natürlich meine Phantasie, um diese Wesen zu erleben. Ich schaue, ob Zipfelmützen draufpassen. Wenn es Elfen sind, dann passen keine Zipfelmützen. Wenn es Zwerge sind, dann passen sie gut. So benütze ich meine Phantasie, um herauszufinden, was für Wesen es sind.« Der Pfad des Durchtestens wird mit der Erfahrung immer kürzer. Irgendwann testet man nicht mehr, sondern man weiß das einfach. Dieses Wissen ist einfach da und zwar schon im Moment der Fragestellung, sofort.

In welcher Form treten bei dir Botschaften von Elementarwesen auf und woher weißt du, daß es wirklich von dem Wesen kommt?

Es gibt viele Wege, auf denen Botschaften zu uns kommen können, und es ist tatsächlich nicht immer einfach, die Quelle dafür auszumachen, und dabei auch noch deren Reinheit und Weisheit zu überprüfen: Der Gedanke eines Mitmenschen kann so stark sein, daß eine ganze Gruppe ihn mitdenkt. Dann dürfen wir hoffen, daß die Gruppe diesen Gedanken nicht automatisch für höchste Inspiration hält. Im nächsten Moment erhalten wir vielleicht tatsächlich eine hohe göttliche Inspiration durch unser Kronenchakra, weil wir mit unserem Herzen in unsere Himmel hineingelauscht haben. Ideen können sich in so einem Falle im ersten Moment noch sehr vage und fein anfühlen. Vielleicht filtern unsere Emotionen diese Botschaften jedoch. Oder wir haben unser Herz ausgerichtet auf Jesus, Buddha oder auf einen der Erzengel und spüren eine Inspiration direkt von Herz zu Herz. Wenn ich hier mitten im Herzen Liebe fühle, frei fließend und unabhängig von Emotionen oder Gedanken, dann bin ich, noch bevor ich eine solche Inspiration ausspreche, auf der sicheren Seite. Dann weiß ich: Diese Inspiration, egal, woher sie nun gerade gekommen ist, paßt zu der Liebe, die sich auf diesem Planeten entwickeln möchte.

Illusionen erkennen

Hast du noch weitere Tools (Werkzeuge) um dich von Illusionen abgrenzen zu können?

Illusionen, das ist ein interessantes Fachgebiet. Die Angst vor Illusionen führt uns vielfach eher in Illusionen hinein. Meine Lieblingsmethode zur Erlösung von Illusionen – zunächst in uns und dann kann man sehen, was man in der Landschaft tun kann – ist das Erlösen des eigenen Stirnchakras mit dem eigenen Herzchakra. Dazu stärke ich das Gefühl an Liebe, indem ich zum Beispiel zu Gott, Christus oder Buddha bete, und lasse dann diese Liebe in mir aufsteigen und die Stirn berühren und bete tief im Herzen: »Lieber Gott, laß du in mir los.« Das ist keine Formel, sondern es muß wirklich aufrichtig im Herzen leben. Ja, in solchen Momenten sprengen sich viele Gedanken von uns weg, und wir denken wieder aus unserer eigenen Liebe. Und von hier aus können wir gut unterscheiden, welche Energien öffnen mir das Herz und welche nicht? Nicht jede Energie, die eine hohe Frequenz hat, ist Liebe.

Auch in der Landschaft gibt es Illusionen. Manche Kirche oder Burg hat eine kraftvolle Ausstrahlung. Doch wenn man die Augen zumacht und schaut, ob man die Energie noch im Herzen spürt, merkt man, daß man gar nichts mehr spürt. Das ist eine illusorische Energie, die zum Beispiel aus Macht oder Dogmatismus gekommen sein mag und nicht wirklich etwas mit Christus und Liebe zu tun hat. Mit so einer Energie kann man im Herzen nicht viel anfangen. Wenn diese illusorischen Energien sanft erscheinen, besteht die Gefahr, immer mehr in sie hineinzugeraten. Eine Psychiatrie in einer mittelalterlichen Stadt in Süddeutschland hatte eine ganz dumpfe, unangenehme, nebulöse Atmosphäre, und darüber erschien ein Licht, das alle sehnsüchtig machte. Die Patienten sprachen von diesem Licht und daß sie es ersehnen. Die Teilnehmer eines Erdheilungstages spürten wechselweise mit ihrem Herzen eine einfache Butterblume und dann eben jene Energie, nach der alle so sehnsüchtig waren. Sie durften feststellen, daß die Butterblume das eigene Herz öffnete im Gegensatz zu jener Energie. Aus der Perspektive der noch unangenehmeren Mistenergie der Psychiatrie auf eine scheinbar, helle, sanfte Energie zu schauen, löste Sehnsucht aus. Manchmal ist es schwer zu erkennen, welcher Art die Energie ist, die gerade entgegenkommt.

In der Geomantie schaut man sich so etwas im Zweifelsfalle immer wieder von außen an, von einen angenehmen Ort aus, wo man spürt: »Ich bin mit der Wiese unter mir und den Bäumen neben mir über Liebe in Kontakt.« Ist diese Energie für das Herz noch schöner? Öffnet sich das Herz oder verschließt es sich bei dem Gedanken an diese Energie? Letzteres ist ein Hinweis auf etwas Illusorisches.

Liebe im Zentrum der Erde

Ich möchte noch etwas Grundsätzliches sagen. Ich erlebe es so, daß die Oberfläche der Erde uns Menschen als Spielwiese zur Verfügung gestellt wurde. Heute darf jeder einen Teil herauslösen und daran sein Herz erproben. Als ich einmal einen Feldzug gegen zuviel schlechte Energien und manipulative Einweihungen führte, erschien mir Christus im Traum und sagte: »Jetzt hat die Welt so schön viel Karma«, so schön (!) viel Karma, »so daß die Herzen sich daran erproben können und wachsen dürfen auf eine Weise, wie es noch nie möglich war. Und du willst der Welt das Karma wieder wegnehmen? Woran sollen die Herzen dann wachsen?« Unsere Welt ist so, wie sie ist, damit die Herzen wachsen, und das ist ein Geschenk an die erwachende Menschheit und keine Strafe. Bis unser Herz »keine eigenen Probleme« mehr empfindet, dürfen wir alle noch viel auflösen und uns im Weltgeschehen erproben. Jeder an seinem Platz. Ab einem gewissen Punkt ist es auch wichtig, andere zu führen, sie durch ihre Schatten hindurch zu begleiten, so daß auch sie sich in ihrem Herzen finden und sich selbst erkennen können.

Nun: So viel zur Oberfläche der Welt. Darunter gibt es eine immense Kraft, die genau und geduldig weiß, daß wir unseren Weg gehen dürfen und müssen. Wer Kontakt zur Mutter Erde aufnehmen möchte – es gibt ja viele spirituelle Richtungen, die sagen, bevor du behandelst, mußt du dich erst erden – dem empfehle ich nicht, das was man unmittelbar unter seinen Fußsohlen spürt einfach durch die Zehen in den Körper hochzuziehen. Stellt dir vor, du stehst an einem belasteten Platz, dann könntest du dir einiges damit anziehen. Nein, man übt zunächst, mit dem eigenen Herzen an einen Strand des letzten Urlaubes oder in die eigene Wohnung zu reisen. Wenn man merkt, wie einfach es ist, mit dem Herzen herumzureisen, dann kann man auch gleich in den Mittelpunkt der Erde reisen. Wenn man sich darauf einläßt, spürt man dort eine immense Weiblichkeit, die göttliche Mutter pur. Diese hat viele Namen, in Indien wird sie zum Beispiel Shakti genannt. Ihre Liebe kann so überwältigend sein, daß man sich wundert, wie man das je vergessen konnte. Dieser Kontakt zur Mutter Erde kann eine immense Hilfe sein, das irdische Dasein wieder anzunehmen.

Mir fällt dazu eine Schilderung von Johanna von Keyserling ein, daß Shambhala die goldene Sonne im Mittelpunkt der Erde ist.

Ja, wenn man das einmal erfahren hat, dann würde man solche Begriffe gebrauchen. Shambhala löst ein Gefühl von Urliebe aus, und »golden«, ja, das paßt schon.

Sibylle Sian Schirmer

ZWERGENMUTTER UND ELFENBEAUFTRAGTE

Von Sibylle Sian Schirmer hörten wir, daß sie Filzzwerge herstellt, die von echten Naturwesen bewohnt sind. Wir fahren zu ihr in den verschneiten Schwarzwald. Dort kommt eine große Runde zusammen: Sian, Agnes, ich, Anna Kleihues, die als Verlagsagentin bei diesem Buch mithalf, und Barbara Geier, eine Freundin von Sian. Neben Sian steht ein leerer Stuhl, der sich aber bald füllt. Sie macht uns mit Dim-Hie-Trie bekannt, einem ehrwürdiger alten Zwerg, der Platz nimmt und während des ganzen Gespräches sehr aufmerksam und impulsierend dabei ist. Wir sprechen über ihr Zusammenleben mit den Elementarwesen, wie sie mit den gefilzten Naturwesen Naturwesen und Menschen verbindet und was Lemurien damit zu tun hat. (Kontakt: www.natur-welten.de)

Es muß ja keine Strafe sein...

Wie hat sich dein Kontakt zu Elementarwesen entwickelt?

Diesen Kontakt habe ich schon seit Kindheit an. Es war mir selbstverständlich. Doch bis auf den Pfarrer im Dorf gab es niemandem, dem ich mich weiter anvertraute.

Hast du dann während der Jugend diese Fähigkeit verloren?

Oh, ich habe alles gemacht, daß es weggeht!

Du hast alles gemacht, daß es weggeht?

Ja klar, ich wollte ja sein wie die andern.

Und hast du es geschafft?

Nein, das ging einfach nicht weg. Als Kind fand ich es lästig. Während meine Freundinnen zum Beispiel beim Puppenspielen das Geschehen selber auf die Puppen übertrugen, konnte ich das nicht so gut. Für mich waren sie leblos, ich hätte mir vorstellen müssen, daß die Puppen zum Beispiel Hunger haben, auch wenn sie »nur« Puppen waren. Für alle anderen Kinder war das ganz normal, doch für mich waren sie unbelebt – für mich war die Natur belebt. Aus dem heraus, was die Körperelementarwesen meiner Freundinnen sprachen, konnte ich hören, ob sie die Wahrheit sagten oder etwas zu verbergen suchten. Ich fand das sehr lästig.

Das immer zu wissen?

Das ist schlimm! Das ist echt schlimm!

Hast du die Körperelementarwesen der Freundinnen immer konkret gesehen?

Ja, jeder Mensch hat einen Körperelfen, der zur Naturwesenwelt gehört. Er ist vom Wesenhaften her nichts Kosmisches, was von oben gegeben wird, sondern etwas Tellurisches, etwas Erdhaftes. Der Körperelf weiß um alles, was den Menschen anbelangt, denn er hat die vorhergehenden Inkarnationen des Menschen bereits erlebt und kann sich deshalb an Zusammenhänge früherer Inkarnationen erinnern. Er zieht den Menschen magnetisch hin an ähnlich schwingende Orte oder Personen, die mit den Geschehen, die noch nicht bereinigt sind, zusammenhängen, auch mit Menschen, die helfen, dabei etwas aufzulösen. Wenn ich diese Körperelfen wahrnahm, bekam ich in der Regel Streß. Ich empfand und wußte dann zu viel. Das Körperelementarwesen lügt nicht, der Mensch kann aber gleichzeitig lügen, und dies ergibt dann einen Mißton. Deshalb wollte ich sein, wie alle anderen auch.

Das ist ja wie ein Lügendetektor!

Ja, und dieser bereitete mir Streß. Dabei bemerkte ich erst später, daß jeder Mensch das Körperelementarwesen oder den Körperelfen wahrnehmen kann. Es ist etwas Natürliches. Der Mensch hatte sich im Laufe seiner Evolution immer mehr von der Natürlichkeit abgewandt. Die Erfahrungen, die der Mensch auf seinem Erdenweg durchlief, empfand er oftmals als so verletzend, daß er sich in seinem emotionalen Leib in jedem Leben jeweils ein weiteres Stück Mauer vor das Herz gebaut hat.

Wie hast du denn versucht, deine Wahrnehmungsfähigkeiten wegzubekommen? Das ist eine interessante Frage, denn die meisten Menschen haben ja eher das Problem, die Erlebnisse wiederzuerwecken. Bei dir war es genau anders herum.

Nun, da gab es vieles, doch zuerst fragte ich mich, ob ich nicht fremdbestimmt sei, zum Beispiel, wenn neben mir ein Zwerg stand, der sagte: »Das würde ich ganz anders machen als du!« und dabei die Zwergenmütze zu vibrieren begann. Die Zwergenmütze ist keine wirkliche Mütze, sondern ein Ausdruck seiner Aura. Was man bildlich wahrnehmen kann, ist nur ein Abbild dessen, was innerlich in ihm vorgeht. Wenn Zwerge nahe bei Menschen wohnen, wird die Aura zu dieser Mütze. Und wenn der Zwerg sagt: »Das würde ich ganz anders machen«, fängt die Mütze an zu vibrieren und hin- und herzurutschen wie bei der Katze der Schwanz. Und wenn ich mir früher dachte, ich habe meinen eigenen Kopf, und machte es trotz der Warnung, dann ist oft etwas Schwerwiegendes passiert. Und dann fragte ich mich: Bin ich fremdbestimmt? Wenn ich so anders bin als die andern, stimmt dann etwas mit mir nicht?

Da fing ich an, Ausdauersport zu machen, bis in die Extreme. »Ich will das nimmer hören« – Berg hoch – »Ich will das nimmer hören« – Berg runter. Oder extrem lang schwimmen, nicht drei Mal über den See, sondern 30 oder 40 mal. Ich unternahm alles Mögliche und auch Unmögliche und brach dann total zusammen, auch in der Schule. Bei Fächern wie Geschichte oder Physik, wo es nur darum ging, alles in sich hineinzudrücken, konnte ich das gar nicht mehr aufnehmen. Da stimmte meines Erachtens nach einfach vieles nicht. Zum Beispiel, daß es kein Atlantis oder Lemurien gab. Die Naturwesen wissen darüber sehr viel, auch der Wind erzählt davon oder das Feuer. Als zu Beginn meiner Karriere Menschen zu mir kamen und voller Ehrfurcht sagten: »Deine Fähigkeiten hätte ich auch gerne«, mußte ich darüber lachen und sagte: »Bitte mitnehmen!«

Aber nicht alles?

Doch, wenn, dann die ganze Portion. Ich habe mir schon oft gedacht, wie schön wäre es, wenn ich nur mich hätte und gar nichts hören würde!

Du hörst die Wesen richtig?

Permanent. Ich kann es mittlerweile aber schon abschalten. Wenn ich mich auf die Frequenz einlasse, dann höre ich es sehr stark. Wenn ich die Frequenz in mir ändere, höre ich es trotzdem, aber sehr abgedämpft.

Sprechen sie eine Sprache, also deutsch, oder mußt du es übersetzen?

Oftmals übersetze ich die Ursprache der Naturwesen ins Deutsche, oder sie sprechen in Worten, die ich dann direkt sagen kann. Als ich zum Beispiel die Naturwesen-Deva-CD aufnahm, sprachen die Devas in deutscher Sprache. Deva bedeutet übergeordneter Geist oder Gruppenseele einer Pflanzenart.

Wie kam es dann zu dem Umschwung, daß du deine Fähigkeiten nicht mehr wegbekommen, sondern etwas Positives daraus machen wolltest?

Das ist erst passiert, als ich meinen Sohn Andreij in den Waldorfkindergarten brachte. Ich bemerkte, da ist eine Resonanz, und fühlte mich zu Hause angekommen. In der Anthroposophie entdeckte ich sehr viele Gemeinsamkeiten. Im Waldorfkindergarten erlebte ich eine wundervolle Natürlichkeit im Umgang mit der Natur. Naturwesen wurden ins Geschehen mit einbezogen. Es wurde gemeinsam etwas erarbeitet, und so habe ich begonnen, mit den anderen Müttern zusammen zum Beispiel die Jahreszeitentische zu gestalten. Wir filzten Kürbiskinder, Mutter Erde, färbten Tuch und Seide mit Pflanzen ein und erlebten, wie sich das alles nachher anfühlt. Da bemerkte ich, es könnte auch etwas Positives sein, wenn ich so eine Gabe habe. Es muß ja keine Strafe sein.

Freundschaft mit dem Erdenzwerg Dim-Hie-Trie

Hat sich daraus dann deine jetzige Arbeit entwickelt? Du fertigst ja Wesen an, die dem Ausdruck der echten Naturwesen möglichst nahekommen und von Naturwesen beseelt sind.

Ich habe vom anthroposophischen Gedankengut aus gesehen, daß es möglich ist, die Kinder im Herzen mit natürlichen Materialien zu berühren. Ich fühlte in mich hinein: Wie fühlt sich ein Wasserwesen an, wie ein Feuerwesen? Wie kann ich mit den Pflanzen eine dementsprechende Farbe in einen Stoff bekommen? Ich besuchte einen Filzkurs einer wundervollen anthroposophischen Frau und experimentierte mit dem Erlernten. Nach und nach kamen zu den Zwergen Wasserwesen wie Nixen, Wassermänner, Nöck und Feuerwesen wie Sonnenkinder dazu. Mit diesen Filzfiguren fuhren wir dann auf einen Handwerkermarkt nach Berlin auf der »Domäne Dahlem«. Das ist eine kleine anthroposophische Enklave mit Schäferei, Töpferei und Gärtnerei mitten in Dahlem. Dort traf ich den Erdenzwerg Dim-Hie-Trie. Er sah unseren Stand mit den figürlichen Abbildungen der Naturwesen. Er stand an einem Laternenpfahl. Drum herum war eine Horde Trolle mit zottigem Fell und struppigen Schwänzen. Solche habe ich vorher noch nie gesehen. Sie hatten allerlei Schabernack im Kopf, zogen zum Beispiel kleine Mädchen an den Zöpfen und machten sich ungeniert über die Menschen lustig.

Aber Dim-Hie-Trie war ein ganz ordentlicher, gut angezogener Zwerg. Das habe ich bis dahin noch nicht so stark erlebt, daß ein Zwerg Wert auf das Äußere legt. Sein Auftreten war ganz klar und fein. Er hatte schöne lange Finger, feine Gesichtszüge und war nicht so klein und klumpig wie Erdenwesen im allgemeinen sind. Immer wieder sagte er: »Benehmt euch doch!« und versuchte die Schar Trolle zu beruhigen, als ob er Verantwortung für diese hätte. Ich war gerade in einem Gespräch über das Färben und Filzen und erzählte, daß wir die Zwerge für die Schule verkaufen und davon das Schulgeld für die Kinder finanzieren.

Während dieses Gesprächs sah ich, daß zwischen Dim-Hie-Trie und den Trollen etwas geschah, und der Zwerg bemerkte meinen Blick. Ich werde diesen langsamen Blick nie vergessen, wie er sich wendete und mich anschaute. Ich dachte, »Oh, er sieht mich!«, und er, »Oh, sie sieht mich auch!« Da war eine Art Regenbogenbrücke zwischen uns. In diesem Moment geht alles andere drum herum weg, verschwindet wie im Nebel, und nur die Begegnung ist noch wichtig. Es ist wie ein telepathisches Rohr. Er schickte mir dann einen Wortgedanken herüber, und ich ihm zurück. Er sagte: »Die Filzzwerge sehen ja aus wie wir.« Das freute mich, und wir kamen in ein Gespräch. Dim-Hie-Trie erzählte, daß er seit 27 Jahren bei einem Rechtsanwalt hier in Dahlem wohnt. Lange schaute er Stephan, meinen Mann, an, seine Augen wanderten in die Ferne, und er sagte: »Ich kenne dich.« In meinem Verstand erwiderte ich ihm: »Das kann ja nun nicht sein, wir waren noch nie in Berlin. Wenn du hier 27 Jahre gewohnt hast, dann kannst du ihn nicht kennen.«

In diesem Moment zog sich Dim-Hie-Trie zurück. Ich fühlte, daß ich ihn in meiner kühlen Art verletzt hatte. Ich ging vom Stand weg, setzte mich an einen Baum und nahm wieder Kontakt mit ihm auf. Er erklärte mir, er habe ihn erkannt, »am Gewand seiner Seele«. Das verstand ich nicht, »am Gewand seiner Seele«, was soll das bedeuten? Und Dim-Hie-Trie erklärte mir dann, daß das die Aufprägung des Körperelementarwesens sei. Er kannte meinen Mann aus einem früheren Leben. Dim-Hie-Trie hat mir dann Stück für Stück die Welt nähergebracht, so daß ich auch meine Mitmenschen besser verstehen konnte.

Und Dim-Hie-Trie wurde dein engster Berater?

Ja, auf jeden Fall.

Offensichtlich ist er mit dir in den Schwarzwald gekommen, er sitzt ja hier am Tisch.

Das war sehr anstrengend, bis er hier war. Wir mußten ständig anhalten. Er kommt ja nicht so schnell mit. Die Fußgeschwindigkeit paßt für ihn, aber nicht die Geschwindigkeit eines Autos. Wenn man schon so stark Zwerg ist, 7800 Jahre Zwerg, dann ist man schon sehr materiell. Mittlerweile setzt er sich in eine Kristallbox, wenn er Auto fährt, damit ihm die Geschwindigkeit nichts ausmacht.

Das ist ja interessant, bei mir springen die Elementarwesen immer einfach in die Aura und kommen mit.

Naturwesen brauchen zum Reisen Ankerpunkte. Diese haben sie auch in der Natur, um sich festzuhalten sozusagen. Diese finden sie wohl in dir.

Mein engster Begleiter, ich nenne ihn Angar, zeichnet sich durch eine rasante Geschwindigkeit aus. Ich schicke ihn gerne für Erkundigungen aus und bekomme von ihm dann Informationen. Es geht immer zack, zack, zack. Er ist viel schneller als ich selbst.

Es sei eben »ein Denker«, meint Dim-Hie-Trie gerade.

Trennung von Mensch und Naturwesen in Lemurien und die notwendige Wiedervereinigung

Wie ging die Zusammenarbeit zwischen dir, Dim-Hie-Trie und den gefilzten Wesen weiter?

Er meinte: »Wie wäre es, wenn wir im Naturwesenrat nachfragen würden, um deinen Auftrag zu erfahren?« »Würden« hat immer etwas mit Würde zu tun, man muß die innere Würde wiedererlangen und innerliche Reife. Es ging darum, Naturwesen, die hinter dem lemurischen Dimensionstor geblieben sind, wieder zurückzubringen zu ihren Menschen, denn im Lemurienzustand haben die Menschen einen Dimensionssprung gemacht.

Das verstehe ich nicht. Was heißt »Dimensionstor«, »Wesen zurückgeblieben«?

Vor vielen Tausenden Jahren, so habe ich es gespürt, waren die Erde und die Naturwesenwelt eins in einer gemeinsamen Evolution. In Lemurien war eine andere Stofflichkeit auf der Erde, nicht so fest, nicht so greifbar, sondern leicht und frei. Dann gab es eine hohe Erschütterung. Das hat nicht in der Erde stattgefunden, sondern außerhalb der Erde, als ob das magnetische Feld der Erde ins Wanken gekommen ist, als ob etwas aus der Umlaufbahn geraten ist. Ich kann es aber nicht mit Worten erfassen, nur im Gefühl und im Geist spüren.

Rudolf Steiner beschreibt ganz detailliert das lemurische Zeitalter. Dort gab es noch keine physische Erde und keinen physischen Stoff. Man muß sich den lemurischen Menschen als feinstoffliches Wesen vorstellen, sehr flüssig und beweglich. Lemurien ist für uns heutige Menschen gar nicht so einfach vorzustellen. Dort hat die Individualisierung des Menschen begonnen. Vorher war er ganz einheitlich mit den anderen Seelen und der ganzen Welt zusammen.

Ja, das meine ich. Es ist die Chance, daß jeder sich als individueller Teil des Ganzen erleben kann und damit seine Gesamtheit fühlen kann. Das ist nicht gottgleich, sondern das Erlebnis, man selbst zu sein und dennoch im Ganzen aufgehoben zu sein. In dieser Zeit war der Mensch eins mit allem, was IST. Doch Mensch kann man noch gar nicht richtig sagen. Er war eher wesenhaft und hat alles gefühlt. Wenn ihm von außen etwas begegnete, spürte er, was es ihm sagte, einfach dadurch, daß er eingetaucht war. Je weiter er sich verdichtete, desto mehr gab es die Abgrenzung. In dieser Zeit gab es das gleiche wie der Mensch noch einmal in der Elementarwesenwelt, wie ein Abbild. Und da haben sich ganz viele abgespalten.

Wie kann man mit Filzpuppen Mensch und Elementarwelt wieder zusammenbringen?

Die elementarischen Abbilder haben sich also von den Menschen, die sich individualisierten, abgespalten. Und jetzt geht es wieder um eine Vereinigung. Habt ihr dann bei diesem Rat der Naturwesen nachgefragt?

Da ich nicht verstand, was Dim-Hie-Trie meinte, hat er mir von sich erzählt, wie er zu diesem Rat gekommen ist. Dann machte ich mehrmals mit ihm die Reise in die Kristallstadt und fragte mit ihm zusammen nach, wie es möglich ist, daß wir die Naturwesen in Teilen wieder zu den Menschen zurückbringen? Wie geht es, daß die Filzzwerge ein Mittler werden, so daß die Naturwesen in unsere Welt und wir in die Welt der Naturwesen kommen? Wie webt man einen Fokus? Wie kann man den Leib so weit materialisieren, daß man erlebt, man kann mit dem Naturwesen sprechen allein dadurch, daß man es anschaut und mit ihm in Resonanz tritt? Und wie macht man das, ohne daß es ein Götze wird?

Was ist die Kristallstadt?

Ich erlebe das so, daß ich diese nicht mit dem physischen Leib betreten kann. Sie ist auch nicht in der astralen Welt, die ich mit der Silberschnur bereisen kann. Sondern ich muß mich ganz aus dem Körper entfernen, durchlaufe die Astralwelt, lasse auch diese zurück, gehe eine Stufe oben drüber und werde aufgehoben durch Wesenheiten, die einen beschützen. Hier spüre ich, der Himmel ist immer noch ganz licht und hell, nur sind die Farben anders. Der Himmel ist nicht mehr blau, sondern es ist ein goldenes Licht. Dort im Rat habe ich dann verschiedene Wesenheiten wahrgenommen, die von Anbeginn da waren und die Baumeister unserer Welt sind.

Mir scheint, diese Region ist das, was man auch als geistige Welt, Devachan, Welt der Urbilder oder höhere Engelswelt bezeichnet.

Um dort hinzugehen, muß man bestimmte Voraussetzungen mitbringen. Man muß bereit sein, immer wahrhaftig und ehrlich zu sein.

(Im Raum wird es plötzlich dunkler.)

Jetzt werden die Energien so hoch, deshalb ist die Lampe ausgefallen.

Mein Aufnahmegerät läuft zum Glück noch. Was habt ihr herausgefunden, wie ist es möglich, Mensch und Elementarwelt wieder zu verbinden?

Es ist möglich, wenn man in der stofflichen Form beginnt und den Menschen genau da abholt, wo er steht. Es geht darum, daß man den Mensch so nimmt, wie er wirklich ist, ohne über ihn zu urteilen oder ihn zu bewerten, denn dann stellt man sich über ihn.

Deswegen filzt du also handgreifliche Wesen, damit Menschen darüber in eine Herzensbeziehung zu den Naturwesen kommen können?

Wenn ein Mensch ein Naturwesen bei sich hat... am besten wäre ein praktisches Beispiel. Barbara, erzähl doch du einmal!

Alltägliches Zusammenleben mit den gefilzten Naturwesen

Ja, genau, Barbara, erzähl doch mal. Du hast ja seit Jahren diese drei süßen Filzzwerge, die du mitgebracht hast und die da unten sitzen.

Barbara: Ja, ich habe diese innig lieb. Als ich den Amandus zum ersten Mal sah, sagte ich Sian: »Wenn überhaupt, dann kommt der in Frage.« Sie nahm ihn in die Hand und sagte: »Dieser schläft, momentan ist er gar nicht da.« Dann nahm ich ihn in die Hand, und die Augen gingen auf! Das bemerkte sogar ich. Das war ein gutes Zeichen, und ich nahm ihn mit.

Die Zwerge sehen gern, wenn ich zum Beispiel Eurythmie mache. Dann kommen mir immer Ideen, von denen ich weiß, die kommen nicht von mir, die sind von ihnen. Auch wenn ich sie nicht in die Hand nehme, sehe ich an der Mimik, ob ihnen etwas paßt oder nicht. Wenn ich weggehe und die Frage aufkommt, ob ich sie mitnehme oder nicht, dann ist es eigentlich immer ziemlich klar: »Da nimmst du uns jetzt mit!« Wie ich das mache, das ist ihnen völlig egal. Da muß ich mich einfach so einrichten, daß es klappt. Sie sind am leichtesten in einem Schal zu tragen, den ich mir umbinde.

Sie wollen nicht in der Tasche getragen werden?

Barbara: Nein, ich glaube nicht. Jetzt nehme ich sie auf jede Reise mit, das geht gar nicht anders. Ich würde sie nie zu Hause lassen. Eine Freundin von mir hatte einmal zu ihrem Wesen gesagt, heute bleibst du zu Hause, und ich nehme dich feinstofflich mit. Dann baute es sich vor ihr auf und sagte: »Gehst du auch feinstofflich dahin?«

Mußt du immer alle drei mitnehmen?

Barbara: Nein, man könnte auch nur einen mitnehmen. Aber man muß aufpassen, die anderen, die zu Hause bleiben, sind natürlich beleidigt.

Das heißt also, die Naturwesen sind sich der Filzform sehr bewußt und lieben es, einen stofflichen Träger zu haben?

Barbara: Ja, sie fühlen sich darin sichtlich wohl. Sie gehen nachts sicherlich auch mal woanders hin. Sie haben viele Aufgaben. Diese Wesen sind unglaublich hilfsbereit und wollen die Sachen in Ordnung bringen. Harmonie ist alles für sie. Wenn Streit ist, das halten sie nicht aus.

Was passiert dann?

Barbara: Es kann sein, daß sie dann weggehen.

Naturwesen können sich von Filzpuppen wieder trennen

Kann es also sein, daß sich eine Filzpuppe wieder ent-belebt?

Sian: Ja, das kommt immer wieder vor. Es kommt dabei auf die Menschen an. Wenn jemand mit sich selber sehr im Streit lebt, überträgt er gerne die Dinge auf den anderen. Das ist eine Eigenschaft des Menschen. Da er aus seiner Ganzheit herausgefallen ist, dient ihm der andere Mensch als Spiegel seiner eigenen Emotionen. Deshalb zieht der Mensch immer die Situationen an, die ihm eigentlich selbst helfen würden. Aber er sieht die Hilfe nicht und denkt, die ganze Welt habe sich gegen ihn verschworen. Dann fängt er an, mißtrauisch zu werden, seltsam zu werden, und das kann man dann auf dieses Wesen übertragen und der Mensch meint zum Beispiel: »Bah, der hat mich blöd angeguckt.« Das Wesen möchte aber nichts untergeschoben bekommen. Es hat dann Strategien, die es durchläuft, indem es ein Buch herunterfallen läßt oder daß an der Tür eine Freundin oder Freund klingelt. Es hat einen längeren Draht zu anderen Wesen, die etwas in die Wege leiten, damit dem Mensch geholfen wird. Es versucht lange, etwas zu verändern, wenn sich aber nichts verändert, darf es natürlich gehen. Es zieht sich dann in seine Welt zurück.

Die Wesen sind frei und nicht gefangen. Wenn zum Beispiel bei jemandem ein Wesen wohnt, das auf einer hohen Entfaltungsebene ist, und es ist etwas in der Natur, wo es gebraucht wird, dann nimmt es das Körperelementarwesen von dem Menschen mit und arbeitet woanders. Der Mensch fühlt sich dann meistens müde und schlapp oder wird krank, weil er nicht ganz Herr seiner Dinge ist.

Eine Frau hatte einmal bei mir ein Wesen bestellt, und das Wesen war bereit, aber ich spürte von Anfang an, es hat eine schwere Aufgabe bei der Frau. Ich versuchte mit der Frau darüber zu sprechen, und sie erzählte mir, ihr Mann sei Schwarzafrikaner und hätte Angst, daß ich Voodoo betreibe. Das Wesen wußte das. Ich durfte eine Fee für sie machen. Doch der Mann dachte, das sei eine Voodoo-Puppe, damit es zur Scheidung komme. Er nahm dann das Wesen in dem Filzgewand, verstach es und verbrannte es rituell.

Mir ist dann folgendes passiert: Es war im Sommer, und eine Hornissenplage kam zu uns. Die Hornissen waren überall um uns herum, auch um die Kinder, die sehr viel Angst hatten. Irgendwann dachte ich, das ist alles ganz komisch. Und dann stand die Hornisse da und sagte: »Ich stech dich! Ich stech dich!« So machte sie das. Ich sagte: »Warum willst du mich stechen? Habe ich dir irgendetwas getan?« Doch sie sagte nur: »Ich stech dich!« Ich sandte Liebesenergie aus. Dann wurde sie durchlässiger, und ich sah, sie war ein Verbindungstor zu diesem Menschen. Und ich sah, wie er im Wald sitzt und in die gefilzte Fee sticht, sticht, sticht. Dann nahm ich das

Naturwesen wahr, wie es zu mir zurückkam und sagte, es habe alles versucht, aber es gehe nicht. Die Frau habe mit dem Mann so eine starke Verbindung, die sie erst auflösen müsse. Sie könnten sich beide noch nicht voneinander trennen und klebten aneinander. Solche Dinge können geschehen.

Wenn jemand ein Wesen zwingen will, tue etwas für mich, du mußt jetzt magisch für mich tätig werden, dann möchte das das Wesen natürlich nicht machen. Denn es geht nicht um Macht, die aus dem Ego heraus erwächst, sondern darum, eine Brücke zu bauen und etwas Schönes in dem Menschen zu bewirken. Das Wesen probiert es noch auf verschiedenen Ebenen, doch wenn alles ohne Erfolg bleibt, zieht es sich aus dem Gewand zurück und kommt wieder bei mir an. Zurück bleibt eine unbelebte Filzpuppe, und es gehen vielleicht die Motten daran.

Sind die Wesen wirklich vor magischem Mißbrauch geschützt?

Ja, denn sonst würden sie niedere Astralwesen werden.

Bleibst du mit den Wesen immer verbunden? In diesem Beispiel hat es ja auf dich zurückgewirkt.

Nein, das war ein besonderer Fall. Mittlerweile bin ich mit mir selbst im reinen und dadurch vor Mißbrauch geschützt. Ich lasse die Wesen alle wieder los, sie zu halten würde ja keinen Sinn machen.

Anfertigung, Belebung und Verkauf der Filzpuppen

Wie viele Naturwesen hast du in den letzten Jahren angefertigt?

Genau weiß ich das nicht, doch sicher bereits über 1000. Ein Naturwesen kann man nicht einfach bestellen und nach seinen Wünschen anfertigen lassen. Man kann sich ins Naturwesen-Anfrage-Büchlein eintragen lassen. Dann frage ich im Naturwesenreich an, ob eines kommen mag und warum das so ist. Oft sind es auch mehrere, die kommen wollen, dann schaue ich, welches am präsentesten ist. Wenn die Vorstellung des Menschen nicht übereinstimmt mit dem, was kommen möchte, kann ich keine Verbindung herstellen und muß den Auftrag ablehnen. Wenn ein Naturwesen sagt, daß es gerne in einem Filzkörper wohnen mag, webe ich seine Ankerpunkte und den Fokus des Naturwesens in den Stoff ein. Zum Gestalten des Körpers nehme ich pflanzengefärbte Wolle. Diese ist aus Lebensprozessen hervorgegangen und eignet sich für mich hervorragend zum Gestalten der jeweiligen Naturwesen. Ich bekomme als Impuls, was für Pflanzen es braucht. Um welche Teile der Pflanze geht es? Geht es um Wurzelkräfte oder geht es um Sonnenkräfte in der Blüte? Zu welchem Zeitpunkt muß geerntet werden?

Hast du immer nur auf spezielle Anfragen Wesen angefertigt?

Ganz am Anfang war ein Grundgedanke vom Rat der Naturwesen, daß das, was wir tun, dem nicht widersprechen darf, was wir denken und fühlen. Das bedeutet, wenn wir finanzielle Sicherheit haben möchten, drei Kinder ernähren möchten und einen festen Job haben möchten – den hatte mein Mann als Landschaftsgärtner – und wenn der Job aber doch nur dem Profit des Unternehmers dient, dann ist das kontraproduktiv und entspricht nicht dem Wesenhaften. Es ist nicht die Bedingung, daß man sofort diesen Job kündigen muß, sondern es ist ein Grundgedanke, den man im Herz erwärmen sollte. Wir haben dann gesagt, wir lassen uns darauf ein und sehen, wieweit wir innerlich können. Wir haben uns Stück für Stück losgeeist, Versicherungen gekündigt, haben beide im Außen keinen Job mehr angenommen, uns nur noch auf unsere Arbeit konzentriert und zum Beispiel mit den Kindern die Pflanzen gesammelt.

Ich stand dann auf dem Markt mit den belebten Naturwesen. Wenn jemand sagte: »Das will ich kaufen, das gefällt mir!« und ich das Wesen fragte, ob es dahin will, und dieses antwortete »Nein!«, habe ich es am Anfang so gemacht, daß ich sagte: »Ach, von den Farben her würde vielleicht etwas anderes doch eher passen.« Ich merkte dann aber schon aus der Naturwelt: »Ach, was erzählt die denn! Warum sagt sie nicht, daß es nicht paßt?«

Hast du ihm dann ein anderes Wesen verkauft?

Wenn keines dabei war, selbstverständlich nicht, dann geht es ja nicht. Da ich mich nicht traute, es dem Menschen ins Gesicht zu sagen und Ausflüchte versuchte und gleichzeitig froh gewesen wäre, wenn am Abend etwas im Geldbeutel ist – man lebt ja davon –, bin ich durch viele verschiedene Fallstricke gegangen. Später sagte ich dann offen: »Dieser will nicht zu Ihnen.« Meistens lachten die Menschen uns dann aus.

Wir hatten auch lange viele Störkräfte. Einmal wurde uns die Tür aufgebrochen, oder es gab Marktleiter, die uns rausekeln wollten, weil wir anscheinend »spinnen«. Wir gehörten einfach nicht auf Kunsthandwerkermärkte. Und deshalb gab es auch andere, die das übernahmen und ebenfalls schöne gefilzte Figuren einfach noch günstiger als wir verkauften. Und ich dachte, ist das gemein, das war doch meine Freundin, die jetzt dort Puppen verkauft. Bis ich merkte, daß es vielleicht ganz gut ist, daß sie das macht, weil ich ja gar nicht auf den Kunsthandwerkermarkt gehöre.

Ist jetzt der Markt nicht mehr notwendig?

Ja, die Menschen kommen hierher. Am Anfang hatte ich überhaupt kein Geld, war arm wie eine Kirchenmaus, und es ging richtig schlecht. Doch es gab dann immer wieder Menschen, die auf dem Weg halfen und zum Beispiel sagten: »Hier hast du 50 Mark, kaufe etwas für die Kinder.«

Gibt es auch Filzwesen, die von Naturwesen belebt sind, ohne daß bewußt ein Fokus eingewebt wurde?

Oh ja, es kann immer sein, daß ein Naturwesen seinen Fokus auf etwas legt und eine Zeitlang darauf wohnt. Das kann auch bei Steinen so sein, daß man einen Stein eine Weile als besonders belebt wahrnimmt und dann wieder Zeiten hat, wo man es gar nicht spürt. Doch so etwas machen die Naturwesen von sich aus.

Unterschied von Naturwesen und menschenerzeugten Elementalen

Man kann alles, ob Puppe oder Steine, auch durch die eigene Energie, Wahrnehmung oder Liebe beleben. Das sind dann keine Naturwesen, sondern man nennt dies Elementale, also von Menschen geschaffene Wesen, die durch die Kraft der Absichten, Gefühle und Gedanken der Menschen belebt wirken.

Im Moor sind sehr viele Elementale, und man kann dort auch seine eigenen zurücklassen. Ein Elemental ist nicht wirklich dauerhaft. Das bleibt für eine gewisse Zeit und dann »plupp« ist es wieder weg, wird aufgelöst von den Naturwesen. Wenn ich um jemanden bete oder eine Fürbitte spreche, dann wirkt vieles zusammen, das ist wie eine Musik, die liebevolle Absicht, die Wärme, die Güte, die Freundlichkeit, und dazu gesellen sich Naturwesen: »Au ja, wir helfen!« Sie sind immer positiv, nie negativ, niemals zerstörerisch. Und derjenige, dem es schlecht geht, bekommt dann diese Liebesenergie, bekommt dieses Gesamtpaket. Es geht noch eine Weile, und dann macht es wie ein Glitzerlicht, wie beim Feenstaub, »klii klii glitzer«, dann löst es sich wieder auf und geht ins Gesamte zurück.

Wie lang ist die Lebensdauer von Elementalen? Solange ich einem Elemental, mit dem ich zum Beispiel einen Stein aufgeladen habe, Aufmerksamkeit schenke, solange ist es doch präsent, oder?

Ja, so erlebe ich das auch.

Gliederung der Naturwesen

So unterscheiden sich also Elementale und Naturwesen. Welche Unterschiede gibt es unter den Naturwesen?

Ich unterscheide zwischen Elementarwesen, die den Elementen zugeordnet sind, und Naturwesen. Naturwesen sind meist für bestimmte Bereiche und Gebiete zuständig. Sie sind einzeln und individuell spürbar und durchlaufen verschiedene Entfaltungsebenen. Ich habe erlebt, daß es drei Entfaltungsebenen gibt. Darüber sind sehr viele lichte, hohe Wesen, die aber nicht mehr zu den Naturwesen zählen.

Wie erlebst du diese drei Stufen?

Nehmen wir als Beispiel den Pan. Dieser gehört zur dritten Entfaltungsebene. Er hat seinen Fokus an bestimmten Plätzen der Landschaft. Eine Landschaft ist ein vielschichtiges Gebilde. In der Radiästhesie befaßt man sich zum Beispiel mit physikalischen Objekten wie Mineralen, Metallen und Pflanzen, Wasseradern und Wasserquellen, elektromagnetischen Feldern, morphischen Auren, den Gitterstrukturen der Erde wie Globalnetzgitter, Hartmann-Gitter, dem Benker-Kubensystem und den Wittmannschen Polpunkten und geologischen Verwerfungszonen mit erhöhter ionisierender Strahlung. Über all die Dinge, die in seinem Gebiet geschehen, weiß ein Pan Bescheid, man kann ihn also fragen. Er hat auch das räumliche Vermögen, an verschiedenen Orten seines Bereiches gleichzeitig zu wirken.

Dann gibt es die zweite Stufe. Das sind zum Beispiel die »alten Weisen«. Anders kann man es gar nicht beschreiben, denn sie sind sehr weise in ihrem Tun. Auch sie wissen über die Landschaftsenergie, sind jedoch nur für ein kleineres Gebiet zuständig. Sie bilden sich ganz gerne mal in Bäumen ab, so daß man zum Beispiel Gesichter sieht, die herauskommen.

Aber nicht zu verwechseln mit einem Faun. Ein Faun gehört der ersten Stufe an. Der Faun ist mit dem Baum soweit verwoben, daß er auch in seinen Ästen entsprechend der örtlichen Energie Kosmogramme bilden kann. Ein Faun, ein Baumelf lebt so lange verwoben in seinem Baum, den er behütet, bis der Baum abstirbt oder abgesägt wird. Es ist eine große Qual für den Elfen, wenn man seinen Baum einfach beschneidet. Man kann ihm Bescheid sagen, und er zieht die Baumsäfte aus den Ästen zurück. Man kann jeden Baumelfen fragen, wenn man etwas über die Gesundheit des Baumes wissen möchte.

Sprache der Naturwesen

Naturwesen, die noch nicht so viel bei den Menschen waren, haben eine eigene Sprache. Sie unterhalten sich in Silben, Tonlauten und Abfolgen untereinander, und es gibt Diagramme und Kosmogramme. Wenn von hohen Lichtwesen, den Engeln, eine Aufgabe in die dritte Entfaltungsebene der Naturwesen fließt als Klang und Melodie, dann kommen Wesen, die sich sofort zugehörig fühlen und hinwandern. Und später wachsen die Bäume, und sie haben diesen Klang in sich und bilden Kosmogramme. Daher kann man genau an natürlich gewachsenen Bäumen sehen, was die Aufprägung ist.

Als kleines Kind habe ich etwas gesehen, das hieß »Tara-dos«. Das heißt, da wo wahrer Friede möglich ist. Da gab es in den Bäumen Gebilde von Tara-dos, das sind Kreise und Achterformen, und die Feen tanzten miteinander. Solche Plätze sind sehr stabil. Der Baumfaun, der die Aufprägung spürt, wandelt diese um und biegt die Äste zu einem Kreis und Achter. Dann gibt es auch »Aries«. Das sagen die Erdwesen gerne, und das bedeutet in der Sprache der Naturwesen »Erdung«. Von klein auf erlebte ich, daß die Erdwesen das Aries in ihren Sätzen immer wieder benutzten, wenn es darum ging: »Jetzt bist du in Gedanken, sei mal wieder auf der Erde, fühle Aris.« Man kommt dann wieder in den Körper hinein und hat zum Beispiel keine kalten Füße mehr. Als Kind malte ich mir das auf wie ein Spiralchen, das von der Erde kommt und wie ein Pfeil in mich hineingeht.

Durch Vereinigung mit Naturwesen wird der Mensch rund

Ich würde gerne noch einmal zu dem Rückblick auf Lemurien kommen. Ich habe es so verstanden, daß sich in Lemurien Mensch und Elementarwelt getrennt haben und deshalb zu jedem Menschen eine bestimmte Schar von Naturwesen besonders zugehörig ist. Jetzt geht es darum, daß die Menschen und die zugehörigen Naturwesen wieder in eine Verbindung kommen. Dies ist der Grundimpuls deiner Arbeit, den du aus dem Reich der Naturwesen erhalten hast. Und die Anfertigung der belebten Filzwesen ist hierzu dein Beitrag?

Ja, doch hinzugekommen ist, daß ich gerne auch das Wissen weitervermitteln wollte. Ich habe daher viele Jahre Filzkurse gegeben, Naturerlebnisworkshops geleitet und dann vor einigen Jahren eine Akademie gegründet. Sie heißt die hohe Schule der Naturwelten. Mein neues Projekt ist die Elfenbeauftragtenschule, welche ich ab 2010 leiten werde. Doch die Berufung der Zwergenmutter übe ich weiterhin aus.

Haben also jeweils bestimmte Zwerge oder Wasserwesen zu bestimmten Menschen eine Anziehung, auch wenn sie gleichzeitig in der Natur wirken?

Genau. Wir Menschen gehören wesenhaft ja auch zum Bereich der Natur.

Wie sieht der Mensch aus, wenn diese Verbindung stattgefunden hat?

Er ist rund.

Er ist rund in sich und rund mit der Natur?

Ja, er fühlt sich mit der Natur verbunden, als Teil der Natur, so wie früher.

Da ein Teil der Naturwesen bewußter Bestandteil seiner Aura wird?

Ja. Es gibt keine Löcher mehr oder Spannungsfelder. Man ist in sich rund. Die Lebensumstände mögen zunächst noch die gleichen sein, doch man kommt schon an seinen Platz. Man wird dahin gebracht, wo es am besten, am schönsten, am erfülltesten, am gesegnetsten ist.

Wird diese Einheit mit der Natur konkret so hergestellt, daß ein Erdwesen oder ein Wasserwesen in der Aura ist und diese speziellen Wesen dann eine Brücke zu den anderen Wesen herstellen?

Ja, aber das heißt jetzt nicht, daß man bei mir gefilzte Wasser- und Erdwesen kaufen muß.

Ich meine nicht Figurwesen, sondern meine es rein aurisch. Ich habe beobachtet, daß jeder, der mit Naturwesen arbeitet, spezielle Freunde bei sich hat.

Ja, so wie bei dir.

Dabei sind die Schwerpunkte unterschiedlich. Einer hat ein Luftwesen, ein anderer ein Erdwesen. Mir wird jetzt verständlich, warum das so ist. Erst wenn man die Trennung des Menschen vom Kosmos in Lemurien mit dazunimmt, ergibt sich ein vollständiges Bild.

Wesen wollen bei der Reinigung der Erde helfen

Diese Wiedervereinigung ist heute dringend notwendig. Die Erde ist aus vielen verschiedenen Zwiebelschalenschichten zusammengebaut. Die Astralebene – so habe ich es gesehen – war früher für die Engel. Sie wurde dann von Elementalen und Gedanken der Menschen bevölkert. Die Astralwelt ist voll mit Dingen, die da gar nicht hingehören. Sie bedürfte dringend einer Reinigung. Vieles, was der Mensch macht, ist kontraproduktiv, zum Beispiel die Atomstrahlung. Da sind die Naturwesen sehr in Alarmbereitschaft versetzt, und deshalb sind sie so zahlreich da: »Hallo, tut etwas! Tut etwas!«

Die Naturwesen auf der hohen Entfaltungsebene sind frei von jeder vorgegebenen Form. Das bedeutet auch, sie sind frei von Zeit und Raum. Das heißt, sie sind gleichzeitig in der Zukunft, können auch in der Vergangenheit sein und wirken trotzdem hier in der Gegenwart. Wenn man sich in die Zukunft projiziert und sieht von dort, wo es hinführt, dann wird man zurückgeworfen, um hier in der Jetztzeit etwas zu verändern. Die Naturwesen haben eine große Bereitschaft, zu helfen.

Wenn man sich auf die Erde konzentriert, spürt man den Gesamtkonsens der Menschen. Wenn der Mensch sein Denken verändert, verändert sich auch die Welt. Von daher stimmt es, daß der Mensch Schöpfer seiner Welt ist. So spüre ich das. Wenn wir unseren Fokus auf etwas Gutes und Schönes richten und das im Kollektiv machen, dann verändert sich das Gefüge der Welt. Denn zwischen den Atomen ist nur Liebe. Wenn andere Aufprägungen versuchen, das an sich zu reißen – eine dunkle, verschmutzende Energie – dann geht es bis zu einem gewissen Grad, muß sich dann aber wieder wenden.

Was ich und Dimi als wichtig empfinden ist, daß die Menschen nicht gedankenlos durch die Gegend laufen, sondern die Natur bewußt wahrnehmen, daß so viele Menschen wie möglich miteinander in einem Netzwerk zusammenarbeiten und nicht nur sich selbst, sondern sich auch der Natur bewußt werden, wirklich bewußt werden, damit diese Erde weiterhin belebbar bleibt. Ich glaube, daß deshalb auch so viele Naturwesen kommen und sich den Menschen zeigen, weil sie die Menschen aktivieren möchten: »Erkennt doch einmal, welche Fähigkeiten ihr habt, erkennt eure Schätze, nehmt an, heilt euch, seid liebevoll miteinander, seid achtsam!« Es geht darum, daß dieser Planet wieder gesund wird. Das ist mir am wichtigsten und Dim-Hie-Trie auch. Nur alle zusammen sind wir stark.

Findhorn aus der Sicht der Naturwesen

Wenn du so sprichst, dann erinnert mich das stark an die Impulse von Findhorn, menschliche Gemeinschaftsbildung mit gleichzeitiger Einbeziehung der Naturwesen.

Ich habe von Naturwesen, die dort mitwirken oder dort zu Besuch waren, erfahren, wie Findhorn entstanden ist.

Du kennst Naturwesen aus Findhorn? Wie sieht Findhorn für diese aus? Wir sind seit einigen Monaten dort. Findhorn brachte ab 1962 die Elementarwesen in die westliche Öffentlichkeit. Das hat viele, viele Menschen aus aller Welt inspiriert und bestärkt. Ich will darüber auch noch schreiben und Gespräche führen. Es interessiert mich, was du da mitbekommen hast.

Das würde ja ein Buch füllen! Sie erzählten, wie die Menschen an diesen Ort gekommen sind, was sie erleben, wie sie dachten und wahrnahmen, wie sie einen Komposthaufen anlegten, wie sie Raum und Platz schafften, damit die Naturwesen mithelfen können. Sie erzählen von Tänzen, von Gebeten, von Liebe und vom Miteinander, vom Wachsen, Raumhaben und Gedeihen. Man könnte sagen: Eine große Ausstrahlung geht von dort aus. Man kann die aurische Strahlung bis ins Weltall sehen.

Trennung von Mensch und Elementarwesen in Lemurien

Die Schilderungen von Sian gehen mir noch lange nach. Zum ersten Mal hörte ich deutlich ausgesprochen, daß bis zum lemurischen Zeitalter Mensch und Elementarwesen ein Gemeinsames waren und sich erst mit der dort beginnenden Individualisierung des Menschen trennten. Jetzt geht es um die Wiedervereinigung auf einer neuen Stufe. Das ist die tiefere Dimension der heutigen und zukünftigen Zusammenarbeit mit den Elementarwesen!

Doch wie kann ich das verstehen? Ich kenne Lemurien nur vom Hörensagen und habe selbst nur ein einziges kleines Erlebnis, das ich diesem Zeitalter zuordne.

Ich fühlte mich 2007 durch eine schwierige Energie eines Ortes, an dem ich intensiv arbeitete, sehr angegriffen. Aurisch war immer ein beißendes Zusammenziehen um mich herum, und ich konnte damit nicht umgehen, konnte mich nicht davon freimachen. Eine schwierige Energie eines Ortes ist eine Sache. Ob man sich davon angegriffen fühlt, das ist eine andere Sache. Wenn man sich angegriffen fühlt, ist meistens etwas Unerlöstes im eigenen Seelenhintergrund, das als anziehendes Resonanzfeld wirkt.

Also stieg ich mit Hilfe und Führung eines Freundes meditativ in dieses Gefühl des Angegriffenseins hinein und erlebte letztendlich Folgendes: Ich war ein Wesen in einer beweglichen, formlosen Substanz, fühlte mich aber irgendwie schon als Selbst und war freudig. Ich kann nicht sagen, wie ich ausgesehen habe oder die Welt um mich herum, denn ich konnte das gar nicht sehen, fühlte es aber ganz intensiv und klar. Es gab aber keine Grenze zwischen mir und der Welt, das Selbstgefühl und das Weltgefühl gingen ineinander über. Ich war in einer kindlich, übermütigen Stimmung und probierte nun etwas in mir aus und benützte eine Seelenkraft. Doch dann fühlte ich um mich herum eine große Explosion, und ich wußte mit Erschrecken, jetzt hast du eine ganze Landschaft zum Platzen gebracht! Es war aber keine geformte, materielle Landschaft, sondern eine ätherische Landschaft oder vielleicht eher etwas zwischen Äther und Materie. Und dann war ein starkes Gefühl von Schuld und Scham da. Vom Zeitgefühl her war mir klar, das war ein Erlebnis aus urfernsten Zeiten. In der uns historisch bekannten Zeit gibt es solche Erlebnisse auch nicht. Wer hat schon davon gehört, daß jemand einen kräftigen Gedanken denkt und dann fällt die Hügelkette, auf die er gerade blickt, in Tausend Stücke zusammen? Offensichtlich hatte ich durch das übermütige Zerstören der Landschaft ein Karma aufgebaut, das mich in Resonanz mit der schwierigen Ortsenergie brachte und das bis heute wartete, aufgelöst zu werden. Nachdem ich es noch einmal durchlebt habe, konnte ich mich dann von der Ortsenergie auch tatsächlich besser distanzieren. Das ist mein Lemurien-Erlebnis.

Ich denke, zum Verständnis der Elementarwesen ist das Lemurienthema sehr bedeutsam. Ich möchte es besser verstehen können. Was war Lemurien? Was ist dort geschehen? Welche Erkenntnisse gibt es in der Geisteswissenschaft schon dazu? Rudolf Steiner hat sehr viel und sehr differenziert über Lemurien geforscht und gesprochen. Lemurien ist die Epoche vor Atlantis. Ich stelle hier einige für mich erhellende Passagen zusammen. Ich mache das etwas ausführlicher, damit man sich in die so andersartigen Verhältnisse in Lemurien besser einfühlen kann.

In Lemurien begann die Beseelung mit dem höheren Selbst und die Individualisierung des Menschen

Hier beschreibt Steiner den wohl wichtigsten Vorgang von Lemurien:

»Vor langen Zeiten kommen wir zurück in das Gebiet, wo der Mensch in seiner heutigen Form entstanden ist, ein Land, das ungefähr zwischen dem heutigen Hinterindien, Australien und Afrika lag: das alte Lemurien, ein uraltes Land, in dem ganz andere Verhältnisse als heute auf der Erde geherrscht haben. Gewöhnlich stellt man sich viel zu wenig vor, wie groß und ganz umfassend die Umänderungen auf der Erde im Laufe der Menschheitsentwickelung selbst waren. Da nun treffen wir einen Zeitpunkt an, in dem die niedrige Natur des Menschen schon vorhanden war. Damals wandelten auf dieser Erde Wesenheiten, die aus diesen vier Gliedern bestanden: physischem Leib, Ätherleib, Astralkörper und der Ich-Natur. Diese Wesenheiten waren höher organisiert als die höchsten heutigen Tiere, nur noch keine Menschen: Tiermenschen, aber nicht etwas wie die heutigen Tiere. Diese sind degenerierte Nachkommen, die sich von diesen Tiermenschen durch Zurückbleiben und Zurückbildung entwickelt haben. Mit diesen Wesen also, die damals lebten, ist in jener Zeit etwas ganz Besonderes geschehen.

Damals waren sie reif, eine gewisse Kraft in sich aufzunehmen, eine Kraft, welche unsere höhere Seelenkraft ist. Es fand, wenn wir das so ausdrücken wollen, damals die Vereinigung der niederen Menschennatur mit der menschlichen Seele statt. Diese Menschenseele ruhte bis dahin im Schoße der Gottheit, war ein Glied innerhalb der Gottheit selbst. (...) Bildlich können wir uns nun vorstellen, was damals geschah. Denken Sie sich ein Glas mit Wasser, Sie nehmen hundert kleine Schwämmchen und versuchen, nach und nach jedes dieser Schwämmchen mit einem Tropfen aus diesem Wasser anzusaugen, dann haben Sie hundert Tropfen, die vorher mit dem Wasser ganz verbunden waren, verteilt auf hundert Schwämmchen. So können Sie sich bildlich und einfach vorstellen, wie dazumal der Prozeß der Beseelung vor sich ging. Die Seele ruhte bis dahin in der großen allgemeinen göttlichen Wesenheit wie der Tropfen in dem Glase Wasser. So wie diese Schwämmchen wirkten, so wirkten diese physischen Menschenhüllen. Es sonderten sich diese geistigen Tropfen aus der gemeinsamen göttlichen Substanz heraus, sie wurden individualisiert, sie waren als Seelen Tropfen in den Hüllen darin. (...) Dazumal verkörperten sich diese Seelen zum ersten Mal, gingen dann durch viele, viele Verkörperungen hindurch und bildeten ihren Menschenleib aus bis zu seiner heutigen Gestalt.« *(Rudolf Steiner, GA 97, Das christliche Mysterium, S. 106 ff., Vortrag Karlsruhe, 4. Februar 1907, Dornach 1998)*

Beginn des Karmas

Nach Steiner gibt es menschliches Karma erst seit dieser Beseelung in Lemurien und begann mit unsicherem, tölpelhaften Umgehen mit der Welt. Das erklärt mein oben geschildertes Erlebnis etwas.

»Die anderen Formen, die weniger weit waren, die gefielen den herunterkommenden Monaden [Anmerkung des Autors: Menschengeist] nicht; daher gaben sie nur einen Teil ihrer geistigen Kraft in die unvollkommenen Menschenkörper hinein, und die dritte Welle weigerte sich ganz, sich zu inkarnieren. So gab es dadurch zum Teil geistig nur sehr schwach befruchtete Menschenkörper und solche ohne allen Geist. (...) Wären damals alle Menschen befruchtet worden mit Monaden, dann wäre das ganze Menschengeschlecht viel besser geworden. Das erste Böse entstand dadurch, daß sich einige Monaden weigerten, sich zu inkarnieren. (...) Das ist die Entstehung des Urkarmas. Damals wurde der erste Keim zu Karma gelegt. Alles Spätere ist eine Folge des Urkarmas; denn, wären die Monaden alle zur rechten Zeit in die Menschenformen geschlüpft, so hätten die Menschen die Sicherheit des Tieres, sie hätten nicht irren können, aber sie hätten nicht Freiheit entwickeln können. (...) Das Unpassende zwischen höherer und niederer Natur ist damals entstanden. Der Mensch wurde dadurch unsicher; er muß jetzt probieren, durch verschiedene Erfahrungen hindurchzupendeln, wie er sich in der Welt zurechtfinden soll.« *(Rudolf Steiner, GA 93a, Grundelemente der Esoterik, S. 186 ff., Dornach 1987)*

Verdichtung des physischen Leibes aus dem Ätherleib

Gleichzeitig mit der Beseelung fand in Lemurien auch eine Verdichtung des Menschenleibes statt:

»Als aber die lemurische Zeit heranrückte, da war der Mensch noch immer nicht als physischer Leib in seiner heutigen Gestalt vorhanden. Da war das, was heute physisch ist, in seinen dichtesten Gebieten im Grunde genommen als Ätherleib vorhanden, das heißt, die Kräfte unseres jetzigen physischen Leibes waren damals wie aufgelöst im Ätherleib« *(Rudolf Steiner, GA 129, Weltenwunder, Seelenprüfungen und Geistesoffenbarungen, S. 167, Dornach 1995)*

Der Lemurier, ein weichkörperlicher Lindwurm

Hier einige konkretere Schilderungen über die Gestalt des Lemuriers:

»In der lemurischen Zeit war alles erfüllt von einer wasserartigen Masse, aus der Inseln herausragten, die sämtliche vulkanisch waren. Typisch für Lemurien ist das Wechselvolle in der Natur, in den Formen und im Leben. Da herrschte ein rasches Sich-Verwandeln der einzelnen Gestalten und Arten. Die Seeleneigenschaften der Atlantier waren bei den Lemuriern noch stärker ausgeprägt, insbesondere der Wille, der den allergrößten Einfluß auch auf die Gestaltung des physischen Leibes hatte. Dieser selbst bestand nur aus gallertartigen, durchsichtigen Stoffen, in die das, was heute Knochen und Muskeln sind, erst hineingebaut werden mußte. Ein Organ, das heute eine sehr große Rolle spielt, die Lunge, befand sich damals erst in den allerersten Anfängen. Das ist sehr bedeutsam, denn mit der Ausbildung der Lunge hängt die Beseelung des Menschen zusammen. Diese Beseelung geschah nicht in einem Augenblick, sondern sie dauerte sehr lange Zeitepochen. (...) Die Bewegung des Menschen bestand in einem Schweben. In seiner Leibeshöhle besaß er ein besonderes Organ dafür, eine Art von Schwimmblase. Aus dieser

Schwimmblase entwickelte sich dann unter dem Einfluß der ihn umschwebenden Seele die Lunge allmählich heraus. In dem Maße, als der Mensch mit der Lunge zu atmen begann, zog seine Seele in den Körper ein. (...) Äußerlich sah der Mensch in jener Zeit etwa aus wie ein sehr weichkörperlicher Lindwurm.« (Rudolf Steiner, Kosmogonie, GA 94, S. 164 f., Vortrag in Leipzig am 7. Juli 1906, Dornach 2001)

Lemurier lebten in einer traumartigen Bilderwelt außerhalb des Leibes

Der Lemurier erlebte nicht eine Ding-Welt, sondern nur eine Seelen- und Kräftewelt, lebte also auch ständig mit den Elementarwesen zusammen:

»(Die Seele) war außerhalb des Leibes, umschwebte ihn auf einer Erde, die damals noch von mächtigen Lebensströmungen durchzogen war. Der Lemurier befand sich dauernd in einem schlafartigen Zustand, der sich mit unserem Traumbewußtsein vergleichen läßt, in dem eine lebhafte Bilderwelt sich darstellt. Nur in dieser Weise konnte er wahrnehmen; er wußte die Bedeutung der einzelnen Bilder und kannte dadurch das Seelische der Dinge.« *(Rudolf Steiner, Kosmogonie, GA 94, S. 165, Vortrag in Leipzig am 7. Juli 1906, Dornach 2001)*

»In der Seele lebten Bilder, nicht Vorstellungen von äußeren Dingen. Wenn der Mensch zum Beispiel von einem kälteren in einen wärmeren Raum trat, so stieg in der Seele ein bestimmtes Farbenbild auf. Aber dieses Farbenbild hatte nichts zu tun mit irgendeinem äußeren Gegenstande. Es entsprang aus einer inneren mit dem Willen verwandten Kraft. Solche Bilder erfüllten fortwährend die Seele. Man kann das Ganze nur vergleichen mit den auf- und abwogenden Traumvorstellungen des Menschen. Nur waren damals die Bilder nicht regellos, sondern gesetzmäßig.« *(Rudolf Steiner, GA 11, Aus der Akasha-Chronik, S. 90, Dornach 1986)*

Naturleben wurde mitgelebt

Der Lemurier war noch in Lebenseinheit mit den Elementarwesen, die ja das Naturleben sind:

»Das Seelenleben kann man nicht als ein eigentliches Innenleben bezeichnen. (...) Das äußere Naturleben wurde von der Seele noch mitgelebt. (...) Er ›spürte‹ in seinem Leibe die Umgebung und verhielt sich danach. Er wußte aus solchen Gefühlswirkungen, wann und wie er zu arbeiten hatte. Er wußte daraus, wo er sich niederzulassen hatte. Er erkannte daraus Gefahren, die sich für sein Leben ergaben, und vermied sie.« *(Rudolf Steiner, GA 11, Aus der Akasha-Chronik, S. 89, Dornach 1986)*

Kein Gedächtnis, keine Sprache, Gedankenlesen und unmittelbare Wirkung der Lemurier-Gedanken auf die Umwelt

Die Lemurier waren ganz anders als wir:

»Im großen und ganzen war bei dieser Rasse das Gedächtnis noch nicht ausgebildet. Die Menschen konnten sich zwar Vorstellungen machen von den Dingen und Ereignissen; aber diese Vorstellungen blieben nicht in der Erinnerung haften. Daher hatten sie auch noch keine Sprache im eigentlichen Sinne. Was sie in dieser Beziehung hervorbringen konnten, waren mehr Naturlaute, die ihre Empfindungen, Lust, Freude, Schmerz und so weiter ausdrückten, die aber nicht äußerliche Dinge bezeichneten. – Aber ihre Vorstellungen hatten eine ganz andere Kraft als die der späteren Menschen.(...) So konnte der Lemurier seinen Nebenmenschen Mitteilungen machen, ohne daß er eine Sprache nötig gehabt hätte. Diese Mitteilung bestand in einer Art ›Gedankenlesen‹. Die Kraft seiner Vorstellungen schöpfte der Lemurier unmittelbar aus den Dingen, die ihn umgaben. Sie floß ihm zu aus der Wachstumskraft der Pflanzen, aus der Lebenskraft der Tiere. So verstand er Pflanzen und Tiere in ihrem inneren Weben und Leben. Ja er verstand so auch die physischen und chemischen Kräfte der leblosen Dinge.« (Rudolf Steiner, GA 11, Aus der Akasha-Chronik, S. 58, Dornach 1986)

Magische Wirkung des Lemurier-Willens auf die Natur

Mein oben geschildertes Lemurienerlebnis mit der übermütigen Zerstörung einer Landschaft paßt ins Bild. Ich war offensichtlich nicht der einzige:

»Die Willenskraft des Menschen wirkte dazumal magisch. Der Mensch konnte durch seinen Willen auf das Wachstum der Blumen wirken. Wenn der Mensch seinen Willen anstrengte, konnte er eine Blume rasch in die Höhe schießen lassen, eine Fähigkeit, die heute nur durch eine abnorme Entwickelungsprozedur zu erreichen ist. Daher war damals die ganze natürliche Umgebung abhängig davon, wie der Wille des Menschen beschaffen war. War er gut, so wirkte er besänftigend auf das Wogen der Wassermassen, auf den Sturm und auf die damals in weitem Umkreis herrschenden feurigen Gebilde, denn es war die Erde damals zum großen Teil vulkanischer Natur. Der Mensch wirkte besänftigend auf das alles durch einen guten, und zerstörend durch einen bösen Willen. Ganze Inseln konnten zerschlagen werden durch den bösen Willen. (...) Im wesentlichen gingen die Ländermassen, in denen der Mensch damals gewohnt hat, durch den bösen Willen der Menschen zugrunde.« *(Rudolf Steiner, GA 104, Die Apokapypse des Johannes, S. 133, Dornach 2006)*

Gestalt wurde durch Leidenschaften und Gedanken geformt

Der Lemurier wirkte nicht nur magisch auf die äußere Natur, sondern auch auf seine eigene Gestalt:

»Je nachdem er *(Anm: der Lemurier)* gute oder schlechte Leidenschaften oder Gedanken hatte, formte sich seine äußere Gestalt. Man konnte damals durchaus nicht so im Verborgenen einen bösen Gedanken hegen, denn die äußerliche körperliche Form nahm sogleich den Ausdruck dafür an, und so erschien der Mensch in allen möglichen Gestalten. (...) Und ein großer Teil unserer heutigen höheren Tiere ist nichts anderes als solche Menschenwesenheiten, die sich so verstrickt haben in ihren Leidenschaften, daß sie sich verhärtet haben, daß sie fest und starr geworden sind.« *(Rudolf Steiner, GA 105, Welt, Erde und Mensch, S. 112 f., Dornach 1983)*

Entstehung der Tiere und Pflanzen aus dem Lemurier

Rudolf Steiner schildert, daß Tiere und Pflanzen vom lemurischen Menschen abstammen, wodurch erst ein fühlendes und wollendes Innenleben der menschlichen Seele möglich wurde. Dies prallt natürlich ziemlich an die verbreitete Vorstellung, »der Mensch stammt vom Affen ab«.

»Sehen Sie, diese ganze Absonderung mußte die Menschheit durchmachen, damit dem Menschen selbständiges Fühlen vorbereitet werden konnte für sein Erdendasein. So haben wir eine erste vegetabilisch-animalische Schöpfung, die eigentlich in Absonderungsprodukten des Menschen besteht, und die das vorbereitete, daß er als irdisches Menschenwesen ein wollendes Wesen werden konnte. Wäre das alles in ihm geblieben, dann hätte das sein Wollen übernommen. Sein Wollen wäre ganz physisches Geschehen geworden. Dadurch daß er das ausgesondert hat, ist das Physische von ihm fort, und das Wollen nimmt einen seelischen Charakter an.« *(Rudolf Steiner, GA 232, Mysteriengestaltungen, S. 84 f., Dornach 1998)*

Die abgesonderten Tiere sind die Saurier

Ich glaube, die besondere Rührung, die die Saurier nicht nur bei Kindern hervorrufen, hängt damit zusammen, daß die Seele tief innen spürt: Das sind unsere früheren Freunde, die aus uns entstanden sind und mit denen wir zusammenlebten.

»Da oben in der Feuerluft, da haben allerlei Tiere gelebt. (...) Sie haben einen ganz beschuppten Schwanz gehabt, der aber flach war, so daß der Schwanz ihnen gut zum Fliegen in der Feuerluft diente. (...) Es waren kleine Drachenvögel, welche elektrische Ausstrahlungen um sich verbreiteten. (...) Wenn man diese Tiere betrachtet, die da einmal unmittelbar auf der Erde so ein Leben geführt haben, das halb schwimmend und halb watend im Schlamm war. Von diesen Tieren sind nun schon Überreste vorhanden, die auch in naturwissenschaftlichen Museen zu sehen sind. (...) Diese Ichthyosaurier schauten ganz besonders merkwürdig aus. Sie hatten so eine Art Kopf wie ein Delphin, aber die Schnauze war nicht so hart. (...) Dann hatten sie einen Körper wie eine riesengroße, aber sehr feine Eidechse, mit furchtbar dicken Schuppen. Und im Kopf drinnen, da hatten sie riesige Zähne wie ein Krokodil. (...) Dann hatten sie so etwas wie Walfischflossen – sie bewegten sich ja halb schwimmend –; die waren sehr weich, mit denen konnten sie auch im Schlamm so dahinwaten. (...) Und das Merkwürdigste war, daß sie riesige Augen hatten, die nun leuchteten.« *(Rudolf Steiner, GA 347, Die Erkenntnis des Menschenwesens nach Leib, Seele und Geist, S. 119 ff., Dornach 1995)*

Durch die Geschlechtertrennung entwickelte sich die Denkfähigkeit

Die rätselhafte Trennung zwischen Mann und Frau macht so einen ganz neuen Sinn:

»Solange die Seele noch über den Stoff herrschen konnte, gestaltete sie ihren Leib weder männlich noch weiblich, sondern gab ihm Eigenschaften, die beides zugleich waren. Denn die Seele ist männlich und weiblich zugleich. (...) Die äußere Erdenbildung hat dazu geführt, daß der Leib eine einseitige Bildung angenommen hat. Der männliche Leib hat eine Gestalt angenommen, die aus dem Element des Willens bestimmt ist, der weibliche hingegen trägt mehr das Gepräge der Vorstellung. So kommt es denn, daß die zweigeschlechtliche, männlich-weibliche Seele in einem eingeschlechtlichen, männlichen oder weiblichen Leib wohnt. Der Leib hatte also im Laufe der Entwickelung eine durch die äußeren Erdenkräfte bestimmte Form angenommen, daß es fortan der Seele nicht mehr möglich war, ihre ganze innere Kraft in diesen Leib auszugießen. Sie mußte etwas von dieser ihrer Kraft in ihrem Inneren behalten und konnte nur einen Teil derselben in den Leib einfließen lassen. (...)

Die Trennung in Geschlechter tritt auf, als die Erde in einen bestimmten Zustand ihrer Verdichtung kommt. Die Dichtigkeit des Stoffes unterbindet einen Teil der Fortpflanzungskraft. Und derjenige Teil dieser Kraft, der noch wirksam ist, bedarf der Ergänzung von außen, durch die entgegengesetzte Kraft eines anderen Menschen. Die Seele aber muß sowohl im Manne, wie in der Frau einen Teil ihrer früheren Kraft in sich selbst behalten. Sie kann diesen Teil nicht in der leiblichen Außenwelt verwenden. (...) Deshalb wird er für innere Organe frei. – Und hier tritt ein wichtiger Punkt in der Menschheitsentwickelung ein. Vorher hat das, was man Geist nennt, die Fähigkeit des Denkens, nicht im Menschen Platz finden können. Denn diese Fähigkeit hätte kein Organ gefunden, um sich zu betätigen. Die Seele hatte all ihre Kraft nach außen verwendet, um den Leib aufzubauen.« *(Rudolf Steiner, GA 11, Aus der Akasha-Chronik, S. 58, Dornach 1986)*

Als Baby wiederholen wir die lemurische Zeit

»Was wir uns während der alten lemurischen Zeit erst nach und nach angeeignet haben, das Aufrechtgehen-Lernen, das Aufrechtstehen-Lernen, das wiederholen wir, bevor unser Ich bewußt erwacht, jetzt im kindlichen Alter.« *(Rudolf Steiner, GA 152, Vorstufen zum Mysterium von Golgatha, S. 105, Dornach 1990)*

Ich habe nun ein runderes Bild von Lemurien, es ist nicht mehr ganz so abstrakt. Durch die Beschreibungen kann ich mich in das Leben eines Lemuriers hineindenken und hineinfühlen. Vieles, was uns heute völlig selbstverständlich ist – Tiere, Pflanzen, Unterschied von Mann und Frau, von der Welt unabhängiges Seelenleben, Trennung zwischen Mensch und Elementarwesen, Menschenleben als Inkarnation und Exkarnation des höheren Ich – ist ein Geschenk Lemuriens. Lemurien ist allgegenwärtig. Ich kann nun besser empfinden, welche weite Dimension das Anliegen dieses Buches, die Zusammenarbeit mit den Elementarwesen voranzubringen, hat.

Dirk Kruse

Elementarwesen-Menschen-Beziehungsland

Von Dirk Kruse erhalte ich jede Woche eine beeindruckende eMail zur Jahreslaufbetrachtung. Er beschreibt, wie sich Kräfte, Stimmungen und die geistige Anbindung des Lebewesens Erde im kosmischen Rhythmus des Jahres verändern. Tag für Tag, Woche für Woche ein genauer Blick in die Natur. Ich lernte Dirk kennen, als er auf einem Beuys-Kongreß Übungen im seelischen Beobachten in der Natur anbot. Seitdem haben wir uns freundschaftlich verbunden. In dem Gespräch, zu dem wir uns in Basel trafen, geht es um die Hoffnung der Elementarwesen mit uns Menschen, um tiefe und umfassende Einblicke in deren Leben und um die elementarischen und geistigen Begleiter eines Bienenvolkes. Außerdem schildert Dirk, wie er die Kommunikation mit Elementarwesen in seine Arbeit als Unternehmensberater einbezieht. (Kontakt: dirk.u.c.kruse@gmx.de)

Naturstimmungen als Einstieg

Dirk, erzähl doch, wie bist zu den Elementarwesen gekommen?

Als ich in den ersten Jahren in der Beschäftigung mit der Anthroposophie von Elementarwesen erfuhr, kam mir das fragwürdig vor, ich hatte es gar nicht einfach damit. Eine ältere Anthroposophin, Inge Ulex, die ich öfters besuchte, erzählte immer mit einer großen

Liebe von ihren Gartenelementarwesen, das hat mir Sympathie ermöglicht. Als ich dann den Schulungsweg wirklich begann, nachdem ich zunächst jahrelang Naturbeobachtungen äußerer Art pflegte, wurden mir die Naturstimmungen immer plastischer und einordbarer. Ich konnte sagen, das ist mehr trocken und schaut heraus, das ist mehr rund und quillt und so fort.

Du hast also das Erleben von Naturstimmungen kultiviert und verfeinert.

Als ich bei Steiner das Kapitel »Die Stufen der Einweihung« in dem Buch »Wie erlangt man Erkenntnisse höherer Welten« genau durchstudierte, bemerkte ich, daß die Beobachtung der Gefühle und Stimmungen ein Weg ins Übersinnliche ist. Daraufhin war ich motivierter, mich dem zuzuwenden, und dann ging es innerhalb einiger Jahre immer differenzierter und genauer.

Das war die eine Seite. Die andere Seite war, daß ich in meiner Kindheit und Jugend immer wieder die gleichen Wege zu den Großeltern, die zwei Kilometer entfernt im Walde lebten, gegangen bin. Auch in Groß Heins, wo ich wohne, gehe ich immer wieder die gleichen Wege. Ich bemerkte, an bestimmten Orten geht mein Herz auf und es kommen Inspirationen, Ideen und Problemlösungen. Und dann beobachtete ich, warum passiert mir das da? Gleichzeitig fand eine innige Befreundung mit diesen Gebieten und Stimmungen statt. Meine Forschungen beschrieb ich später 2003 in dem Skript »Seelisches Beobachten in der Natur«. (1)

Seelisches Beobachten in der Natur

Wie kommst du in das seelische Beobachten hinein?

Es ist gut, erst eine gute Viertelstunde frei zu werden vom Alltagsgeschehen in der Seele. Die Verehrung und Liebe zur Natur ist wichtig und daß sich das Herz weitet und die Seele öffnet. Auch eine sehr große Willenskraft im Denken ist nötig, um eine Art Substanz in mir herzustellen, die diese Wahrnehmungen im Gefühlsbereich so auffängt, daß ich sie halten kann. Ich muß ein Gefühl halten und verstärken und dann durchtasten. Es kommt zum Beispiel eine Ernsthaftigkeit aus einem Waldrand, ein Gefühl des Angeschautwerdens, das einerseits erschreckend ist aber gleichzeitig paradoxerweise ein heimatliches Nestgefühl hat. Ich taste mich hindurch und komme in eine vitale Ebene, es strahlt aus, hat ein Innen und ein Außen und eine erdige Kraftpräsenz. Vitalitätsartige Gefühle zeigen die ätherischen Lebenskräfte. Ich taste weiter und komme zu einem Charakter, dieser ist bewußt, wissend, das Wissen eines alten Weisen, der alles überschaut, auch das kosmische Geschehen, und trotzdem hat es eine Gemüthaftigkeit wie ein Kind. Charakterartige Gefühle offenbaren das Seelisch-Astralische. Die nächste Stufe ist die Würde, der ich nachtaste und so zum urbildartigen Geistigen komme: Welches Bewußtsein, welche Erfahrung, welche Überschau bildet diese Würde?

Die innere Weisheit in dieser Würde wird mir offenbar und damit der Gesamtcharakter. Und dann erst kann ich, wenn ich mich noch mal mit aller Willens- und Gedankenkraft distanziere, sehen, wie sich in der Seelenwelt klare Gestaltlinien, Formen ausbilden, die ich vielleicht zeichne als einen typischen Gnom mit Augenartigem, Haarkranzartigem und Mützenartigem, was aber nur eine Übersetzung ins menschliche Bildhafte ist. Auch die Sprache muß künstlerisch-sensibel zusammengeführt werden, um dieses sprachlich nicht Ausdrückbare halbwegs genau in unsere Sprache zu übersetzen. Und das kann ich in dieser Art mit allen möglichen Wahrnehmungen machen. Mal ist der Würdebereich, der hinüberführt zum Geistigen, stärker ausgebildet, mal steht der Bereich des Vitalen im Gefühlsmäßigen im Vordergrund, der hinüberführt zum Ätherischen, wo Wesenhaftes direkt nur in Mikro-Elementarwesen auftritt.

Mikro-Elementarwesen und individualisierte Wesen

Was sind das für welche?

Mikro-Elementarwesen sind meistens sehr beweglich und schaffend, stehen völlig im Dienst und haben keinen besonderen, individuellen Ausdruck. Sie sind nicht einmal babyhaft, sondern embryohaft. Da gibt es Erdwesen, die mehr bewußt sind, und undinische Wesen im Tau und Gras, die traumhaft herumgleiten, und blitzende, funkelnde Luftwesen, die Liebe und Freude an der Erde haben und in der Luft reinigende Tätigkeiten vollbringen. Feuerwesen haben immer eine größere Macht, auch wenn sie räumlich klein wirken, da gibt es nicht so viele Mikro-Wesen, außer in einem prasselnden Feuer. Dann gibt es aber auch ganz andere Wesensebenen.

Was für welche?

Die Individualisierung der Elementarwesen ist sehr, sehr unterschiedlich. Für mich stehen die individualisierteren Elementarwesen im Vordergrund. Meistens sind es Gnome, manchmal auch gemischte Undinen-Gnome. Das sind Wesen, die sich im Jahreslauf nicht von einem Ort woanders hin bewegen und sich auch nicht entindividualisieren. Mikro-Wesen lösen sich oft im Jahreslauf in ihrer Charakterkontur auf. Dagegen haben individualisierte Wesen, die zum Beispiel für ein ganzes Waldstück zuständig sind oder für einen alten Baum, eine Überschauerfahrung, erleben die Evolution mit und haben auch einen Zukunftsbezug. Die haben zumeist die Weisheit eines Weisen und das Gemüt eines ernsthaften Kindes. In den individualisierten Wesen finden wir eine Art von Wahrnehmung, die gleichzeitig Erkennen ist. Wenn man in sie hineinschaut, merkt man, in ihrem Bewußtsein lebt nicht ein Ich sondern das Tun der Engelshierarchien. Man kann die Engelshierarchien durch ihr Bewußtsein hindurch sehen, besonders im Winter. Im Winter ist ihre Tätigkeit nicht so stark, aber ihr Bewußtsein stärker.

Im Bewußtsein der Elementarwesen leben Engelshierarchien

Was heißt, du siehst die Engelshierarchien durch ihr Bewußtsein hindurch?

Bei einem Menschen kann ich seine Gedankenart und sein Gemüt nach einiger Zeit kennenlernen. In der Begegnung mit individualisierten Elementarwesen ist diese Gedankenart aber eine Abbildung des Höheren, sie arbeiten aus der Direktion der höheren Wesen heraus. In ihnen finde ich all die Wesensabsichten und Würdigkeiten der geistigen Welt und der Engelshierarchien abgebildet, je nach Wesen mit verschiedenen Engelsanteilen, mal mehr thronisch oder cherubimisch oder seraphimisch.* Das ist mir sehr wichtig in meiner Arbeit, für die ich stimmige Inspirationen brauche.

Unternehmensberatung zusammen mit Waldgnomen

Wie verbindest du die Elementarwesen mit dem Engels-Ich mit deiner Arbeit als Unternehmensberater?

Man könnte ja fragen, warum machst du das nicht direkt mit Engeln oder im Gebet in Zwiesprache mit Christus? Da habe ich auch meine Gepflogenheiten. Aber die höheren hierarchischen Wesen sind normalerweise so, daß man in einem Gnadenakt von ihnen gedacht wird, wenn man sich ihnen anheimstellt. Dagegen ist es mit Menschen und Elementarwesen eher möglich, ein Gespräch zu führen, wo man selbst freier ist. Man denkt mit einem anderen Menschen zusammen oder denkt mit einem Elementarwesen zusammen; das geht ja schon beim Menschen nur, wenn man sich gut kennengelernt hat. Die höheren Elementarwesen haben im Gegensatz zum Menschen einen klaren Spiegel in sich. Ich empfinde es als ganz natürlich, mit Elementarwesen zusammen zu denken, so als hätte man schon immer miteinander gefühlt und denkt nun endlich auch einmal zusammen. Beim Spaziergang fühlt man unbewußt zusammen, läßt sich irgendwie inspirieren und wird ein bißchen klarer.

* In der westlichen Esoterik werden die Engel in neun Hierarchien unterschieden:
1. Seraphim – Geister der Liebe / 2. Cherubim – Geister der Harmonie / 3. Throne – Geister des Willens / 4. Kyriotetes – Herrschaften – Geister der Weisheit / 5. Dynamis – Fürstentümer – Geister der Bewegung / 6. Exusiai – Gewalten – Geister der Form / 7. Archai – Urbeginne – Kräfte – Zeitgeister / 8. Archangeloi – Erzengel / 9. Angeloi – Engel

Dieses Klarerwerden kann man eben auch bewußt vollziehen. Die Elementarwesen um mich herum können mich klar spiegeln.

Wenn ich in einem Unternehmen in der Beratung bin, gehe ich in den Wald oder an spezielle Orte und berate den jeweiligen Fragenkomplex mit dem dortigen Gnom. Der Gnom ist bewußtseinsmäßig nicht alleine, er kann es direkt in die geistige Welt weitergeben und bekommt aus seiner Wahrnehmung der Engelswelt direkt Bewußtseins-Rückmeldungen, und in diesem Zwiegespräch kann ich etwas klarer bekommen. Ich mache das nicht nur selbst, sondern gehe mit den Menschen in den Wald oder rege Inspirationswanderungen an, wo die Menschen dann selber mit ihren Fragen mindestens über eine Stunde lang in eine besondere Natur gehen. Das eigene Denken wird erweitert durch diesen klaren Spiegel, den ich dort mit den Elementarwesen habe. Ich denke den Umkreis mit! Und so ist auch ein Zusammenklang mit meinem höheren Selbst, meinem Umkreis-Ich möglich.

Die Elementarwesen sind die erste Stufe der geistigen Welt. Sie sind eigentlich Mittlerwesen, auch für den Menschen. Das darf man auch bewußt und freundschaftlich nutzen. Wenn ich mich draußen eine zeitlang freigelaufen habe und daran denke, wie kann ich das Problem zwischen zwei Parteien in einer Organisation lösen und komplexe Zusammenhänge zusammenführen, dann habe ich mit bestimmten hohen Waldgnomen ein Zusammendenken, wo die Dinge geistig geordneter auftauchen. Denn ich kann nicht so gut gleichzeitig wahrnehmen und erkennen wie die Gnome, und in ihnen schauend erkenne ich mit ihnen.

Stellst du den Elementarwesen konkrete Fragen?

Ich lasse sie vernehmen, welche Fragen ich habe. Sie sagen mir nichts direkt dazu, das ist selten, sondern, wenn meine inneren Absichten geistwelt-gemäß sind, stellen sie ihre permanente Denkpräsenz, ihre ewig fließende Wahrheit, Schönheit und Güte, die sie schauend in sich tragen, zur Verfügung.

Gnomisch-Undinisch-Sylphisches Waldacker-Verwaltungswesen, Demeterhof Vorberghof im Windrathertal

Waldweisheitszwerge, Vorberghof

Undinen- und Sylfensenke, Vorberghof

Es ist also nicht ein Gespräch, wo eine Frage gestellt wird und eine inspirative Antwort kommt, sondern du tauchst in die Präsenz der Elementarwesen ein. Ein anderer Mensch würde sagen, hier im Wald kann ich besser denken. Dir ist es aber klar, daß das nur möglich ist, weil du im Wald nicht alleine bist.

Ja, wobei es sicherlich um eine selbstlose Haltung geht. Es ist nicht so, daß ich mich nur regenierieren und inspirieren lasse, sondern auch die Elementarwesen wünschen sich meistens, daß sie an Erkenntnisprozessen beteiligt werden.

Elementarwesen wollen beteiligt sein

Die Waldgnome interessieren sich für die sozialen Schwierigkeiten in einer bestimmten Institution?

Die höheren Verwaltergnome, die Gesamtzusammenhänge überblicken, interessieren sich durchaus dafür. Wenn ich sehr beschäftigten kleineren Gnomen in der Lüneburger Heide Fragen stelle, dann sind sie ablehnend, sie haben zu viel zu tun, diese Heide am Leben zu halten. Aber ein Verwalterwesen, das einen großen Überblick über den Sonnenlauf, den Jahreslauf und die Evolution hat, das hat die Kapazität und möchte auch beteiligt werden von den Menschen in unserer Zeit.

Die Elementarwesen sind immer wieder frappiert, wie ungeistig und unstimmig, wie dumm eigentlich der Mensch ist, weil er nicht wahrnimmt und erkennt zugleich. Aber sie gewannen in den letzten Jahren eine Weisheit, daß auch der Mensch ein Vermittler der geistigen Welt ist, der Christus in sich trägt, das haben sie nach meiner Wahrnehmung früher nicht gewußt und daß er seit urlanger Zeit unendlich leidet für seine geistige Unstimmigkeit. Sie lernten zu verstehen, daß aus dieser Leidenssubstanz über die Leben hinweg eine Liebessubstanz für die ganze Welt entsteht; dazu gehört auch die fein berührende Märtyrersubstanz der Meister und Heiligen, die für die Elementarwesenwelt und die ganze Kulturwelt auf der Erde von großer Bedeutung ist. Und seit das den leitenden

Elementarwesen wie Schuppen von den Augen fiel, sind sie zu einer Zusammenarbeit bereit. Und ich gehe davon aus, daß Rudolf Steiner hier auch eine große Rolle gespielt hat.

Was meinst du mit großer Rolle?

Steiner hat ja nicht nur den Menschen eine Differenzierung beim Schauen in die geistige Welt vermittelt, sondern er hat diese differenzierende Schau auch mit der elementarischen Welt geteilt. Die Elementarwesen konnten an seinen Erkenntnisprozessen Anteil nehmen. Er sagte selber, daß sie beteiligt werden sollten. Er hat sie begrüßt, hat ihnen im Wald gewunken und seinen Begleitern beschrieben, wie sie ihre Nase drehen beim schnellen Autofahren in Cornwell, als er 1924 in England war.

Nase drehen?

Ja, wie sie den Autofahrenden, inklusive ihm darinnen, die Nase drehen, das wird beschrieben in der Dunlop-Biographie. (2) Er hatte also ein ganz intimes Verhältnis. In dieser Zwiesprache mit den Elementarwesen ist etwas von seiner Geistigkeit in die Geistigkeit der Elementarwesen mit eingeflossen. Da bin ich mir ganz sicher, unabhängig von dem Tanis Helliwell-Zitat.

Was ist das für ein Zitat?

Tanis Helliwell beschrieb in ihrem Buch »Elfensommer« ihre Begegnung und Freundschaft mit einem Leprechaun, einem irischen Kobold. Vor mehr als hundert Jahren sei ein Mensch zu ihm gekommen — so erzählte er Tanis Helliwell —, der Elementarwesen aus allen vier Elementarreichen gefragt hätte, ob sie eine Gruppe bilden wollten, deren Aufgabe darin bestünde, eine Brücke zur Menschenwelt zu bauen. Auf die Frage, wer dieser Mensch gewesen sei, antwortete der Leprechaun: »Steiner. Rudolf Steiner....« (3)

Elementarwesen schauen immer in die Absichtenwelt

Die christussuchenden, zukunftssuchenden Elementarwesen wünschen sich eine Befreundung. Zur Freundschaft gehört eine wiederkehrende Hingabe, und ohne Liebe zur Natur und eine Kindlichkeit im Menschen wollen sie es nicht. Wenn man zu einseitig ist oder irgendwo eine totale Lücke hat, jedes Desinteresse, jede Lieblosigkeit, das ist für sie schauerlich, unstimmig. Sie schauen auch beim Menschen direkt in die Absichten. Sie erleben, weil sie gleichzeitig wahrnehmen und erkennen, die Absichtenwelt, Urideenwelt – die Uranfänge aller Prozesse. Wenn die Absichten stimmen und reinen Herzens sind, dann ist es in Ordnung. Wenn Menschen alle möglichen schlauen Sachen denken, aber an der Natur desinteressiert und egoistisch sind, dann ist das für die Elementarwesen furchtbar.

Wie erleben die das? Was ist daran furchtbar?

Sie erleben, daß derjenige abgeschnitten ist von der geistigen Welt und durch seine Unstimmigkeit alles durcheinanderbringt. Sie erleben es so, wie ein Automechaniker darunter leidet, wenn man den ganzen Motor durcheinanderbauen würde und dann nichts mehr funktioniert. Das wäre ein unstimmiger Mechanismus, hier ist es ein moralischer Mechanismus – oder besser Alchemismus –, der nicht läuft. Es ist wie eine Total-Dissonanz in der Musik.

Das heißt, sie müssen sich quasi die Ohren zuhalten, wenn sie einem solchen Menschen begegnen, und ziehen sich zurück?

Besonders wenn sie überschauen, daß diese Absichten zu Zerstörung und Furchtbarkeiten führen. Denn sie überschauen auch die Zeit, überschauen, was daraus wird. Die Absichten sind die Welt, die am weitesten ins Werden hineinreicht. Wenn Absichten sehr stark und deutlich sind, werden sie über Taten zu Werdungen, die diese Wesen übersehen. Und wenn sie merken, da sind reine Absichten, die eigentlich Himmlisches in die Welt bringen wollen, das ist ihre Heimat, danach sehnen sich die Elementarwesen. Diese sind ja von den Engeln abgeschnürt. Wenn wir die himmlische Harmonie in die Welt tragen, dann freuen sie sich, dann möchten sie gerne zusammenarbeiten.

Elementarwesen-Menschen-Beziehungsland

Die Entwicklung in der Elementarwesenwelt ist rasant, genauso rasant wie bei uns Menschen. Dabei ist der Jahreslauf ein ganz wichtiger Rhythmus. Der Erdenseelenatem geht im Sommer hinaus in den Kosmos, nimmt evolutionäre Motive aus dem Geistig-Kosmischen auf, führt das im Winter ins Erdensein hinunter und versucht, das wie eine Neugeburt den Elementarwesen und Menschenseelen zu vermitteln. So vermittelt sich jedes Jahr für jede Seele die neueste Möglichkeit. Im »Seelenkalender« von Steiner wird das sehr schön beschrieben, wie Geistgeschenke im Innern aufgenommen werden und wie sich das durch die Monate metamorphosiert. Die höheren Elementarwesen erleben das mit und entwickeln sich genauso schnell, aber ihnen fehlt das, was die Menschheit erlebt, das erleben sie nicht.

Sie erleben den Zusammenklang der Schöpferwelten in den Engelshierarchien. Und jetzt begegnen sie den Menschen und werden sich immer bewußter, der Mensch durchdringt dieses Erdenevolutionsgeschehen mit der Potentialität, die Durchchristung der Erde zu schaffen. Das hatten sie früher nicht geahnt, daß der Mensch dazu in der Lage ist. Jetzt ist ihnen das klar. Dies wurde immer wieder erschüttert durch Unmöglichkeiten, die der Mensch macht, zum Beispiel die Harvesterernte im Wald mit diesen großen gierigen Maschinen. Aber es gibt heute eine gemeinsame Zone zwischen der Elementarwesenwelt und der Menschenwelt, das nehme ich deutlich wahr seit Ostern 2008. Und es gibt auch ein Wesen für diese gemeinsame Welt.

Ähnlich wie eine Volksseele für ein Land, gibt es auch eine Volksseele für das Elementarwesen-Menschen-Beziehungsland. Das ist eine sehr interessante neue Beobachtung, die ich machen konnte. Dieses Wesen hat einen Großstimmungscharakter, so wie ein Heimatgefühl einen hat. Es ist wohl ein Erzengel und führt zu einer Großstimmung, einem Hintergrundklang in der Natur, der seit

Ostern 2008 bleibend wirkt und eine Art Aufrichtung und stärkere Wachheit der Elementarwesen verursacht – jedenfalls in Mitteleuropa, woanders habe ich das noch nicht beobachtet. Sie haben das Gefühl, Achtung zu erfahren, das richtet sie auf. Sie fühlen sich mehr angenommen von Vertretern der Menschenwelt, und wir können erleben, daß die Natur wie geöffneter ist. In größerer Selbstverständlichkeit! Das heißt in jeder Jahreszeit ist mehr Weihnachtscharakter in der Natur, diese Geöffnetheit, die zu Advent und Weihnachten da ist, so daß man wie eintaucht in eine Grundstimmung tiefer Würde. Die Elementarwesen sind ein Stück wacher geworden. Das ist eine Metamorphose, ich habe in den Jahren vorher Vorstufen dahin beobachtet, wie ich es in meinem Artikel im Buch »Erlebnis Erdwandlung« beschrieben habe.

Die Elementarwesen können also nicht alleine eine Durchchristung der Erde herbeiführen. Da ist der Mensch wichtig...

Auf jeden Fall.

... und was wollen sie von ihm lernen?

Sie merken, daß der Mensch sehr stark auf seine eigene permanente Fortentwicklung orientiert ist, bewußt oder unbewußt, und daß die geistige Welt auch ein großes Interesse an der Entwicklung der Menschen hat. Weil die Elementarwesen zugleich wahrnehmen und erkennen, kommen sie in einen Erkenntniszusammenklang, wo ihnen klar wird, aha, in der ganzen Evolution spielt der Mensch eine wesentliche Zukunftsentwicklungsrolle, und das ist für uns Elementarwesen auch wichtig. Manchmal ist Enormes von den Menschen zu erwarten, doch oft sind die Menschen Tölpel in der Evolution. Und sie möchten gerne an dem seelischen Erleben des Menschen beteiligt werden, an dem Fühlen, Denken und Wollen. Wenn das geistgemäß ist und zukunftsorientiert und nicht intellektuell kalt, sondern voll Liebe und Andacht, dann ist es für sie eine Wonne. Die Elementarwesen sind davon berührt, daß der Mensch soviel Durchglühungen durch das karmische Geschehen hat und wie durch Feuer geschickt wird. Sie bemerken, daß in diesem

Menschenleiden und -entwickeln alle Elementarwesen zusammengewirkt haben und daß der Mensch diese permanente Transformationen auch noch bewußt miterlebt. Das ist schon eine Faszination.

Ich denke, es geht auch darum, daß die Menschen und die Elementarwesen schon immer ein gemeinsames Leben auf der Erde führen. Deshalb ist es für die Elementarwesen wichtig, was die Menschen machen. Das praktische Leben entwickelt sich anders, wenn die Elementarwesen mit einbezogen werden.

Oh ja, sicher. Dazu kommt, daß durch die gegenwärtige Entwicklung der Bewußtseinsseele der Mensch erst seit kurzem eine Komplexität in seinem Bewußtsein schaffen und halten kann, die eigentlich der Komplexität der geistigen Welt entspricht.

Was heißt Bewußtseinsseele?

Das ist ein großes Thema, vereinfacht: In der Anthroposophie wird die Seele in Empfindungsseele, Verstandes- und Gemütsseele und Bewußtseinsseele gegliedert. Die Letztere bildet sich erst in unserem Zeitalter richtig aus und ermöglicht ein Bewußtsein der Seele von sich selbst, sozusagen ein andauernder Meditationszustand, so daß sich die Seele als Ich in der geistigen Welt bewußt halten kann. Durch die Bewußtseinsseele kann der Mensch den Christus in sich tragen und trotzdem klar und sauber denken und nicht nur Lieder singen und beten.

Er geht über die reagierende Empfindungsseele und logische Verstandesseele hinaus und kann ein nie dagewesenes empathisches Bewußtsein erlangen und lernt Innen- und Außenwelten überschauen. So entsteht seelisches Beobachten, die höheren Erkenntnisfähigkeiten der Imagination, Inspiration und Intuition, also das bewußte Anteilnehmen an den lebendigen, seelischen und geistigen Realitäten. Diese Komplexität und Nähe zu ihrer Seelenart, in der das Geistige direkt ins Seelische übergeht, konnten die Elementarwesen früher bei den Menschen gar nicht erleben. Sie konnten durch religiöse Menschen angenehme Seelengefühle erleben oder bei Bauern orginäre ihnen verwandte Wesenszüge.

Doch jetzt schauen sie in komplexe Zusammenklänge der geistigen Welt in ehrfürchtigen, hingegebenen Menschen, die das aber gleichzeitig auch noch denken können, wie eben Rudolf Steiner, und das ist erstaunlich für sie. Wenn der Mensch so in der Natur etwas in seiner Seele bewegt, dann wird es interessant für sie. Dabei braucht es immer die Fluidität des freundlich, unschuldig Hingegebenen, diese Liebe, die bei den Kindern vom Himmel noch mitgegeben wird. Wenn wir diese himmlische Liebe mit uns tragen, dann geht es, da wir direkt mit der Liebespräsenz der höheren Geistwelt in Resonanz sind. Es ist für die Elementarwesen ein besonderes Ereignis, wenn ein Mensch in den Zustand der Intuition kommt. Intuition heißt Umstülpen in eine anderes Wesen, und sobald uns das möglich wird, machen wir das, was der Gnom im Winter immer macht. Er stülpt sich immer um. Intuition ist für ihn eine Freude, denn es entspricht dem Gnom im höchsten Sinne.

In der Intuition stülpen wir uns um wie der Gnom im Winter

Wohin stülpt sich der Gnom um?

Im Januar ist der Gnom in seiner Tätigkeit wahrnehmend nach oben und außen ausgefahren. Bis zu Mitte Juni wird er sehr beweglich, zu Johanni hin wird er lauschend, nach Johanni in den August hinein wird er etwas abgeklärt, episch, aufnehmend. Dann sammelt er immer mehr das, was von oben aus dem Kosmos zurückkommt herein in die Erdenzusammenhänge und wirkt mehr im Zusammenspiel mit Sylphen und Feuergeistern an den Reifeprozessen mit.

Zum Ende Oktober zieht er sich in die Physis zurück, muß es, aber das ist nicht schlimm, er wird nicht der Schwere verhaftet, sondern er konzentriert sich mehr ins Bewußtsein hinein. Das ist so, als wenn er von der starken Außentätigkeit der Gliedmaßen sich nach innen stülpt, in den Kopf hineingeht, und da schaut er aus dem Innenraum. Diese Umstülpung passiert Mitte November bis Ende November. Und dann schaut er in der Adventszeit heraus aus dem Innenraum, und die Engel kommen immer mehr bis zu den Heiligen Nächten herunter und vermitteln dabei auch den Gnomen die geistigen Urbilder für alles irdisch Existierende, das sie im Bewußtsein konzentrieren und dann im Frühjahr dem Astralischen und Ätherischen der Erde vermitteln, so daß im nächsten Jahr das neue Leben aus diesem Urbildhaften aussprießen kann.

Der Mensch kann so etwas wie den Jahreskreislauf in der elementarischen Welt in sich nachvollziehen, wenn er hohes intuitives Bewußtsein bildet. Dazu ist ja auch Steiners »Seelenkalender« da. Der bezieht sich auf Menschen- aber auch auf Elementarwesenseelen! Es geht in der intuitiven Umstülpung nicht um intellektuelles Hin und Her, sondern um Einswerden mit dem Angeschauten. Dann zieht das Angeschaute so ein oder ich ziehe in das Angeschaute so ein, daß ich mich eigentlich umstülpe und ich mich von außen selbst schöpfend anschaue. Das ist die tätige Intuition, da bin ich in dem Angeschauten und schaue von dem auf mich selbst zurück, werde von dem anderen gedacht. Das ist wie Nahrung für die höheren Gnome, mit solchen Menschen können sie sehr viel anfangen. Steiner konnte das sehr ausgeprägt. Für die Gnomenobersten muß es ein bewegendes Wechselspiel mit Steiner gewesen sein... !

Es ist fast beschämend, wenn man gegenüber hohem Elementarwesenbewußtsein unser armseliges Instrumentarium erlebt; wir müssen holprig denken, reden, handeln und nachbessern. Die Gnome leben in einem ganz einlebenden, sachgerechten Tun und denken die Arbeiten vom Uranfang bis zu Ende, die reiferen Sylphen leben in einer Art von Umfeldresonanz, die uns beim harmonischen Bewegen eines Vogelschwarmes deutlich werden kann. Sich so harmonisch miteinander auf ein Ziel zubewegen, das bedeutet eine echte Lehrstunde für die Sozialgestaltung!

Erlösung von Elementarwesen

Es gibt die Aussage von Steiner, daß wir die Elementarwesen erlösen sollen. Wenn ich dir zuhöre, dann erlebe ich eine unglaubliche Erha-

benheit, in der die Elementarwesen ständig drinnen sind. Und wir mühen uns ab, manchmal einen ähnlichen Zustand kurzfristig zu erreichen, sind aber meistens weit davon entfernt. Und da hört es sich ungeheuerlich an, daß wir die Elementarwesen erlösen sollen. Warum müssen sie überhaupt erlöst werden?

Da sind zwei große Unterschiede. Die Mikro-Elementarwesen, die durch unsere Freude und Hingabe wie in uns hineinschlüpfen, die können wir erlösen. Steiner sagt, sie können schon nach einer Nacht oder besonders nach dem Tod wie aus uns herausströmen und haben Erlösung. Im Schlaf gehen wir immer unbewußt in diesen Intuitionszustand, werden auf einmal Umkreis mit unserem Astralleib und Ich-Leib. Im Tod gehen wir noch mehr in diesen Umkreis hinein, der ja die Heimat ist, die sie suchen, aus der sie einst kamen. Sie wurden abgeschnürt, mußten sich an die Erde binden und möchten von der Erde wieder weg. Jetzt werden sie durch uns hindurch aufgenommen und können so ein Stückweit wieder in die geistige Welt entlassen werden.

Aber die höheren, jahrhundertelang dienenden Elementarwesen, die suchen nicht solch eine Erlösung, sondern sie suchen eine stufenweise Höherentwicklung zur geistigen Welt. Das ist menschenähnlicher. Wir können uns ja nicht einfach in die geistige Welt auflösen. Sagen können wir das, aber wir können es nicht, denn wir sind dazu verurteilt, uns in Stufen immer weiter zu vervollkommnen. Ähnlich ist das auch bei den Elementarwesen, die nach und nach eine Geistigkeit integrieren und nicht nur einen Astralleib und einen Ätherleib haben.

So daß die Elementarwesen wie Engel werden?

Ja, sie werden engelsverwandter. Die Engel sind ja auch ihr Ursprung. Sie integrieren eine Geistigkeit, weil sie das als Heimat empfinden und sie sich mit dem Menschen zusammen weiterentwickeln wollen. Es ist eine Freundschaftswelt, die entsteht zwischen Elementarwesen und den Menschen. Naturelementarwesen werden gewissermaßen auch Kulturelementarwesen.

Das scheint mehr ein gegenseitiges Erlösen zu sein, als daß wir sie erlösen.

Wir haben eine gemeinsame Evolution, aber sie brauchen schon eine besondere Erlösung, da sie mehr fixiert sind auf die Erde als wir. Wir können immer wieder durch Tod und Neugeburt in die Weiten der geistigen Welt gehen, es sei denn, wir sind in einem Erdenleben völlig vom Geist abgeschnitten, dann werden wir zu Widergängern und haften auch an der Erde. Aber sie sind in der schrecklichen Situation bis ins Untersinnliche erdverhaftet sein zu müssen und haben Angst, daß sie noch mehr in die Schwere geraten und möchten eigentlich heraus und zumindest hereinatmen in die Höhen.

Und wenn das gut läuft und der Bauer dafür sorgt, daß alles gut durchlüftet ist im Acker und durch biologisch-dynamische Präparate das Kosmisch-Seelische hereinkommt, dann finden sie das schön. Und ebenso, wenn der Wald gepflegt wird und das Seelische hineinkommt in den Wald, dann können sie in diesem Weltenatem mitatmen. Das können sie auch, wenn der Mensch sie an Jahresfesten beteiligt und singt, bei schönen Gesängen ist ja immer die Verbindung zur geistigen Welt da. Aber wenn das alles nicht passiert und Achtlosigkeit um sie herum ist, dann versumpfen sie. All das gehört schon zur Erlösungsaufgabe. Aber wie gesagt, die höheren Elementarwesen, die den Sonnenlauf, die Weite und große Zusammenhänge miterleben dürfen, die überschauen auch evolutionäre Geheimnisse und wenn das in Resonanz mit unserer Weisheit kommt, ist das noch eine höhere Stufe von gegenseitiger Erlösungshilfe. Aber immer abhängig von Engeln, so wie wir auch abhängig sind von anderen Menschen – und von Engeln natürlich auch. Um unser Ich zu finden, müssen wir im Spiegel von anderen Menschen sein können, und wir müssen auch im Spiegel von Engeln sein, um uns weiterzuentwickeln. Wenn die Elementarwesen in unserem Spiegel sind und wir mehr in ihrem, da passiert schon was! Aber ich muß auch sagen, ich weiß das nicht alles, es gibt hier noch viele Geheimnisse.

Meine elementarischen Freunde am Wanderweg

Kannst du mir noch ein paar enge Freunde aus der Elementarwelt vorstellen?

Bei meinen Jahreszeitengängen beim Müllerhaus in Brunsbruck habe ich vier Hauptorte, an denen ich von den befreundeten Ortswesen etwas miterleben kann. Das ist einmal ein Fichtenwald auf einer Anhöhe, der eine große Innigkeit und bestimmte Offenheit entwickelt hat. Ich komme dort nach ungefähr einer ¾ Stunde Wanderung an und bin sehr geöffnet. Mit diesen Waldverwaltungswesen ist eine Freundschaft entstanden. Sie lauschen der evolutionären Welt sehr stark, und für mich ist immer eine Grundbotschaft zur gegenwärtigen Situation einsichtig, die ich durch sie schaue. Das ist nicht eine Mitteilung, die sie daherplappern, sondern ich schaue, was sie schauen, durch sie an.

Dann komme ich auf eine weitere Anhöhe, wo von noch höheren Wesen Inspirationen vom Horizont her kommen. Das neueste evolutionäre Motiv durfte ich kurz miterleben, aber die Ausführungsbestimmungen sind noch nicht da. So ist es meistens. Und ich frage dann weiter auf der Wanderung, wie soll ich das umsetzen?

Und dann komme ich in einen weiteren Fichtenwald, durch den ein Bach fließt, ein kleines Dreiecksstück, das von mehreren Seiten von offenen Landschaften und ihrer Geistigkeit erfüllt wird. Dort ist immer eine starke geistige Ernsthaftigkeit, und wenn ich in deren Feinheit eintauche, zeigt sich mir eine genauer beschriebene Umsetzungsaufgabe. In diesem Waldstück ist es ein gnomisch-undinisches Wesen, das heißt, die Weisheit wird nicht nur wahrgenommen und denkend erkannt, sondern sie wird auch geahnt und geträumt. Und dieses Ahnen bringt mit sich einen größeren Geistesfrieden und ein horizontales Überschauen.

Das Bächlein geht später durch einen Birkenwald, der auch ein Dreieck ist und nach allen Seiten geöffnet. Dort wird aus den Himmelsrichtungen heraus etwas wahrgenommen, aber in einer stärkeren

Leichtigkeit. Hier verbindet sich das Undinisch-Gnomische sehr stark mit dem Sylphischen und kommt in die Leichtigkeit. Dort ist immer eine Mitteilsamkeit, wo das Thema eine Tingierung bekommt von einer Sozialität, Leichtigkeit, und Vermittlung. Zu all diesen Wesen habe ich eine herzliche Beziehung. Aber ich habe ihnen keine Namen gegeben, das ist für sie auch nicht so wichtig.

Ich habe einmal ein kleines Elementarwesen auf einen mit Holz verbundenen Stein mitgenommen, das jetzt in meinem Zimmer wohnt. Das ist eine freundschaftliche Beziehung, aber nicht diese Weltberatung.

Mir geht es darum, eine Befreundung abzuwarten und durch Wiederkehr eine immer stärkere Vertiefung herzustellen, so wie wenn ich einen Menschen über Monate und Jahre kennenlerne und immer mehr eintauche, bis ich sogar von dessen Karma etwas verstehe. Dann entsteht durch die Befreundung Zusammenarbeit und ein Sich-Ergänzen. Mir ist es ganz selbstverständlich geworden, daß ich über Jahre hin ganz geduldig immer wieder zu ihnen hingehe. Das tut ihnen gut, das tut mir gut. Ich mache das überall, wo ich bin, auch in Pakistan gehe ich immer zu den gleichen Orten, die besonders sind. Und auch die Orte, die Beachtung brauchen und gerade nicht besonders sind, besuche ich, um da etwas hinzubringen. Das sind bei mir so Alltagssitten, so wie jemand anderes immer die Frankfurter Rundschau kauft.

Elementarwesen sind Wahrnehmungsorgane

Es gibt diese Inspirationen auch mit Landschaftsengeln und noch höheren Engeln. Der Unterschied ist, die Elementarwesen, wenn ich in sie hineinschlüpfe, sind wie ein Gegenüber, wie Kinder vielleicht, auch wenn sie eine höhere Weisheit haben. Die hierarchischen Engelwesen sind wie über und um uns herum, wir sind in ihnen darin. Sie haben eine dirigierende Aufgabe in der Landschaft, während die Elementarwesen mehr eine dienende Aufgabe haben, zumeist. Ein Landschaftselementarwesen ist meist für kleinere Gebiete, ein Landschaftsengel meistens für größere Landschaftsgebiete zuständig.

Man kann nicht alle Menschen kennenlernen, und so kann man auch nicht alle Wesen kennenlernen, es ist ein unglaublicher Reichtum. So schaue ich die Landschaften danach an, wo Wesentliches für eine Inspirations- und Heilungsvermittlung für Menschen ist. Ich kann oft schon von weitem sehen, wo sich etwas Starkes zentriert, und dann fahre ich dort hin.

Was heißt Zentrierung?

Dort fließen Außeneindrücke hinein oder zusammen, so ein Ort muß man sich wie ein kugeliges Auge, das nach allen Seiten guckt, vorstellen. Ein umfeldgebildetes elementarisches Auge sozusagen. Insofern sind Elementarwesen Wahrnehmungsorgane. Zwerge sind wache Wahrnehmungsorgane, Undinen sind träumende Wahrnehmungsorgane, sie haben eine noch größere Weisheit, es fließt wie Friede, wie Höheres in sie ein, aber sie sind nicht wach. Die Sylphen sind mehr liebend, flirrend, genüßlich. Die Sylphen, die im Licht fliegen, sie lieben die Erde und sind durchdrungen und getragen von Weltenharmonie und Lichtharmonie, diese positiven Sylphen. Die Salamander sind wie Boten höherer Geistigkeit, die durch die Luft fliegen, zum Beispiel aus dem Horizont, wenn trockenes Wetter ist. Sie sind nicht erkennend und wahrnehmend zugleich wie Gnome, sondern sie tragen Mitteilungen der geistigen Welt, indem sie sich selbst opfern, uns zu.

Wenn uns eine Idee zukommt, dann macht das normalerweise ein Salamander, der trägt das wie herüber zu uns. Beim Gnom müssen wir schon wach schauen, um mitzuerleben, was er uns vermitteln kann. Beim Salamander fällt uns etwas ein. Die Salamander sind auch Boten der Erzengel und wehen uns zum Beispiel aus dem Horizont eine Art Erinnerung an unser Zeitwesen zu, woher kommen, wohin gehen wir? Was wollten wir tun, was wollen und sollen wir tun? Wenn wir genau beobachten, wie uns diese hohen Inspirationen aus dem Horizont herüber zukommen, dann fliegen sie uns mit Salamandern entgegen. Wenn man in einen etwa zehn Kilometer entfernten Horizont schaut, merkt man, es hat noch mit meiner eigenen gegenwärtigen Bedeutung zu tun. Wenn man aber in einen Horizont schaut, der 30 Kilometer entfernt ist, je nach dem, was dazwischen ist, hat man meistens ein Erleben von Kindheit, Vorgeburtlichem, ein Erleben, daß man von sehr weit her kommt und sehr weit hin geht. Auch in welche grandiose Zukunft es gehen sollte und könnte! Das wäre ohne die Salamander nicht möglich. Sie strahlen uns quasi Engelbewußtsein zu. Sie sind das Strahlenkleid der Erzengel.

Die Sylphen sind mir Fluidum der Inspiration. Sie gehören auch zu dem Strahlenkleid, sie sind aber mehr Vermittler zwischen den Naturgebieten. So wie wir Menschen untereinander Gefühle zukommen lassen, so vermitteln sie etwas, aber nicht Einfälle. Und die Undinen schaffen, daß wir diesen Friedensraum im Zusammenklang erleben. Sie sind dieser soziale Zusammenklangsraum. Die soziale Wärmeplastik von Joseph Beuys ist im wesentlichen bestimmt von Undinen. Und die Gnome schaffen mehr das gegenseitig ins Bewußtsein schauen können und diese Offenheit und dieses Zuhören. Diese Wirkungen der verschiedenen Elementarwesen im Sozialen sind sehr spannend.

Und dann gibt es die Abarten davon, die negativen Wesen, zum Beispiel wenn sich etwas verselbständigt in einer Lüge, da sind auch Gnome und Undinen drinnen, aber negativ, und bilden eine abgekapselte Stimmung. Die bilden dann nicht einen offenen Raum, sondern eine Abkapselung, die dann zum Beispiel auf der Schulter sitzt. Wenn zwei oder drei über andere schwätzen, kann man beobachten, da ist etwas um diese herum, das für sich ist und ein Eigenleben führt. Das öffnet nicht zur Weltenharmonie, sondern das bringt etwas wie einen dunklen Schluckpunkt in das Soziale.

Elementarwesen in sozialen Gemeinschaften

Das heißt, du kannst Elementarwesen auch stark in sozialen Zusammenhängen erleben?

Ja, und auch höhere Wesen. Wir bilden selber durch unsere Gedanken und Gefühle temporäre Elementarwesen, wir holen aber auch Elementarwesen aus dem Umfeld des sozialen Organismus und der Natur herein. Und wenn wir einander zuhören und damit Einigkeit herstellen, dann kommen viele Elementarwesen herbei, weil sie das mögen, und sie unterstützen das, bilden eine lichte und offene Landschaft im Raum und schaffen an einer Art Gralsgebilde, das höhere Wesen hereinkommen läßt.

Die Elementarwesen, die im Sozialen gebildet werden, können positiv dienen, sie können aber auch negativen Absichten dienen, die uns oft gar nicht bewußt werden, den Doppelgängern im Menschen oder den Extremgeistigkeiten. Wenn es in einer Gruppe Streit gibt und sich Parteien bilden, die gar nicht mehr miteinander reden, dann bilden sich Schluckpunkte, Wesen, die nicht gebend, unterstützend sind, sondern die im Dienst von Absaugung und Vermaterialisierung sind.

Luzifersiche und ahrimanische Wesen* blähen dann Eigengebilde auf. Diese können auch ganz wunderbar und leuchtend sein, das sind Verführungswesen, Lügenwesen, alle möglichen Wesen gibt es. Wenn sie entlarvt werden, wenn eine Lüge entlarvt wird, dann lösen sie sich ein stückweit auf. Wenn Menschen eine ganze große Gruppe beeinflussen oder wenn global eine Lüge verbreitet wird, dann bilden sich riesige Wesen. All diese negativen Wesen haben eine Anziehungskraft zueinander und können kulminieren, werden nach einiger Zeit wie Antigralsschalen für böse höhere Wesen. Und da das Unstimmige immer irgendwann böse wird, wenn es nicht korrigiert wird, und das Böse irgendwann zerstörerisch wird, ist das eine große Gefahr. Und es hilft nur, daß Wahrheit, Schönheit und Güte

* Siehe Fußnote Seite 6.

in soziale Prozesse kommt, entsprechende Wesen, Elementarwesen und höhere Wesen, und daß die negativen Wesen entlarvt werden, daß Liebe, Glaube, Hoffnung und Licht sich verbreitet.

Im Gruppenprozeß von elementarischer Substanz zur Engelanwesenheit

Das heißt, wenn man im Sozialen zusammenarbeitet, sollte man auch auf die elementarische Bevölkerung achten und diese bewußt pflegen.

Man sollte vielleicht mehr als auf die Inhalte der Wortbeiträge in einer Gruppe darauf achten, welche Stimmungen, Anwesenheiten und Bevölkerungen entstehen untereinander. Sind diese mehr zerreißend, mehr klumpend, mehr chaotisierend, mehr spaltend? Oder weitend, ans-Licht-bringend, klärend, wärmend? Da gibt es verschiedene Kategorien, das kann man nach einer Zeit, wenn man darauf achtet, als Berater unterscheiden. Und man kann auch schauen, welche Methoden führen dazu, daß positive Geistigkeit, Wahrheit, Schönheit und Güte in die Prozesse hineinkommt, zu Gruppenverständnis führen, zu Kreativität, Opferbereitschaft und Tätigkeit.

Das ist eigentlich mein Hauptforschungsgebiet, wobei ich aber in letzter Zeit auch oft von Höfen gefragt wurde. Da ist beides, Naturorganismusgestaltung und Sozialorganismusgestaltung, eine interessante Verbindung. Der Landwirtschaftsorganismus ist in einer Zweiheit da, er hat ein Außen-Ich und ein Innen-Ich, wie der Mensch auch.

Beim sozialen Organismus gibt es auch diese Zweiheit. Wir machen immer eine Erkundung, Selbsterkenntnis des Naturhofes und Selbsterkenntnis des Sozialhofes, dann eine Inspirationsphase, was will werden, was soll werden und wonach fragen die Elementarwesen bestimmter Flurstücke? Wonach fragt der Genius der einzelnen Beteiligten, aber auch der Gemeinschaft? Aus dem heraus entwickelt sich dann ein Leitbild, das einer Wesensrealität entspricht. Wenn man das aufgeschrieben oder gezeichnet hat, dann kann man mit der Realität vergleichen. Geld, Rechtsgestaltung, wie kann man das umsetzen in die Realitäten? Das dem Leitbild aus den geistigen Wesen heraus abzulesen, wird heute oft nicht gemacht und die Umsetzung wird oft zu schnell gemacht. Was würde der Genius machen? Genau ablesen! Das ist für alle verantwortlichen Kreise weltweit von großer Wichtigkeit: lange nachhaltige Prozesse des inspirierten Sozialgestaltens.

Die Wesen eines Bienenvolkes

Paßt das Bienen-Thema hier auch hinein?

Ja. Ich war acht Jahre Imker, bevor ich in die permanente Reisetätigkeit eingetreten bin, und wurde vom Widar-Forschungsprojekt der Stiftung Fintan in Rheinau für die Bienenforschung gefragt. Ein Teil dieser Bienenforschung ist die Erforschung des Wesens eines Bienenstockes, das man oft »Bien« nennt. Das sehe ich als ein gnomisch-undinisches Wesen. Und dann gibt es noch ein sylphisch-gnomisches interessantes Wesen, das nenne ich den Bienenfreund, das lebt in der Stimmung vorne beim Ausflugsloch, wo man sich immer hingezogen fühlt. Das ist ein Mittlerwesen. Dann gibt es aber auch die Gruppenseele der Bienen. Gruppenseelen sind oft sehr statische Verwaltungswesen, die eine monumentale Präsenz und eine sehr ausgereifte Persönlichkeit haben, ein Denkmal. Wenn es ein Bienenhaus gibt, entwickelt sich ein nützliches Bienenhauswesen, das oft sehr innig und fürsorglich ist. Und es gibt einen Bienenengel, der für die ganze evolutionäre Entwicklung der Bienenrassen zuständig ist. Und alle diese Wesen sind sehr stark im Jahreslauf in einer Metamorphose begriffen, weil die Bienen so stark mit dem Jahreslauf, mit der Sonne leben. Und diese Metamorphosen haben wir genau durchgeforscht, beschrieben und gezeichnet, so daß wir die Fünfheit von Wesen für jeden Monat in der Metamorphose darstellen können.

Überschau über die Bienenwesen

Dabei haben wir festgestellt, daß sich die Gruppenseele und der Bienenengel viel weniger verändern und auch das Hauswesen nicht so stark. Aber der Bien und der Bienenfreund, die verändern sich übers Jahr enorm. Der Bienenfreund liegt im Winter zwischen den Kästen und ist wie Stroh, ganz fest. Im Frühjahr ist er völlig aktiv und individualisiert. Es gibt einen Bienenorganismus, das heißt mehr das Physisch-Ätherische, und es gibt einen Bienenpsychismus, den Bienenseelenorganismus, und einen Bienenpneumatismus, also die Durchgeistigung. Das alles zu regeln, ist das große Geheimnis des Superorganismus Bien, wie die naturwissenschaftlichen Forscher sagen, und wir versuchen zu dieser Forschung eine geisteswissenschaftliche hinzuzustellen.

Was für weitere Fragestellungen hattet ihr bei den Bienen?

Die Organismuszusammenhänge, Mechanismus, Organismus, Psychismus, Pneumatismus, die Wesenszusammenhänge, alle Detailabläufe, Detailsubstanzen, alle Kreaturen, Arbeiterbienen, Drohnen, Könige, Varoamilbe und das alles ätherisch, astralisch und geistig zu durchforschen. Hoffentlich können wir mit dem dazu nötigen Forschungsgeld die Varoabekämpfung weiter ausforschen. Wir haben schon einige Ansätze zu Bienenumgang, Bienenhausgestaltung, Behandlung mit speziellen Präparaten und mit Eurythmie, Musik und Sprache zu ganz bestimmten Zeiten im Jahreslauf.

Gibt es schon erste Beobachtungen, was im Übersinnlichen passiert, wenn diese Milbe, die zu dem bedrohlichen weltweiten Bienensterben führt, wirkt?

Interessant ist, daß die Varoa aus Enttäuschungen über evolutionäre Entwicklungen, die mit dem Menschen zusammenhängen, entstanden ist. Es ist deshalb die Erlösung der Geistigkeit, die mit der Varoa zusammenhängt, wichtig. Ich habe dazu die physische Milbe beobachtet und dem nachgetastet und habe außerdem auch direkt in die Varoa-Geistigkeit hineingetastet, in alles das, was ich über die Varoa weiß. Das ist auch die Methode, die ich im Sozialen anwende. Für eine nachhaltige Lösung braucht es noch viel Forschung.

Was machen die Elementarwesen im Winter?

Ich habe bei der Bienenforschung auch sehr viel über die Elementarwesen gelernt. Was ich lange nicht wußte war, was machen die Undinen, Sylphen und Salamander eigentlich im Winter? Bei mir waren immer mehr die Gnome im Fokus. Ab Mitte November ist ein Umschlagpunkt ins Innere bis Mitte Januar, dann beginnt das seelische Leben wieder auszutreten und im Februar nachfolgend das ätherische. Die Gnome stülpen sich im Winter um, wie ich gerade erzählt habe, aber die Undinen werden wie membranisch, sie verfestigen sich von einer Blasengestalt, die sie oft haben, zu einer Membrane. Sie haben noch eine Vermittlungstätigkeit, ahnen träumerisch, sind aber wacher und fester geworden. Die flitzenden, sich dauernd verwandelnden Sylphen werden im Winter wie zu Lichtstrahlen kondensiert, sie legen sich mehr in das Physische und an das Physische und bilden zum Beispiel um die Knospen Substanzen wie Knospenharz. In der ätherisch-seelischen Welt sehen sie mehr aus wie kondensiert auf eine Linie, wie Drähte, und sind nicht mehr so fluktuierend. Und die Salamander werden wie zu Punkten, an die sich etwas herankondensieren kann, besonders in den Samen. Viele Salamander gehen im Winter in die Früchte, und Samen und werden zu Bewußtseinspunkten. Alles gerät mehr in die Festigkeit, die Bewegung, das »Körperliche« der Elementarwesen tritt zurück, das Bewußtsein, das Seelische steigert sich im Übergang vom Sommer zum Winter.

Imagination, Inspiration, Intuition

Es gibt in der Wahrnehmung immer das Problem, war man wirklich unbefangen oder hat man sich selber hineingemischt? Wie gehst du damit um?

Ein Grundploblem ist, wie auch in der äußeren Wissenschaft, wenn man seinen Fokus zu beschränkt hält und meint, alles andere gäbe es nicht. Man fokussiert sich dann zum Beispiel nur auf das Ätherische, auf bestimmte Lieblingserlebnisse und übersieht das astrale und geistige Geschehen.

Die zweite Schwierigkeit ist die Flüchtigkeit, wie auch im normalen Forschen. Das heißt, ich habe einen Eindruck in der physischen Welt von einem Schattenriß, der an mir vorbeigeht, und ich sage, das ist eine alte Oma, die da gekrümmt entlanggeht, in Wirklichkeit ist es aber ein junger Mann mit einem Rucksack. Und so kann es auch in der geistigen Forschung sein. Ich habe einen Eindruck und projiziere gleich ein Urteil, eine Deutung darauf und bin die Schritte gar nicht mehr richtig durchgetastet. Und das ist meistens schon der Hauptirrtum. Es ist immer wieder wichtig, alle Schritte hindurchzugehen:

- zur Ruhe zu kommen,
- zur Verehrungsstimmung,
- zur kraftquellenden bildhaften Imagination, das ist mehr ein Glückserleben, ein erkraftendes Erleben, auch, weil man hier direkt ins Ätherische kommt,
- zu dem, daß das innere Wesen, das dieses Bild gestaltet, mich durchstrahlt und ich es durchstrahle, das ist die Inspirationsebene, hauptsächlich ein astrales Strömen, das mehr wie ein sanftkonzentriertes Schmerzerleben ist,
- und wenn ich dann in diesem Wesen wie ganz ankomme und mich einlebe und von diesem Wesen wie auf mich zurückschaue und das Wesen wie um mich habe, daß es durch mich denkt, dann habe ich die Intuitionsebene erreicht. Das ist, wie jenseits von Ätherfrische und Astralgefühl in einer rein geistigen Kathedrale zu sein.

Wenn man nur bis zur Imaginationsebene kommt, hat man nur Abbilder, die auch sehr verschieden ausgekleidet werden können, denn ich gestalte auch durch meine eigenen Vorstellungen die Bilder mit. In der Inspiration komme ich mehr in die Wesensebene und ein stückweit auch in dessen Absichten. Manche Menschen gehen direkt in die Inspiration oder Intuition, manche Beobachtungsgegenstände verleiten einen auch dazu. Wenn man zum Beispiel in starken Zweierbeziehungen oder Gruppenbeziehungen ist, kann es sein, daß man direkt in die Intuition kommt, da man einen Zusammenklang oder einen Willensgleichklang hat. Da wird die eigene Welt, die man gemeinsam schafft, zum Organ, in das man direkt eintauchen kann. Das konnte ich schon oft in Gruppen erleben.

Habe ich es richtig verstanden, auf der Inspirationsebene gibt es nicht mehr so viele Möglichkeiten der Täuschung wie auf der Imaginationsebene?

Ja, es sei denn, man würde sich emotional in der Inspirationsebene, die sehr berührend sein kann, verlieren.

Es ist wichtig, in den Wahrnehmungsschritten eine Disziplin aufzubringen. Man muß energisch sein, um eine Art innere Membrane zu halten, in die sich etwas abbilden kann, man muß energisch sein, um herüberzukommen von einem Bewußtseinszustand zu dem nächsten. Ich muß immer eine Substanz des seelischen Willens, Fühlens und Denkens ganz stark zusammen aufbauen, zum Beispiel den Willen im Denken, damit das Denken, die Denksubstanz, eine Imagination auffängt. In diesem Augenblick muß ich konzentriert sein, kurz innehalten, alles von mir lassen, meine Wesensglieder – bei der Imagination besonders den Ätherleib – aus der physischen Sinneswelt herausziehen, leibfrei werden und dann kann sich die Imagination abbilden. Und wenn ich eine Inspiration haben will, dann muß ich die Wesensglieder noch weiter herausziehen, auch den Astralleib herausziehen und mit dessen leibbefreiter Astralsubstanz führe ich mir gewissermaßen die Inspiration zu. Das geht nur leibfrei, sonst bin ich in einer Art visionärem Schauen, ähnlich wie bei sogenannten Bilderreisen.

Wie prüfe ich, ob ich leibfrei bin?

Das Sich-leibfrei-Machen erfordert immer ein Sich-Losreißen von der Verklumpung in sich selbst, das ist ein disziplinierter Akt. Den macht man dann unwillkürlich, richtet sich auf und schafft einen Selbstlosigkeitszustand, genießt zum Beispiel nicht oder ist nicht mehr begierig, sondern macht sich selbst zu einem Wahrnehmungsorgan. Das heißt, ich gehe zunächst in mich hinein, in abgrenzende Stabilisierung, und fließe dann – wenn ich es will – hingegeben hinaus in das, was ich wahrnehme. Wenn ich eine Vorstellung bilde, bleibe ich leibgebunden. Wenn ich aber wahrnehmen will, was da wirklich wirkt an Kräften, dann muß ich ganz fein werden und muß das Elementarische, das Ätherisch-Astrale, das sonst in und um meinem Körper herum wirkt und die Gedanken bildet, frei machen von meiner Eigenprägung und als geklärte Denksubstanz mit Willenskraft herausgeben. Und dann bildet sich in dieser Substanz, in diesen Schleiern, die ich da hinhänge, etwas ab. Und dann kann ich das beobachtend betasten. Das Denken beobachtet das Denken, Fühlen und Wollen, man beobachtet das Beobachten.

Das klingt schon etwas schwierig.

Die Beschreibung klingt vielleicht so, aber es ist nicht schwierig. Wir alle haben diese Möglichkeiten. Man muß Erfahrungen gemacht haben und sich erinnern, wie das war, und dann kann man immer wieder durch diese Türe gehen.

Ich meine, daß es heute wichtig ist, diese mannigfaltige Wahrnehmungs- und Wesenswelt zu differenzieren und nicht nur zu meinen, alles ist Gott, alles ist Geist. Auch wenn Gott in allem ist, so möchte ich doch auch diesen einen bestimmten Menschen kennenlernen dürfen und nicht nur Gott durch ihn. Ich möchte auch jeden einzelnen Gnom würdigen können, der mir wichtig wird, und nicht nur die Geistigkeit – und sei sie noch so erhaben –, die durch ihn wirkt.

Anmerkungen:

(1) Dirk Kruse, *Seelisches Beobachten – in der Natur*, Groß Heins 2003, beziehbar über dirk.u.c.kruse@gmx.de

(2) Thomas Meyer, D.N. *Dunlop, ein Zeit- und Lebensbild*, Basel 1995, Perseus Verlag, ISBN 978-3-907564-22-6

(3) Tanis Helliwell, *Elfensommer, Meine Begegnung mit den Naturgeistern*, Saarbrücken 1999, Verlag Neue Erde, ISBN 3-89060-318-1

Wolfgang Schneider

Bewusstseinssprung der Elementarwesen

Ich verdanke Wolfgang Schneider meinen eigenen Zugang zu den Elementarwesen. Durch den Tip einer Bekannten besuchten Agnes und ich im Herbst 2003 ein Seminar bei ihm in Hamburg. Ich erinnere mich genau, wie er da saß und herzhaft und etwas kauzig erzählte, wie einmal ein kleiner Wassermann unter seinem Tisch blubberte, wie ein geschwätziger Zwerg ihn immer nachts besuchte und wie er einen Neptun aus einer mißlichen Lage befreite und zum Hamburger Hafen trug. Ich hatte damals noch nie jemanden so über Elementarwesen sprechen hören, so selbstverständlich, ehrlich und bescheiden und so voller Liebe zu seinen unsichtbaren Freunden, mit denen er offensichtlich alltäglich lebt. Gebannt hing ich an seinen Lippen. Ich erhielt von ihm methodische Arbeitsmittel, wie man Elementarwesen durch Chakraresonanzen, Formimaginationen und aurisches Tasten mit den Händen differenzieren kann. Aber vor allem erlebte ich, wie er sie erlebt, und so wurde das bislang Undenkbare für mich schlagartig real und handfest.

Wolfgang arbeitet als Geomant und bezieht dabei alle übersinnlichen Ebenen von Orten in die Erdheilungsarbeit ein – Wasseradern, Netzgitter, Leylinien, Ätherkräfte, Elementarwesen, Landschaftsgöttinen, Engel, Planetenkräfte, Christus usw. Das Hauptthema unseres Gespräches ist die Not der Elementarwesen mit uns Menschen und deren erstaunliche Veränderung seit der Jahrtausendwende durch das Auftreten der Christuselementarwesen. (Kontakt: www.animaloci.de)

Mit Elementarwesen spielen

Bist du mit Elementarwesen schon lange in Kontakt?

Seit zwanzig Jahren beschäftige ich mich damit, und seit fünfzehn Jahren gebe ich Geomantieseminare und bilde aus. Ich habe sie schon als Kind wahrgenommen. Mit acht, neun Jahren spielte ich immer an besonderen Plätzen im Wald und baute Hütten mit Zweigen und Moos. Dort waren verschiedene Elementarwesen, zum Beispiel eine Fee und ein Feuerelementarwesen auf einem Hügel.

Das hast du damals schon so wahrgenommen?

Als Kind habe ich einfach die besondere emotionale Sphäre des Ortes genossen. Mit neun Jahren baut man als Junge eigentlich keine kleinen Hütten mehr, ich tat das aber immer noch so gern. In der Pubertät ging dieses Erleben verloren, als junger Mann kam es wieder, und ich ging zu den Orten und konnte die Elementarwesen genau differenzieren. Sie haben mir als Kind beim Wahrnehmen geholfen. Ich konnte durch sie ätherische Linien verfolgen und Kraftorte sehen.

Du hast als Neunjähriger in die Landschaft geschaut und konntest sagen, da ist eine strömende Leylinie, da ist eine sprudelnde Ätherquelle?

Ja, ich lief dann von dem Hügel mit dem Feuer- und Luftelementarwesen zu den Stellen, und es war dann tatsächlich so. Diese Elementarwesen haben mir geholfen, diese Erfahrungen zu machen.

Hast du sie gesehen?

Ich habe die ätherischen Kräfte gesehen und einen lichten Engel, das weiß ich noch. Ich habe ganz viele Wesen in Bäumen und Hecken gesehen, aber nicht diese großen, entfalteten Elementarwesen.

Asthma oder übersinnliche Wahrnehmung

Als Jugendlicher hast du diese Wahrnehmungen verloren und machtest eine Ausbildung als Elektriker. Wie kam es dann wieder?

Als junger Mann bekam ich Asthma. Das hatte ich als Kind auch schon, aber mit den Kontakten zur Elementarwelt verschwand das.

Ich setzte mich deshalb mit Körperenergien auseinander, und plötzlich war diese differenzierte Wahrnehmung wieder da. Ich konnte an jeder Blüte auf der Wiese diese kleinen Blütenwesen sehen und mochte nicht mehr den Rasen mähen...

Weil du Angst hattest, daß die Wesen dann abgeschnitten werden?

Das nicht, aber daß es eine Untat gegenüber der Elementarwelt sein könnte. Ich wußte, entweder lerne ich, positiv mit dieser Gabe umzugehen, oder ich werde völlig krank. Ich hatte ganz, ganz differenzierte Chakrenwahrnehmungen und fing an, Energien den Chakren zuzuordnen und meine Methode zu entwickeln, die ich heute lehre.

Mit Chakren Elementarwesen erleben

Das heißt, du hast darauf geachtet, welche Chakren springen bei welchen Elementarwesen an?

Ja, bei welchen Elementarwesen, bei welchen Ätherkräften, bei welchen Netzgittern usw. Ich arbeitete dann als Rutengänger und besuchte Seminare, zum Beispiel zur Grifflängentechnik. Durch die farbigen Kennzeichnungen an der Grifflängenrute kann man einen Bezug zu den Chakren bekommen. Doch die Rutengänger suchten nur nach geraden Leylinien und Wasseradern. Das ganze Lebendige, wie ich es wahrnahm, fand ich nur bei Rudolf Steiner. Doch dieser hat nie etwas von Geomantie erwähnt, und zuweilen beschrieb er Elementarwesen sehr distanziert, doch mir waren sie persönlich sehr nahe und positiv. Erst als ich Marko Pogačnik und der lebendigen Geomantie begegnete, war ich glücklich. Er hat die Elementarwesen so beschrieben, wie ich sie selbst auch wahrnehme.

Marko hat dich in deinen eigenen Fähigkeiten bestärkt?

Er hat mich inspiriert. Ich habe meine Methode weiterverfolgt und immer bemerkt, daß er ganz ähnliche Wahrnehmungen hatte.

Kannst du deine Chakrenmethode kurz beschreiben?

In Kurzform: Erdelementarwesen kann man dem Wurzelchakra zuordnen, Wasserwesen dem Sakralchakra, Feuerwesen dem Solarplexus, Luftwesen dem Herz und die neuen sakralen Elementarwesen dem Halschakra. Dann gibt es sieben Entfaltungsebenen von Elementarwesen. Ein kleiner Wassertropfen hat ein kleines Wesen, ein Fluß oder ein Meer ein riesiges Wasserwesen.

Entfaltungsebenen der Elementarwesen

Wie unterscheidest du diese Entfaltungsebenen?

Ich unterscheide sie danach, wie die Elementarwesen aussehen. Sie haben eine Liebeskraft, die von Ebene zu Ebene zunimmt. Innerlich sehe ich das als goldene Qualität. Die sieben Ebenen sind natürlich etwas willkürlich, in Wirklichkeit gibt es viele Zwischenebenen. Die Weisheit dieser Wesen nimmt immer stärker zu, sie werden immer größer, bis sie dann in den höheren Entfaltungsebenen praktisch wie Engel sind.

Du verbindest dich also innerlich mit dem Elementarwesen und schaust auf die seelische Leuchtkraft. Bei einem kleinen Wesen eines Wassertropfens, da ist es nur ein Glimmen. Und bei einem mittleren Wesen?

Da ist es eine ganz erhabene und bei einem großen Wesen eine wunderbare, als Mensch nicht faßbare seelische Qualität. Elementarwesen wirken in das Ätherische hinein und repräsentieren das Seelische der Natur und der Landschaft.

Wo ist zum Beispiel das höchste Wesen eines Flusses? Ist es irgendwo lokalisiert oder schwebt es über dem ganzen Fluß?

Beides gleichzeitig. Es gibt viele Elementarwesen, die den Fluß gemeinsam halten und miteinander verwoben sind. Und doch gibt es irgendwo das höchste Wesen, das den ganzen Fluß repräsentiert. Bei der Elbe ist das, glaube ich, im Wendland. Dort kann man es besonders wahrnehmen, es lebt aber gleichzeitig im ganzen Fluß drinnen.

Wahrnehmungspraxis

Wie gehst du ganz praktisch vor?

Ich stelle mich erst einmal auf die Ebene der Elementarwesen ein, um nicht mit anderen Wesenheiten oder Energien durcheinanderzukommen. Und dann kann ich in der emotionalen oder astralen Auraschicht – in dieser Ebene sind die Elementarwesen präsent – einen energetischen Wirbel im Raum wahrnehmen. Das schiebt sich über die physische Wahrnehmung darüber, es kommt zu einer inneren Wahrnehmung, und ich sehe eine Gestalt. Das ist dann schon eine Kommunikation, das innere Bild ist bei jedem etwas verschieden, je nach Kulturkreis oder was man erlebt hat. Wenn man aber vergleicht, was das bedeutet und was die Elementarwesen tun, dann kommt man zu ganz spezifischen Qualitäten. Deswegen arbeite ich sehr gerne mit Gruppen, um den subjektiven Wahrnehmungen eine Objektivität zu geben. In der Gruppe kann man ganz objektiv wahrnehmen.

Da die verschiedenen Sichtweisen zusammenkommen?

Sie ergänzen sich.

Wenn du dich nun auf einen Platz stellst und dich auf die Ebene der Elementarwesen einläßt, fühlst du dich dann umgeben und umringt?

Ja. Entweder zeigen sie mir besondere Qualitäten, die für den Landschaftsraum von Bedeutung sind, oder sie klagen darüber, was der Mensch verursacht hat, oder sie wollen etwas über bestimmte Entwicklungen mitteilen. Es ist ganz verschieden. Sie sind unglaublich aktiv, und sie kennen die Menschen ganz genau. Auch die einzelnen Menschen, die an dem Ort wohnen oder arbeiten, kennen sie persönlich ganz genau. Manchmal haben sie auch persönliche Mitteilungen für einen selbst.

Wie sieht ein Gnom wirklich aus, passen die Bilder aus den Märchenbüchern?

Es ist ein inneres Bild, und ich sehe meistens deutlich ein Gesicht, die Gestalt ist eher verschwommen. Erdelementarwesen haben meistens ein verhutzeltes Gesicht mit blickenden Augen. Es hängt auch von der Landschaft ab. In Deutschland sehen die Wesen anders aus als in Schottland oder Frankreich. Wasserwesen verschwimmen viel stärker, das Gesicht und der Oberkörper sind sehr schön. Auch Luftwesen haben Augen und eine sehr feine, filigrane Gestalt. Das kann sich bei jedem verschieden darstellen, die Bilder sind schon eine Interpretation.

Methodisch ist für dich also die Chakrenresonanz wichtig, die innere Leuchtkraft für die Entfaltungsebenen, die imaginativ bildliche Gestalt und das inspirative Gefühls-, Bilder- und Gedankengespräch.

Ja, um herauszubekommen, was sie ätherisch genau tun, welche Aufgabe sie haben, an welchem Ort sie arbeiten, muß ich verschiedene Wahrnehmungen zusammenfügen, das ergibt dann ein Gesamtbild. Es braucht eine bewußte Wahrnehmung, es geht nicht darum, sich treiben zu lassen.

Bewußt heißt, daß du analytisch vorgehst und zum Beispiel fragst, was ist hier auf der ätherischen Ebene los, gibt es bestimmte Landschaftsorgane, gibt es bestimmte Elementarwesen, wie wirkt das mit dem Engel zusammen usw.?

Ja, ich gehe analytisch vor und schaue alle verschiedenen Ebenen durch. Ich frage aber auch, was ist das Besondere dieses Ortes, was ist die besondere Aufgabe dieses Elementarwesens? Das erfährt man nicht mehr analytisch, das braucht eine Intuition.

Aber bis zu dieser Intuition arbeitest du dich analytisch vor?

Ja, es muß ein geschlossenes Bild geben. Innerlich gehe ich in die verschiedenen Chakren und Auraschichten hinein, um das leisten zu können. Doch das geht bei mir sehr schnell.

Das heißt, du mußt nicht alle Chakren lange einzeln durchgehen?

Nein, das geht ganz schnell. Und da ich die Elementarwesen auch innerlich sehe, beschleunigt sich das noch einmal. In meinen Schulungsseminaren kann ich das Fühlen mit der Hand lehren, daß man Umrisse von Elementarwesen oder ätherischen Kräften tasten kann. Das innere Fühlen kommt nach und nach dazu. Das kann man aber nicht erzwingen, sondern dazu bedarf es einer persönlichen Entwicklung.

Mit Haut und Haar teilnehmen wollen

Was ist notwendig, damit man in diese Erlebnisfähigkeit hineinkommt?

Es geht um die innere Haltung, sich selbst und sein Gegenüber ganz bewußt wahrzunehmen und sich darauf einzulassen. Zunächst erscheint ein Elementarwesen wie ein äußeres Wesen oder Energie, doch wenn wir uns darauf wirklich einlassen, spiegelt sich das in unserem Herzen und wenn wir dann darüber in einer Gruppe sprechen, bekommt dieses Erlebnis eine Bewußtheit. Damit gibt man das Erlebnis in Wirklichkeit wieder nach außen in die Landschaft hinein, und dabei geschieht ein Entwicklungsschritt in uns und auch mit der Landschaft. Eigentlich geschieht eine Umstülpung, und das ist heilsam für uns selbst und ermöglicht Entwicklungsschritte der Landschaft und der Erde.

Es ist also immer ein Verarbeitungsprozeß, in dem man selbst mit Haut und Haaren drinnen steckt?

Es bedarf der inneren Bereitschaft, wirklich teilzunehmen. Ohne das geht es nicht. Die Landschaft würde stehenbleiben, wir blieben distanziert wie hinter einer Glasscheibe und die Elementarwelt würde daran leiden. Wenn wir distanziert sind, sehen uns die Elementarwesen wie grau, ohne Emotion. Diese innere Spiegelung und das Wieder-nach-außen-Tragen ist ein ganz bewußter Vorgang, der nur funktioniert, wenn wir wirklich daran teilnehmen.

Konkrete Begegnungen

Kannst du uns von konkreten Begegnungen erzählen?

Da gibt es viele. Als ich vor zwanzig Jahren mit Elementarwesen angefangen habe, waren sie den Menschen gegenüber ganz positiv und neugierig. Zum Beispiel traf ich im Wendland an dem Ort, wo die Castorbehälter umgeladen werden, ein Elementarwesen. Es war eine Nixenkönigin direkt beim Verladekran an einem Graben bei einer Kopfweide. Ich dachte vorher, daß es klagen würde über diesen Atommüll, der eingelagert wird. Doch das war gar nicht so. Sie teilte uns mit, die Elementarwelt passe auf, daß bei den Atommülltransporten möglichst wenig passiere. Tatsächlich hat es ja kaum Unfälle gegeben. Wir fragten dann, was es sich wünscht? Die Antwort war: eine moderne, angepaßte, soziale Technik und so lange würden sie darauf acht geben, daß mit dieser gefährlichen Atomkraft wenig geschieht. Sie forderte aber, daß wir die Technik weiterentwickeln. Es war also kein Klagen über die Atomenergie, sondern ein ganz weises Verhalten.

In der Rhön fragte ich einmal ein Erdelementarwesen, wie es die menschliche Entwicklung sieht. Es zeigte mir, zuerst haben die Menschen sich mit Keulen geschlagen, dann haben sie sich das Brot gegenseitig weggenommen, und es wird erst Frieden geben, wenn die Menschen das Brot miteinander teilen. So ist die Sprache der Elementarwesen, ganz einfach und mit einer inneren Wahrhaftigkeit. Sie zeigen es mir sehr oft in Bildern.

Gibt es bestimmte Elementarwesen, mit denen du besonders befreundet bist?

Ja, da gibt es viele. Ich habe an sehr vielen Orten geomantisch gearbeitet, an vielen Orten sehr lange. In Hamburg, im Jenischpark bei einer alten schief wachsenden Eiche – die Kinder rutschen den Stamm immer herunter – dort ist ein Pan, den ich ganz oft besuchte. Das ist ein hohes Erdelementarwesen, das den Jenischpark zusammen mit einem hohen Luftwesen kontrolliert. Oder an der Kehrwiederspitze im Hamburger Hafen ist ein großes Wasserwesen, das ich sehr gut kenne. Es gibt noch höhere Elementarwesen, die groß sind wie ein Berg, zum Beispiel im Harz am Brocken in den Klippen. Es gibt so viele verschiedene Wesen.

Das heißt, es sind so viele Kontakte, daß du die Beziehungen gar nicht aufrechterhalten kannst?

Muß ich ja auch nicht. Aber wenn ich wieder da bin, oder wenn ich innerlich frage: »Wie geht es euch?«, dann nehme ich unmittelbar wieder Kontakt auf.

Autoelementarwesen

Es gibt auch Autoelementarwesen, mehr in älteren Autos. Die modernen mit Elektronik ausgestatteten Wagen sind meistens nicht mehr so beseelt. Mein Autowesen hilft mir auch beim Autofahren. Nur, wenn ich im Streß bin, geraten wir in Disharmonie. Das Elementarwesen meint, ich solle rechts herum fahren, und ich sage: »Nein, links herum!«

Und wer hat dann recht?

Das Elementarwesen natürlich, aber in der Situation meine ich, selber recht zu haben, und dann verfahre ich mich.

Kinder und Elementarwesen

Man gerät doch sozial in eine merkwürdige Rolle, wenn man sich immer von Elementarwesen und Engeln umgeben erlebt, und alle anderen sehen das gar nicht. Wie ging es dir damit?

Als Kind habe ich das für völlig normal gehalten und war mir meiner Wahrnehmung ganz und gar sicher. Gleichzeitig habe ich aber niemandem davon erzählt. Es war gar keiner da, dem ich davon hätte erzählen können, das wußte ich. Kein Mensch aus meinem persönlichen Umfeld hätte mich verstanden. Und als junger Mann war es schwierig, ich hatte ja eine technische Ausbildung, bis ich entsprechende Menschen und Literatur gefunden und sich mein persönliches Umfeld angepaßt hatte.

Heute bin ich mit sehr vielen Menschen im Gespräch, für die das nicht exotisch ist. Ich halte mich nicht mehr zurück, gleichzeitig muß ich aber auch niemanden überzeugen. Unbewußt spürt es ja jeder. Es gibt wenige Menschen, die einen so starken Panzer haben, daß die Elementarwesen gar nicht mehr hineinwirken können, doch dann wirken die Christuskräfte von innen.

Welche Erlebnisse hast du mit Kindern und Elementarwesen?

Ganz viele Kinder können Elementarwesen wahrnehmen. Ich rede mit ihnen, bestätige, was sie erleben, und frage, wie sie es denn mit den Erwachsenen machen? Und sie sagen: »Das erzählen wir nicht jedem.« Sie wissen genau, wem sie davon berichten können und wem nicht. Sie sind oft verwundert, daß sie mit mir als Erwachsenem so darüber sprechen können. Es ist ganz erstaunlich, wie differenziert Kinder heute wahrnehmen können. Früher war das noch nicht so.

Elementarwesen sehen uns Menschen heute strenger

Du sagtest gerade, daß die Elementarwesen vor zwanzig Jahren ganz vertrauensvoll waren. Wie hast du die Entwicklung der Elementarwesen seitdem miterlebt?

Sie waren ganz vertrauensvoll. Sie wurden nur »böse«, wenn sie ein Problem damit hatten, was ein Mensch an dem Ort verursachte. Die Elementarwesen halten die emotionale Sphäre eines Ortes aufrecht. Das macht nicht der Mensch, aber er hinterläßt lauter emotionale Abdrücke. In Städten würden wir ohne die Elementarwelt an unseren Emotionen ersticken. Sie bauen das wieder ab und lassen nur eine reine Liebeskraft übrig, damit der Mensch sich weiterentwickeln kann. Sie helfen uns in unserem eigenen Lebensraum. Doch wir Menschen sind so zögerlich, und unsere gesellschaftliche Entwicklung war in den letzten Jahren nicht positiv. So hat sich die Einstellung der Elementarwesen verändert, sie erwarten nichts mehr von uns Menschen.

Ist das eine Enttäuschung?

Nein, sie sind nicht enttäuscht, aber sie erwarten nichts mehr. Sie führen ihre Arbeit genauso aus wie früher. Aber sie sind jetzt viel eigenständiger. Im Klimawandel wirken sie in Stürmen, im Hochwasser und in Bränden und reinigen den Raum von unseren materialistischen Haltungen!

Waren wir vor zwanzig Jahren wirklich besser?

Ja, erst seit zehn Jahren wird an den Börsen so stark spekuliert. Das Handelsvolumen hat stark zugenommen, vor zwanzig Jahren war das noch nicht so. Dahinter steht eine ganz materialistische Grundhaltung, Spekulieren um jeden Preis. Damit wird der ganze Planet in Gefahr gebracht. Der Mensch ist in Wirklichkeit in einer unglaublichen seelischen Not. Da die Elementarwesen für das Seelische der Landschaft zuständig sind, sind sie jetzt die Handelnden. Ich habe große Elementarwesen am Meer gefragt und auch große Luftwesen. Sie sagten, der Klimawandel sei von der Elementarwelt in Gang gesetzt worden. Aber es hängt von uns ab, was weiter passiert.

Warum ist die Elementarwelt so unwirsch geworden?

Der zweite Golfkrieg oder dieses jahrelange Verneinen der Erderwärmung: Dadurch ist das entstanden, daß die Elementarwesen nichts mehr von uns erwarten. Es gibt immer wieder solche Schlüsselmomente.

Könnte man also sagen, die Klimaerwärmung ist nicht durch CO_2 verursacht, sondern durch die Entscheidung der Elementarwesen?

Nein, durch unser menschliches Verhalten. Wenn wir die Natur wahrnehmen würden, wie sie tatsächlich ist, nämlich beseelt, würden wir uns ja auch anders verhalten. Ein derartiger Raubbau wäre unvorstellbar. Doch dazu bedarf es einer inneren Qualität, und das werden die Elementarwesen letztlich bewirken, daß wir dahin kommen. Es wird nicht nur reichen, daß wir die CO_2 Emissionen reduzieren, sondern es braucht ein anderes Verhalten von uns Menschen.

Das heißt, die Wesen ziehen ihre Aufgaben durch, ohne auf uns Menschen Rücksicht zu nehmen, und so werden wir gezwungen, unsere Einstellungen zu verändern. Die Elementarwelt wird so zum Erzieher des Menschen.

Ganz praktisch: Mit der jetzigen Automobilkrise ist es plötzlich ganz klar, daß wir andere Autos brauchen, kleine, grüne Autos. Wir wußten das zwar vorher auch schon, aber die Elementarwesen haben es jetzt soweit auf die Spitze getrieben, daß es allen klar ist. Wir können nicht gegen die Naturwesen handeln. Sie werden strenger, damit wir uns weiterentwickeln. Sie tun das nicht ihretwegen, sondern unsretwegen. Dieses Wissen und diese Haltung haben selbst die ganz einfachen Elementarwesen. Vor zwanzig Jahren hatten sie dafür gar kein Bewußtsein.

Bewußtseinssprung der Elementarwesen um die Jahrtausendwende

Seit der Jahrtausendwende haben die Elementarwesen einen Bewußtseinssprung gemacht. Seitdem entdecke ich neue, sakrale Elementarwesen, die eine Christusqualität in die Natur tragen. Steiner hat sie vorhergesagt als »Diener Christi«. Und diese sakralen Elementarwesen haben gleichzeitig eine neue Bewußtseinsqualität in die gesamte Welt der Elementarwesen hineingetragen, die dadurch einen Quantensprung machten.

Vorher waren sie ganz auf ihre jeweilige Aufgabe konzentriert?

Das machen sie immer noch, aber gleichzeitig haben sie ein geistiges Bewußtsein erlangt, was vorher nur die Engel hatten. Sie wirken jetzt an dem Gesamtorganismus der Erde viel, viel stärker mit als früher. Sie können in verschiedene Dimensionen hineinwirken. Das konnten sie früher nicht.

Was heißt in verschiedene Dimensionen?

Sie wirken eben nicht mehr nur im Ätherischen und Astralen, sondern sie haben tatsächlich so etwas wie eine eigene Bewußtheit, sind aber als Elementarwesen gleichzeitig mit dem gesamten Erdbewußtsein verbunden. Sie haben kein isoliertes Ich, wie beim Menschen, und haben etwas Geistiges hinzugewonnen, was vorher nur die Engel hatten.

Und das alles innerhalb der letzten zehn Jahre?

Das ist innerhalb der letzten zehn Jahre geschehen, eine rasante Entwicklung! Das hätte ich mir vorher nie vorstellen können. Doch es ist wirklich notwendig, denn jetzt ist die Erde durch das menschliche Verhalten stark gefährdet. Wir Menschen sind in einer geistig-seelischen Krise, und die Elementarwesen helfen uns, aber nicht nur wohlwollend.

Also Zuckerbrot und Peitsche?

Ja. Am Brocken an der Sonnenklippe konnte ich zum Beispiel gewaltige Sturmriesen wahrnehmen. Gleich daneben war ein Ort, an dem man zum Erdbewußtsein Kontakt haben konnte. Ich nahm wahr, wie die reinigende Kraft dieser riesigen Luftelementarwesen das graue Materialistische des Menschen hinwegfegte. Der Orkan Kyrill brach 2007 auch im Harz große Waldflächen um, danach war dort ein wunderbarer Friede, obwohl alles kreuz und quer durcheinander lag. Wenn man jetzt zu den jungen Bäumen geht, kann man im Ätherischen eine Durchdrungenheit mit der Christuskraft erleben, was vorher bei den alten Bäumen nicht so war. Es ist eine viel stärkere Innerlichkeit jetzt in der Natur.

Das Auftreten der Christuselementarwesen

Was heißt Durchdrungensein mit Christuskraft in der Natur?

Das ist eine Lichtqualität, sehr feine ätherische Kräfte, in denen man die Verbindung zu Christus erleben kann. Das hängt mit den neuen Elementarwesen zusammen. Das erste Mal habe ich sie 1999 kurz vor der totalen Sonnenfinsternis in einer Kapelle vor dem Altar in Munster in der Heide erlebt. Diese Kirche ist von Truppenübungsplätzen umgeben und liegt ganz idyllisch in einem Bachbogen. Vor dem Altar fokussierte sich ein Licht, und daraus entstand ein neues, weißes Elementarwesen wie eine menschliche Gestalt, unglaublich schön.

Du hast gesehen, wie es entstanden ist?

Ja, wie eine Geburt aus einem Lichtpunkt. Vorher war nichts, dann fokussierte sich der Lichtpunkt, und daraus entstand das Wesen.

Ich konnte nach und nach erleben, wie sich diese Wesen verbreiteten. Ich lebte damals in der Nähe von Hamburg, es brauchte eine Weile, bis sie in Hamburg ankamen. Es war so ein Staunen in der Elementarwelt über diese neuen Wesen! Auch die Engel haben gestaunt und gejubelt.

Und keiner hat damit gerechnet?

Nein, das wußte irgendwie keiner. Selbst Engel haben gestaunt. Diese neuen Elementarwesen haben aus ihrem Wesen heraus eine Christusqualität in die Landschaft getragen. Diese hat seitdem einen Perlmuttglanz, eine andere Farbe, eine andere Tiefe, das ist schwer zu beschreiben. Es gibt sie männlich, dann nenne ich sie Christuselementarwesen, und weiblich, dann nenne ich sie Sophienelementarwesen, als Weisheit der Natur.

Und diese haben die anderen Elementarwesen durchdrungen, inspiriert und auch bewußtseinsmäßig höher gehoben, so daß alle einen größeren Weitblick und Reife bekamen?

Ja, dadurch ist das entstanden. Es ist wie eine Umstülpung des Emotionalen, Seelischen der Landschaft in das Geistige. Diese neuen Wesen können bewirken, daß sich Orte umstülpen und in eine neue Qualität kommen. Ich meine, sie tun das, was eigentlich der Mensch tun sollte. Aber da wir es nicht tun, tun sie es, sonst wären wir schon längst verlorengegangen. Ich kann mir heute eine geomantische Heilarbeit ohne diese Wesen gar nicht mehr vorstellen.

Geomantische Heilarbeit geht heute leichter

Du hast doch vorher auch schon Erdheilung gemacht?

Ja, schon. Man hat sich mit Engeln verbunden, sich zentriert und alles Mögliche angestellt, damit man es energetisch durchstehen konnte. Es geht immer darum, Themen der Menschen zu erkennen, die über der Landschaft liegen, diese wahrzunehmen und zu erlösen, damit sich die Landschaft weiterentwickeln kann. Seitdem es diese neuen Elementarwesen gibt, ist es viel, viel leichter. Wir wollten in Hamburg die Stadtkirchen untersuchen. Da brachte mich eine Teilnehmerin auf die Idee, dies zusammen mit den neuen Elementarwesen zu machen. Dadurch ist eine Qualität und Kraft entstanden, die wir alleine niemals hätten erreichen können.

Du lädst die neuen Elementarwesen ein, und sie helfen dann?

Nur einladen ist zu wenig. Es geht darum, daß der Mensch sich entwickelt, und da helfen sie uns. Wir sind zur Aktivität aufgerufen und haben jetzt viel mehr Möglichkeiten. Es geht viel leichter, viel einfacher und schneller.

Wenn du an einen Ort gehst, schaust du zuerst nach einem Christus- oder Sophienelementarwesen, das dich begleiten kann?

Es geht auch mit anderen hohen Elementarwesen oder Engeln, aber am leichtesten geht es mit den neuen Wesen.

Wie entstehen diese? Das habe ich noch nicht richtig verstanden.

Sie haben die Fähigkeit, sich immer weiter zu teilen. Dieses Wesen aus Munster hat sich immer weiter geteilt. Elementarwesen können sich verbinden und teilen. So habe ich es gesehen. Meine Kollegen nehmen sie auch wahr, ich bin ja nicht der einzige. Es gibt inzwischen nur wenige Orte, an denen es diese neuen Wesen nicht gibt. Ein solcher Ort wirkt dann wie verschleiert und in seiner Entwicklung zurückgeblieben. Da fehlen sie, sonst sind sie überall.

Aber wie ist das Ursprungswesen in Munster entstanden?

Man kann nicht alles wissen. Es hängt sicherlich mit dem Erscheinen des Christus im Ätherischen zusammen, das von Rudolf Steiner ausführlich für das 20. Jahrhundert beschrieben wurde. Mich hat es überrascht, daß dieser Bewußtseinssprung der Elementarwesen so schnell geht.

Verstehe ich es richtig, daß deshalb die Elementarwesen heute bewußter und gesprächiger sind, mehr auf den Menschen eingehen können und wir mit ihnen größere Kommunikationsmöglichkeiten haben als noch vor zwanzig Jahren?

Ja, das sehe ich auch so. Es ist viel differenzierter geworden. Sie tun alles, um menschliche Entwicklungsschritte zu beschleunigen.

Man kann sie auch nach einem Ort fragen. Sie tun dann alles, um die Heilungsarbeit mitzutragen.

Elementarwesen widerstreben der Entseelung der Erde

Denn wir sind dabei, unsere Seele zu verlieren in dieser völlig materialistischen, technischen Welt. Wir sind zunehmend isoliert von der Erde und der Natur. Wir erleben kaum noch die Natur und sind auch kaum noch bereit dazu. Was wir Natur nennen, ist tatsächlich Kulturraum, in Europa gibt es Natur nur noch in den Bergen oder in Skandinavien. Trotzdem halten die Elementarwesen die Seele der Landschaft aufrecht. Unsere Arbeitswelt ist eine völlig technisierte Welt, in der die Natur nicht mehr vorkommt. Die Elementarwesen versuchen, auch die Technik zu durchdringen. Es gibt technisierte Elementarwesen, die sind aber sehr stark ahrimanisiert und sehen ungefähr aus wie Roboter und haben nicht mehr die Schönheit der Natur in sich. Wenn es so weitergeht wie bisher, dann ist die Welt irgendwann nur noch mit solchen Wesenheiten erfüllt. Deshalb schieben und drücken die Elementarwesen so unglaublich.

Kann man ein Technikwesen auch an die Christuselementarwesen anbinden und erlösen?

Ja, das kann man versuchen. Es gibt Menschen, die Geräte dauernd tragen müssen, wie Herzschrittmacher und Insulinpumpen, da wäre das ein guter Weg. Neue Elementarwesen helfen gerne. Sie sind überhaupt sehr heilsam, auch bei seelischen Krankheiten. Ich kenne einige Therapeuten, denen diese neuen Elementarwesen helfen.

Schönheit entsteht mit Hilfe der Elementarwesen

Wie erklärst du dir, daß wir in unserer Kultur die Elementarwesen negieren, obwohl wir ständig von ihnen umgeben sind?

In die technisierte Welt können sie schwer hinein, aber unseren Kindern erzählt man immer noch Märchen. Da kommen sie vor. Künstler und Handwerker gehen mit Elementarwesen um. Ohne die Mitwirkung von Elementarwesen würde ein Kunstwerk oder ein

Werkstück wie tot sein und völlig steril. Die Schönheit entsteht mit Hilfe der Elementarwesen. Sie versuchen uns zu einer anderen Technik und zu einem anderen menschlichen Miteinander zu bringen.

Wenn wir eine Farbe sehen, wirkt da auch ein Elementarwesen?

Wenn man Objekte vergleicht, die mit Pflanzen- oder Acrylfarben bemalt sind, bemerkt man sehr deutlich, daß die pflanzenfarbenen Objekte eine Lebendigkeit haben. Bei Acrylfarben hat man energetisch ein Loch, da hat man es mit ahrimanisierten Elementarwesen zu tun. Es ist nur eine scheinbare Farbe. Unsere Gebäude stecken voll mit dieser scheinbaren Welt. Und das führt zu einer seelischen Verarmung, weil die Elementarwesen fehlen. Daran leidet unsere Gesellschaft.

Elementarwesen möchten die Technik und Scheinwelt durchdringen

Ist alles, was der Mensch technisch produziert, eine Scheinwelt? Oder könnten wir auch eine Technik produzieren, die von Elementarwesen beseelt ist?

Ja, das könnte so sein, und da sollte die Zukunft hingehen. Bei einer ökologischen Siedlung in Lübeck, die keinen Kanalanschluß hat – das Grauwasser bleibt auf dem Gelände, das Schwarzwasser geht in eine Biogasanlage und wird dann kompostiert – waren die Elementarwesen bereit, die ganze Technik zu beseelen und den Menschen so entgegenzukommen, daß die Anlage wirklich gut funktioniert. Das ist ein Beispiel für eine Technik mit Elementarwesen.

Wurden sie bewußt eingeladen?

Nein, zunächst wurde die Anlage gebaut, erst dann wurde ich gefragt. Wir haben geschaut und erlebten ein solches Entgegenkommen der Elementarwesen. Die innere Haltung der beteiligten Menschen reichte dafür aus, es waren keine extra Aktionen nötig. Es ist im Grunde nicht so schwer, mit den Elementarwesen zusammenzuarbeiten.

Wie weiter?

Nach diesen bewegenden, Welten eröffnenden Gesprächen frage ich mich wieder: Wie wird es gelingen, daß die Zusammenarbeit mit den Elementarwesen zu einer kulturellen Selbstverständlichkeit und Allgemeingut wird? Wir sind am Anfang eines weiten, weiten Weges, den wir noch gar nicht kennen. Aber wir kennen das Ziel und haben Pfadfinder an unserer Seite! Was ist der nächste Schritt? Hier komme ich an die Grenzen dieses Buches, denn es wird von jeder Leserin und jedem Leser weitergeschrieben, die durch die Gespräche dieses Buches impulsiert sind. Es werden Hunderte, Tausende, Hunderttausende Schritte sein, kleine und große.

Meine nächsten Schritte werden mich zu weiteren Elementarwesenfreunden führen. Auf meiner Besuchsliste stehen Landwirte, Künstler, Geomanten, ein Schamane, ein Kaufmann, ein Pädagoge, ein Bäcker und weitere Menschen, die in ihrer Biographie diesen Weg, der vor uns liegt, schon ein Stück gegangen sind. Wenn ich den zweiten Band der »Zusammenarbeit mit Elementarwesen« geschrieben habe, melde ich mich, versprochen!

In diesem Moment kommt Besuch herein. Diesmal ist es menschlicher Besuch. Der Bruder meiner Nachbarin, der als Musiker in Wien lebt, fragt, ob ich Zeit hätte. Ich stehe von meinem Schreibtisch auf. Er erzählt: »Ich bin hier in Lenzfried aufgewachsen, und als Junge war ich oft auf den Feldern unterwegs. Ich liebte das, doch bei der Blutbuche mit dem Kriegerdenkmal war es mir immer gruselig und unheimlich. Als ich vor zwei Jahren dort wieder einmal spazierenging, erlebte ich den Ort freudig, frisch und strahlend. Deshalb dachte ich mir, daß man sich als Kind doch sehr stark in Phantasien hineinsteigern kann – wegen des Kriegerdenkmals war es mir damals unheimlich, obwohl es doch ein freier und schöner Ort ist. Und dann las ich dein Buch ›Rettet die Elementarwesen‹ und was du dazu schreibst.« – In dem Abschnitt »Elementarwesenrettungsdienst« schildere ich, wie ich bei dieser Buche ein Erdwesen fand, das durch hängengebliebene Ängste der Soldaten, die dort gefallen oder verletzt wurden, blockiert war. Das konnte aufgelöst und dem Erdwesen geholfen werden, und es entfaltete sich als aufrechter, junger, strotzender Kerl, der von dort den ganzen Hügel durchkraftet. – Mein Besucher fährt fort: »Das hat mich sehr tief berührt. Denn ich dachte immer, ich hätte keine Wahrnehmungen von Elementarwesen. Doch offensichtlich habe ich als Kind genau wahrgenommen, wie der Ort belastet war, dann wurde der Ort erneuert, und das habe ich als Erwachsener auch wahrgenommen! Das war für mich ein starkes Evidenzerlebnis und ging mir lange nach, und seither achte ich viel mehr auf die Stimmungen von Orten.«

Ich wünsche allen Menschen Evidenzerlebnisse und den Erkenntnismut, diese auch zu greifen. Wie wir in den Gesprächen in diesem Buch sehen konnten, hängt alles davon ab, daß wir unseren eigenen Erlebnissen vertrauen – nicht nur unser eigenes Leben hängt davon ab, sondern die ganze Weltentwicklung und die Zukunft unser elementarischen Freunde!

Mit diesen Gedanken berührt mich etwas im Herzen. Ich halte inne und schaue mich um. Es ist noch mehr Besuch gekommen, der ganze Raum ist voll bis zur Decke! Mittelgroße Elementarwesen sehen mich mit rührendem Blick an, wie mit Tränen in den Augen, Freudentränen, und meine Augen werden auch schon naß. Daß es möglich ist, daß Menschen solche Gedanken denken! Daß es möglich ist, daß Menschen so etwas wollen! Die Elementarwesen blicken auf den gesamten Inhalt dieses Buches, und sie empfinden eine Mischung von Erstaunen, Freude, Begeisterung und riesengroßer Erleichterung. Rund um mich ist Erleichterung, endlich gesehen und endlich ernstgenommen zu werden. Balast jahrhundertelanger Mißachtung fällt ab. Ein freudiges Zukunftshoffen auf die Freundschaft zwischen Menschen und Elementarwesen! Ich öffne mein Herz und lasse alle herein, und es wird ganz voll und lebendig. In dieser bewegten Stille bemerke ich, daß noch größere Wesen da sind, ehrwürdige Leitungselementarwesen, die nicht nur auf der Erde, sondern engelähnlich auch in kosmischen Weiten leben, und ich fühle wieder den ewigen Blick aus Sternesweiten auf mir…

Über den Autor

Thomas Mayer

geb. 1965 in Kempten/ Allgäu, litt als Jugendlicher daran, daß ihm die geistige Welt verdunkelt war. Seither sucht und ringt er um geistiges Erleben und macht entsprechende Studien und meditative Übungen. Besuch des Gymnasiums und Ausbildung als Bürokaufmann. Vater von zwei Söhnen. Mitbegründer von »Mehr Demokratie e.V.« und zwanzig Jahre mit dem bundesweiten Aufbau der »Bewegung für Direkte Demokratie« beschäftigt, 1993 bis 1995 Beauftragter des erfolgreichen Volksbegehrens »Mehr Demokratie in Bayern«, bis 2006 Gesellschafter des »OMNIBUS für Direkte Demokratie« und Berater von Regionalwährungen. Seit 2005 liegt der Arbeitsschwerpunkt in Kursen für anthroposophische Meditation.

Kontakt: www.geistesforschung.org und www.anthroposophische-meditation.de

Buchveröffentlichungen:

Thomas Mayer/Michael Seipel: *Triumph der Bürger! Mehr Demokratie in Bayern und wie es weitergeht*, München, 1997

Thomas Mayer/Johannes Stüttgen: *Kunstwerk Volksabstimmung, die spirituellen und demokratischen Hintergründe der Direkten Demokratie*, Wangen, 2004

Hans-Joachim Aderhold/Thomas Mayer (Hrsg.), *Erlebnis Erdwandlung – Berichte und Texte einer Zeitzeugenschaft*, Borchen 2008

Thomas Mayer, *Rettet die Elementarwesen*, Saarbrücken 2008

Thomas Mayer, *Zusammenarbeit mit Elementarwesen 2 – Neue Interviews mit Forschern und Praktikern*, Saarbrücken 2012

NEUE ERDE im Buchhandel

Neue Erde ist ein kleiner unabhängiger Verlag, und der unabhängige Buchhandel ist unser natürlicher Partner. Wir unterstützen die Initiative »buy local«.

Sollte es Lieferschwierigkeiten bei den Büchern von NEUE ERDE geben, lassen Sie immer im VLB (Verzeichnis lieferbarer Bücher) nachsehen, im Internet unter **www.buchhandel.de**

Alle lieferbaren Titel des Verlags sind für den Buchhandel verfügbar.

Sie finden unsere Bücher auch auf unserer Homepage **www.neue-erde.de.**
Kontakt:

NEUE ERDE GmbH
Cecilienstr. 29 · 66111 Saarbrücken
info@neue-erde.de

NEUE ERDE